吕氏春秋译注

(战国)吕不韦 著

纪丹阳 译注

北京联合出版公司
Beijing United Publishing Co.,Ltd.

目录

前　言

《吕氏春秋》，亦称《吕览》，是先秦时期的一部重要巨著，由秦国丞相吕不韦召集门下宾客、儒士集体编纂而成，囊括各家学说，整合各家思想。其成书在战国末年（公元前 239 年前后），是杂家的代表作之一。

一、《吕氏春秋》的编著者

关于《吕氏春秋》的编著者，由《史记·吕不韦列传》可见。《吕氏春秋》是吕不韦召集门下众宾客撰辑而成。尽管此书出自众人之手，但是因为始终由吕不韦主持进行编写，基本上反映了吕不韦本人的思想和精神。

吕不韦的一生颇具传奇色彩，现存的材料主要见于《史记·吕不韦列传》和《战国策·秦策五》。吕不韦，濮阳人，是阳翟的大富商，家累千金。他在赵国的首都邯郸做生意的时候，认识了正在邯郸做人质的秦国庶子异人。异人由于种种原因，在赵国不受礼遇。吕不韦很有政治头脑，认为千载难逢的政治投机机遇到了，于是就去拜访异人，进行游说。异人动了心，答应将来如果自己做了秦王，要“分秦国”与吕不韦，与他共治国家。吕不韦后来通过各种手段和运作，使华阳夫人（秦国太子安国君最宠幸的姬妾）

收子楚（因华阳夫人是楚国人，异人改名子楚）为子，并立为嫡嗣。安国君继位一年后去世，太子子楚继位，为秦庄襄王。庄襄王拜吕不韦为丞相，封为文信侯。

庄襄王在邯郸做人质的时候，吕不韦曾将自己的宠妾赵姬献给他。据闻，当时赵姬已有孕在身，但她隐瞒了这个事实，足月后生下儿子，名政，便是后来的秦王嬴政。子楚立赵姬为夫人，继位后，立其为王后。

庄襄王即位三年之后死去，太子政继立为王，尊相国吕不韦为“仲父”。当时秦王政年仅十三岁，吕不韦得以总揽国政，秦国内外的大政方针皆出自吕不韦。

吕不韦当政时期，秦国发动了一系列征伐六国的战争，为秦统一天下，作出了积极贡献。内政方面，吕不韦一反秦国独尊法家的政策，招贤纳士，引入大批儒士，并使门下宾客人著所闻，集成为《吕氏春秋》，便是其最典型的贡献。经济方面，他在主张尚农的同时，也鼓励发展工商业，促进了秦国经济的全面发展，为秦消灭六国，统一天下准备了坚实的物质基础。

秦始皇九年（公元前 238 年），秦王政亲理政务，开始借机对吕不韦、嫪毐两党进行打击。次年十月，免去吕不韦的相国职务，但仍保留他的文信侯爵位，令其回到洛阳封地，后又迁于蜀地。吕不韦自知不免被诛杀，便喝下毒酒自杀了。

司马迁在《吕不韦列传》中评价吕不韦说：“孔子之所谓‘闻’者，其吕子乎？”《论语·颜渊》中解释说：“夫闻也者，色取仁而行违。”意思是表面上施行仁义，实际行为却与此相违背。裴骃在《史记集解》中引马融的话说：“此言佞人也。”对吕不韦的评价都不高。但是，如果我们将吕不韦放到他所生活的战国时代去考察，进行客观评价，则他在秦国统一大业中所建立的功勋是必须肯定的。另外，他凭借《吕氏春秋》这部影响深远的典籍，在思想文化领域的贡献也很突出。

二、《吕氏春秋》的内容和思想

《吕氏春秋》共二十六卷，全书分为十二纪、八览、六论三个部分。十二纪之下，每纪各有五篇，共六十篇；八览之下，每览各有八篇，共六十四篇；六论之下，每论各有六篇，共三十六篇。加上《序意》一篇，全书共一百六十一篇。今本《有始览》下亡佚一篇，故我们现在能看到的传本只有一百六十篇。

《吕氏春秋》的篇章结构非常整齐，编排很有条理，这一点在“纪”的部分表现得特别突出。“十二纪”按春、夏、秋、冬四季分目，每目之下又分孟、仲、季三篇，如“孟春纪”“仲春纪”“季春纪”等。全书一百六十篇，每篇自为标题，“纪”“览”“论”皆以首篇的标题为标题。

“十二纪”是全书的纲领和主旨所在。《序意》说：“凡十二纪，所以纪治乱存亡也，所以知寿夭吉凶也。”说明“十二纪”记录一年四季的时令物候、行政措施和人事纲纪等。每“纪”以月令开头，作为组合材料的线索。《吕氏春秋》认为各季各有所主，“以春为喜气而言生，夏为乐气而言养，秋为怒气而言杀，冬为哀气而言死，所谓春生夏长秋收冬藏也”，因此将有关内容放在各“纪”之下。春季是万物生长的季节，联系到养生，故《春纪》主要讨论养生之道；夏季万物茂盛，蓬勃壮大，就像音乐一样是一种积极向上的力量，故《夏纪》多论述教学道理及音乐理论；秋季肃杀，故《秋纪》主要讨论军事、刑罚等问题；冬季收敛闭藏，终结枯息，为一年之末，故《冬纪》主要讨论死亡、丧葬以及相关的人的内在品质问题。

“览”意为观览、观看，用于书籍则有阅览之意。“八览”皆以首篇题卷，阐明全书的宗旨和基本思想。《有始览》说：“天斟万物，圣人览焉，以观其类。”表明本书以“法天地”为宗旨，把天地运行的自然之道作为人事的依据，着重讨论为君之道，以史为鉴，总结治国的经验和方法。《有始览》强调自然界是生命的本源，以辨识事物的异同来商讨治国之本；《孝行览》论孝行是做人的根本，主要讨论为人修身的问题；《慎大览》讨论治国方略，强调强国不可骄，君主要善于衡量事功、礼贤下士、凭借外物、因时变法；《先识览》围绕人主的求贤用人问题展开；《审分览》论为君之道，集中论说道家的“无为”之术；《审应览》主要论述慎言识辨；《离俗览》论审士使民之法，强调“德治”，赏罚分明，讲求诚信；《恃君览》论为君之道和治国之道，论及君主制度的起源和人主的职责、行为等。

“六论”在“纪”“览”的基础上进行扩展和发挥，杂论各家学说，除最后论农业的四篇之外，政论性都较强。《开春论》由时令论及人事，春天生机勃勃，所论诸篇皆与春之生有所关联；《慎行论》论君子处世的原则和具体要求，行事要深思熟虑，据义合理；《贵直论》论君主应该以“直”为贵，自知己过，虚怀纳谏；《不苟论》论人主用人和纳谏，主张任用不苟之士、荐贤举能，人主要有自知之明，善于采纳直言；《似顺论》论事物的顺逆、真伪，强调要认清事物的本质，顺应事物的规律；《士容论》论士人的仪态品德及对农业的崇尚，反映了重农思想。“六论”虽不及“十二纪”排列有序，但其内部也存在着一定的联系。

由以上所述可以看出，此书内容驳杂，融合了儒、道、墨、法、兵、农、纵横、阴阳等各家思想，《汉书·艺文志》将其归于“杂家类”。同时此书还蕴含了丰富的哲学思想、政治思想、军事思想、教育思想、农业思想等，几乎包容了先秦学术领域的各个侧面。

三、《吕氏春秋》的影响及评价

《吕氏春秋》是一部极具价值的著作，对后世产生了相当大的影响，前论已有涉及，这里仅就它在总结学术思想和保存史料方面的价值给予一些提示。

《吕氏春秋》是对先秦学术思想的一次大总结，是先秦学术思想的集大成。战国时期，学术界百家争鸣，各学派长期争鸣辩难，冲撞交织，逐渐趋同，《吕氏春秋》就是在这样的背景下出现的，糅合儒、道、墨、法、阴阳等各家思想，基本上实现了融合百家之言而集大成。该书涵盖了当时社会生活的各个方面，是一部包罗万象的百科全书。

《吕氏春秋》保存了大量的先秦史料，具有较高的史学价值。秦始皇统一天下后，对前代文献书籍进行大规模的清理整顿，即“焚书坑儒”，大量典籍文献毁于劫火。《吕氏春秋》因为系由秦相吕不韦编纂而幸免于难，保存了许多原始资料。该书记载了不少古史旧闻、古人遗语、古籍佚文以及一些古代天文历法、医疗等科学知识，其中不少内容是其他书中所没有的。

司马迁评价《吕氏春秋》“备天地万物古今之事”，把它与《周易》《春秋》《国语》《离骚》等相提并论。东汉高诱在为其作注时，称赞它“大出诸子之右”，认为此书远比先秦诸子的著作高明。

关于《吕氏春秋》的研究，以东汉高诱的《吕氏春秋注》为最早。现在所能见到的最早的版本是元代至正年间嘉兴路儒学刊本。清代修《四库全书》，将《吕氏春秋》二十六卷全部收入。乾隆年间，毕沅综合众家之长撰《吕氏春秋新校正》，在版本校勘、文字考订方面成就卓著。今人许维遹的《吕氏春秋集释》、蒋维乔等人的《吕氏春秋汇校》、陈奇猷的《吕氏春秋校释》以及王利器的《吕氏春秋注疏》，汇集了前人的校注成果，并间以作者个人的观点。此外，对于《吕氏春秋》的今注今译、思想研究、语言研究等也有不少成果。

本书是《吕氏春秋》选译本，以毕沅的《吕氏春秋新校正》为底本，并参照了许维遹的《吕氏春秋集释》、陈奇猷的《吕氏春秋校释》和张双棣等先生的《吕氏春秋译注》等著作，吸纳了他们的校勘和注释成果，并加入了新的理解和看法，在原文、注释、译文、分段、标点等方面，可能会与其他版本有异，本书不作单独说明，请读者阅读时留意。由于本人水平有限，缺点和错误在所难免，希望专家和读者多加指正。

纪丹阳

2013 年 8 月

孟春纪第一

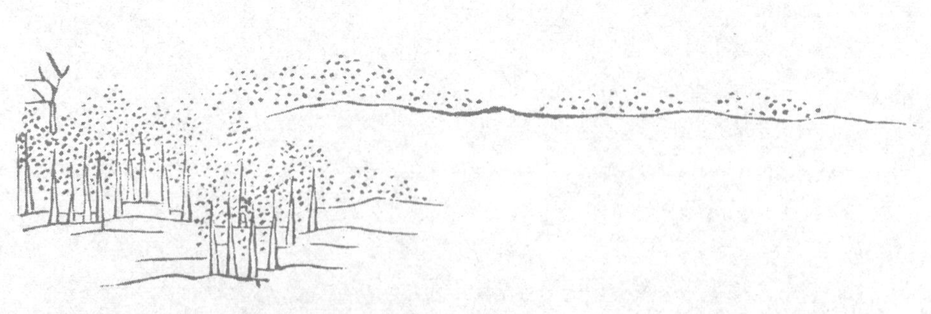

本　生

题解

《本生》为《孟春纪》第二篇,所论为养生之道。"本生"即把保全生命当作根本。文章认为外物既可养生,亦可伤生,如何处理人与外物之间的关系乃是其关键所在。如果像圣人那样重生轻物,"以物养性",对于外物"利于性则取之,害于性则舍之",把外物当作培养生命的营养,就能够"全其天(生命)",使生命健康成长。相反,如果像富贵之人那样多重物轻生,"以性养物",为外物所惑,无节制地贪求享受,就会伤生亡国。末段总结出了丧生损体的"三患",目的是规劝骄奢淫逸的富贵者和君主,主张物质享受应该要有节制,要将养生之道与治国之道结合起来。

始生之者①,天也;养成之者②,人也。能养天之所生而勿撄之谓天子③。天子之动也④,以全天为故者也⑤。此官之所自立也⑥。立官者,以全生也⑦。今世之惑主,多官而反以害生,则失所为立之矣。譬之若修兵者⑧,以备寇也⑨。今修兵而反以自攻,则亦失所为修之矣。

注释

①始：初，最初。之：与下句“养成之”中的“之”意义相同，代指生命。

②养：养育。

③撄 yīng：触犯。

④动：举动。

⑤全：保全。故：事务，要务。

⑥官：职官。

⑦以：用来。

⑧譬：譬如，比如。修兵：整顿军队。

⑨备寇：防备敌寇。

译文

最初创造生命的是天，养育生命并使它成长的是人。能够养育上天所创造的生命且又不触犯它的人，就称作天子。天子的举动是以保全生命习性为要务的。这就是设立职官的原因。设立职官，是为了保全生命。当今世上的糊涂君主，大量设立职官却反而妨害了生命，这就失去了设立职官的本来意义了。比如整顿军队，是用来防备敌寇的。现在整顿军队反而用来攻击自己，那么也就失去了整顿军队的本来意义了。

夫水之性清，土者扣之，故不得清。人之性寿，物者扣之[①]，故不得寿。物也者，所以养性也[②]，非所以性养也。今世之人，惑者多以性养物[③]，则不知轻重也[4]。不知轻重，则重者为轻，轻者为重矣。若此，则每动无不败。以此为君，悖[5]；以此为臣，乱；以此为子，狂[6]。三者国有一焉，无幸必亡。

注释

①扫gǔ：搅浊，搅乱。

②性：生命。

③物：指外物。

④轻：比喻物。重：比喻身。

⑤悖：迷惑。

⑥狂：狂妄无礼。

译文

水本质是清澈的，泥土使它浑浊，所以水就不清澈了。人本性是可以长寿的，外物使他混乱，所以就无法长寿了。外物本来是用来供养生命的，而不应该用生命供养外物。如今世上糊涂的人，多损耗生命去追求外物，这就是不知轻重了。不知轻重，就会把重的当作轻的，把轻的当作重的了。如果这样，那么无论做什么事，没有不失败的。以这样的态度为君主，就会迷惑糊涂；以这样的态度为臣子，就会败坏纲纪；以这样的态度为人子，就会狂妄无礼。这三种情况，国家只要有一种，就不可幸免，必然灭亡。

今有声于此，耳听之必慊[1]，已听之则使人聋，必弗听。有色于此，目视之必慊，已视之则使人盲，必弗视。有味于此，口食之必慊，已食之则使人瘖[②]，必弗食。是故圣人之于声色滋味也，利于性则取之，害于性则舍之，此全性之道也。世之贵富者，其于声色滋味也，多惑者[③]。日夜求，幸而得之则遁焉。遁焉[④]，性恶得不伤[⑤]？

注释

①慊 qiè：惬意，满足。

②瘖 yīn：哑。

③惑：糊涂。

④遁：指放纵不能自禁。

⑤恶 wū：安，何，怎么。

译文

假如有这样一种声音，耳朵听到它必定感到惬意，但听了之后就会使人耳聋，人们一定不去听它。假如现在有一种颜色，眼睛看到它必定感到惬意，但看了之后就会使人眼瞎，人们一定不去看它。假如有这样一种美味，嘴巴吃到它必定感到满足，但吃了之后就会使人变哑，人们一定不去吃它。因此，圣人对于声音、颜色、味道等，有利于生命的就用它，有害于生命的就舍弃它，这是保全生命的方法。世上的富贵之人，他们对于声音、颜色、味道的态度多是糊涂的。他们日夜追求这些东西，有幸得到了就毫无节制地纵情享受。毫无节制地纵情享受，生命怎能不受到伤害呢？

万人操弓，共射其一招[①]，招无不中。万物章章[②]，以害一生[③]，生无不伤；以便一生[④]，生无不长。故圣人之制万物也[⑤]，以全其天也[⑥]。天全，则神和矣[⑦]，目明矣，耳聪矣，鼻臭矣[⑧]，口敏矣，三百六十节皆通利矣[⑨]。若此人者，不言而信，不谋而当，不虑而得；精通乎天地，神覆乎宇宙；其于物无不受也，无不裹也[⑩]，若天地然；上为天子而不骄，下为匹夫而不惛[⑪]。此之谓全德之人。

注释

①招：箭靶。

②章章：繁盛的样子。

③害：伤害。

④便：有利。

⑤制：制约。

⑥天：指天所创造的生命。

⑦和：和畅。

⑧臭 xiù：指嗅觉灵敏。

⑨三百六十节：古人认为人全身共有骨节三百六十节。通利：通畅。

⑩裹：包容。

⑪惛 mèn：通“闷”，烦闷，忧闷。

译文

上万人拿着弓箭，共同射向一个目标，这个目标没有不被射中的。万物繁盛，如果用来伤害一个生命，这个生命没有不被伤害的；如果用来养育一个生命，这个生命没有不长寿的。所以圣人制约万物，是用来保全天所创的生命的。生命保全了，精神便和畅了，眼睛便明亮了，耳朵便灵敏了，嗅觉便敏锐了，口齿便伶俐了，全身的筋骨便通畅灵活了。像这样的人，不用说话就有信义，不用谋划就处处得当，不用思虑就会有所得；他们的精气通达天地，意识覆盖宇宙；他们对于外物，没有不能够承受的，没有不能够包容的，就像天地一样；这样的人，上做天子而不骄傲，下做百姓而不烦闷。这样的人，称得上是德操完全的人。

贵富而不知道[①]，适足以为患[②]，不如贫贱。贫贱之致物也难[③]，虽欲过之，奚由[④]？出则以车，入则以辇[⑤]，务以自佚[⑥]，命之曰“招蹶之机”[⑦]。肥肉厚酒,务以自强,命之曰“烂肠之食”。靡曼皓齿[⑧]，郑卫之音[⑨],务以自乐,命之曰“伐性之斧”。三患者，贵富之所致也。故古之人有不肯贵富者矣,由重生故也；非夸以名也[⑩]，为其实也。则此论之不可不察也。

注释

①道：方法。

②适：恰好。

③致：招致。

④奚：何，哪里。

⑤辇 niǎn：古代用人拉着走的车子。

⑥佚 yì：通"逸"，安逸，逸乐。

⑦招蹶 jué 之机：导致人脚生病的器械。招，招致，导致。蹶，足病。

⑧靡曼皓齿：指美色。靡曼，指肌肤细腻。皓，洁白。

⑨郑卫之音：春秋时期郑、卫两国的民间音乐。儒家视郑卫之音为淫靡之音、乱世之音。

⑩夸：虚夸。

译文

富贵而不知道养生的方法，恰好能够成为祸患，与其这样，还不如贫贱的好。贫贱的人获得外物很困难，即使想要过分追求物质享受，又从何而来呢？出门就乘车，进门就坐辇，只追求自己安逸舒适，这种车辇就叫作"招致足病的器械"。肥肉醇酒，极力勉强自己吃喝，这种酒肉就叫作"腐烂肠子的食物"。迷恋美色，陶醉于淫靡之音，只为使自己尽情享乐，这种美色和音乐就叫作"砍伐生命的利斧"。这三种祸患，都是富贵招致而来的。所以古代就有不愿意富贵的人，那是因为重视生命的缘故；并不是用轻视富贵的姿态钓取虚名来夸耀自己，而是为了养生的目的。既然这样，那么这些道理是不可以不明察的。

重　己

题解

《重己》为《孟春纪》第三篇，继续阐释生命的重要性。“重己”即珍重自己的生命，注重生命的保养，并强调珍重生命要得法。文中批评了对生命“慎之而反害之者”和“弗知慎者”，指出他们不达性命之情，不别死生存亡，逆生而动，其结果必然是“四殃残亡”。恰当的办法是顺生而行，适欲节性，在衣食住行、声色音乐等方面都要适度。

倕①，至巧也。人不爱倕之指，而爱己之指，有之利故也②。人不爱昆山之玉、江汉之珠③，而爱己一苍璧小玑④，有之利故也。今吾生之为我有，而利我亦大矣。论其贵贱，爵为天子，不足以比焉；论其轻重，富有天下，不可以易之；论其安危，一曙失之⑤，终身不复得。此三者⑥，有道者之所慎也。

注释

①倕 chuí：相传是尧时期的巧匠。

②之：通“其”，指自己的手指。

③昆山之玉：昆仑山的玉石。传说昆仑山盛产美玉，用炉炭烧三天三夜，色泽也不会改变。江汉之珠：长江、汉水产的珍珠。传说长江和汉水一带盛产

夜明珠。因此古人分别用“昆山之玉”“江汉之珠”代指上好的美玉和上好的珍珠。

④苍璧小玑：苍璧，指含石多的玉。小玑，指小而不圆的珍珠。

⑤一曙：一旦。

⑥三者：指贵贱、轻重、安危之理。

译文

倕是最巧的工匠。但人们不爱惜倕的手指，却爱惜自己的手指，这是因为自己的手指对自己有利。人们不爱惜昆仑山的美玉和长江、汉水出产的夜明珠，却爱惜自己的一块含石多的次等玉石，一颗又小又不圆的珍珠，这是因为他属于自己所有且对自己有利。如今我的生命属于我所有，而且给我带来的也是极大的利益。就生命的贵贱而论，即使是贵为天子，也不足以同生命相比；就其轻重而论，即使是富有天下，也不可以用来交换生命；就其安危而论，一旦失去了生命，终身不可能再得到它。正由于这三方面的原因，有道之人对生命特别小心谨慎。

有慎之而反害之者，不达乎性命之情也[①]。不达乎性命之情，慎之何益？是师者之爱子也[②]，不免乎枕之以糠；是聋者之养婴儿也，方雷而窥之于堂[③]；有殊弗知慎者[④]。

注释

①达：通晓。性命：生命。情：性情，天性。

②师：瞽师，即乐师，古代由盲人担任。此代指盲人。

③方：正当，刚刚。窥：使动用法，使……向外看。之：指婴儿。

④有：通“又”。殊：甚，过。弗：不。

译文

有的人对生命小心翼翼，却损害了自己的生命，这是不通晓生命性情的缘故。不通晓生命的性情，即使对它小心翼翼，又有什么好处呢？这正如盲人爱其子，用谷糠填枕头，（而谷糠不免迷了儿子的眼睛）；又如聋子养育婴儿，正当外面打雷时，反而抱着婴儿到厅堂前观看。这些同不知道小心谨慎的人相比，有过之而无不及。

夫弗知慎者，是死生存亡可不可，未始有别也[①]。未始有别者，其所谓是未尝是[②]，其所谓非未尝非。是其所谓非，非其所谓是，此之谓大惑[③]。若此人者，天之所祸也[④]。以此治身，必死必殃[⑤]；以此治国，必残必亡。

注释

①别：辨别。

②是：正确，与下文中的“非”相对。未尝：不曾。

③惑：糊涂。

④祸：降祸。

⑤殃：遭受灾祸。

译文

那些对生命不知道小心谨慎的人，对死生、存亡、可以不可以从未有所辨别。那些从未有所辨别的人，他们认为正确的向来不是正确的，他们认为错误的向来不是错误的。他们把错误的东西当作是正确的，把正确的东西当作是错误的，这就是最大的糊涂。像这样的人，正是上天所要降祸的。用这样的态度修身，必定死亡或者遭受灾祸；用这样的态度治理国家，国家必定残破或者灭亡。

夫死殃残亡，非自至也，惑召之也[①]。寿长至常亦然[②]。故有道者不察所召，而察其召之者，则其至不可禁矣[③]。此论不可不熟[④]。

注释

①召：通“招”，招致。

②寿长：长寿。亦然：也是这样。

③禁：阻止。

④熟：深知。

译文

死亡、祸殃、残破、灭亡这些后果，都不是自己到来的，而是惑乱所招致的。长寿的到来也常是这样。有道之人不考察所招致的结果，而考察招致结果的原因，这样他们所要达到的效果就没有什么可以阻止得了。这个道理不可不深知。

使乌获疾引牛尾[①]，尾绝力勯[②]，而牛不可行，逆也。使五尺竖子引其棬[③]，而牛恣所以之[④]，顺也。世之人主、贵人，无贤不肖[⑤]，莫不欲长生久视[⑥]，而日逆其生，欲之何益？凡生之长也，顺之也；使生不顺者，欲也[⑦]。故圣人必先适欲[⑧]。

注释

①乌获：战国时秦国的大力士，号称能力举千钧，为秦武王所宠。疾引：用力拉。

②绝：断。勯dān：力尽。

③五尺竖子：竖子，指未成人的儿童。尺，长度计量单位，现代三尺等于一米，古代一尺的长度与现在不同，战国时期，一尺约合现在的23.1厘米。棬juàn：牛鼻环。古时多以桑条为之。

④恣：任意，听任。以：由。之：往。

⑤不肖：与贤相对，意为不贤。

⑥视：活。

⑦欲：欲望。

⑧适：适度。

译文

假如让大力士乌获用力拉牛尾巴，即使尾巴拽断，力气用尽，牛也不会跟着走，这是违背了牛前行本性的缘故。假如让五尺高的儿童牵着牛鼻环，牛就会听任牵它往哪里走，这是顺应了牛的习性的缘故。世上的君主、贵人，不论好坏，没有不想长寿的，但是他们每天都在做违背生命天性的事，想要长寿，又如何能达到呢？大凡生命能够长久的，都是顺应它的天性的缘故，使生命不顺的是欲望。因此，圣人必须首先要节制欲望，适度满足。

室大则多阴，台高则多阳；多阴则蹷①，多阳则痿②。此阴阳不适之患也。是故先王不处大室，不为高台，味不众珍③，衣不燀热④。燀热则理塞⑤，理塞则气不达⑥；味众珍则胃充⑦，胃充则中大鞔⑧，中大鞔而气不达。以此长生可得乎？昔先圣王之为苑囿园池也⑨，足以观望劳形而已矣⑩；其为宫室台榭也⑪，足以辟燥湿而已矣⑫；其为舆马衣裘也⑬，足以逸身暖骸而已矣⑭；其为饮食酏醴也⑮，足以适味充虚而已矣⑯；其为声色音乐也，足以安性自娱而已矣。五者，圣王之所以养性也，非好俭而恶费也，节乎性也⑰。

注释

①蹷 jué：亦作“厥”，病名，指突然头晕以致昏厥不醒，手脚僵冷之症。

②痿 wěi：病名，指肢体虚弱无力、筋肉萎缩之病症。
③众珍：山珍海味。
④燀 dǎn 热：过分热。
⑤理塞：脉络堵塞。
⑥达：通畅。
⑦充：满。
⑧中：指胸腹。鞔 mèn：通“懑”，胀闷。
⑨苑囿：蓄养禽兽并种植树木花草的园林。大的叫苑，小的叫囿。
⑩观望劳形：游观眺望，活动身体。
⑪台：高而平的建筑物，一般用来游观、眺望。榭 xiè：建在高台上的亭子。
⑫辟：通“避”，避开，躲避。燥湿：干燥和潮湿。
⑬裘：皮衣。
⑭逸：使……安逸。暖：使……暖和。骸：指人的身体。
⑮酏醴 yí lǐ：泛指酒。酏，稀粥，可用来酿酒。醴，甜酒。
⑯充：补充。虚：无，缺失。
⑰节：调节，使适度。

译文

房屋大了，阴气就多，台阁高了，阳气就多。阴气多人就会受寒晕倒，手脚僵冷，阳气多人就会肢体虚弱无力，这是阴阳不适度所带来的祸患。因此，古代帝王不住大的房子，不筑高台，不吃过多的山珍海味，不穿得过分暖和。穿得过分暖和就会脉络堵塞，脉络堵塞就会体气不通畅；山珍海味吃得过多，胃就会过满。胃过满，胸腹就会胀闷，胸腹胀闷就会体气不通畅。用这样的方法来求长生，能够办得到吗？从前，先代圣王建造苑囿园池，足够用来游观远眺、活动身体就行了；他们修建宫室台榭，足够用来躲避干燥和潮湿就行了；他们制造车马衣裘，足够用来安身暖体就行了；他们置备食物美酒，能够适合口味，填满肚腹就行了；他们创作歌舞音乐，足够使自己性情安定愉快就行了。这五个方面是圣人用来养生的，并不是喜好节俭而厌恶浪费，而是为了调节性情使它适度啊。

贵　公

题解

《贵公》为《孟春纪》第四篇。“贵公”的意思就是以公正为贵，本篇旨在阐述君主治理天下“必先公”的道理，认为只有以“公”治天下，才能“天下平”，“平得于公”。强调“万民之主，不阿一人”，“天下非一人之天下也，天下之天下也”，这是针对君主而发的，主张天下应当由天下人治理。

昔先圣王之治天下也，必先公。公则天下平矣[①]。平得于公。尝试观于上志[②]，有得天下者众矣，其得之以公，其失之必以偏[③]。凡主之立也，生于公[④]。故《鸿范》曰[⑤]：“无偏无党[⑥]，王道荡荡[⑦]。无偏无颇[⑧]，遵王之义[⑨]。无或作好[⑩]，遵王之道。无或作恶[⑪]，遵王之路[⑫]。”

注释

①平：和平，安定。

②尝：试，“尝试”二字同义连用。上志：上古时代的记载，指古代典籍。

③偏：偏私，不公正。

④生：出。

⑤《鸿范》：又作《洪范》，《尚书·周书》中的一篇，

记述周武王克殷(商)后问访于箕子(商纣王叔父),箕子为武王言政事。鸿,通“洪”,大。范,法律。

⑥无:通“毋”,不要。党:结党为私。

⑦荡荡:宽广平坦的样子。

⑧颇:义同“偏”,不正。

⑨义:法则,法度。

⑩或:句中语气词,无实义。好hào:偏好,私好。

⑪恶wù:憎恶。

⑫路:义同“道”,指治道,治法。

译文

从前,先代圣王治理天下,必定首先讲公正。公正无私,天下就安定太平。天下太平是由于公正无私。试考察一下古代的记载,曾经取得天下的人是相当多的,他们取得天下是由于公正,他们失去天下是由于偏私不公正。大凡君主之位的确立,都是出于公正。所以《鸿范》中说:“不要偏私,不要结党,王道是多么宽广平坦。不要偏私,不要偏颇,遵循先王的法度。不要有私好,遵循先王的治道。不要有个人憎恶,遵循先王的正路。”

天下非一人之天下也,天下之天下也①。阴阳之和②,不长一类③;甘露时雨,不私一物④;万民之主,不阿一人⑤。

注释

①天下：此句中的第一个“天下”指天下人，与上句中的“一人”相对。

②阴阳：中国古代哲学中的一对范畴，自然界中两种对立的物质元素，用来解释自然界中两种相互对立和相互消长的物质势力。和：调和。

③长：生长。

④私：偏私。

⑤阿 ē：偏袒，袒护。

译文

天下不是一个人的天下，而是天下人的天下。阴阳的调和，不是仅仅使一类物种生长；甘露时雨，不仅仅偏私于某一物；万民的君主，不能仅偏袒某一个人。

伯禽将行[①]，请所以治鲁[②]。周公曰[③]：“利而勿利也[④]。”

注释

①伯禽：周公旦长子，姬姓，名禽，又称伯禽，周成王封之于鲁，为鲁国的始祖。

②请：请示。

③周公：姬姓，名旦，周文王第四子，周武王之弟，周成王之叔父。因封地在周（今陕西岐山北），故称周公或周公旦。辅佐武王灭商，建立周王朝。

武王崩，成王年幼，周公摄政。他是西周初期杰出的政治家、军事家和思想家。相传周代的礼乐制度乃是周公制定。

④利而无利：第一个“利”意为施利，第二个意为谋利。

译文

伯禽将要去鲁国，向周公请教治理鲁国的方法。周公说：“施利给人民而不要谋取私利。”

荆人有遗弓者[①]，而不肯索[②]，曰：“荆人遗之，荆人得之，又何索焉？”孔子闻之曰[③]：“去其‘荆’而可矣。”老聃闻之曰[④]：“去其‘人’而可矣。”故老聃则至公矣。

注释

①荆人：楚人。荆是古代楚国的别称。遗：丢失。

②索：寻找。

③孔子（前551～前479）：孔氏，子姓，名丘，字仲尼，鲁国陬邑（今属山东曲阜）人，先祖为宋国（今河南商丘）贵族。春秋末期的政治家、思想家、教育家，儒家思想的创始人。

④老聃dān：即老子（约前571～前471），姓李，名耳，又名聃，字伯阳。春秋末年哲学家、思想家，道家学派创始人。

译文

有个楚国人丢失了弓，却不肯去寻找，他说："楚国人丢失了弓，别的楚国人得到了它，又何必去寻找呢？"孔子听到这件事后说："去掉他话中的那个'荆'字就合适了。"老子听到这件事后说："再去掉那个'人'字就合适了。"因此说老子才是最公正的。

天地大矣，生而弗子①，成而弗有②，万物皆被其泽③，得其利，而莫知其所由始。此三皇五帝之德也④。

注释

①子：用作动词，以为子。

②有：占有。

③被：承受，蒙受。泽：恩泽，恩德。

④三皇五帝：传说中远古时期的帝王。说法不一。三皇一般指伏羲、神农、燧人，也有伏羲、神农、黄帝之说。五帝一般指黄帝、颛顼、帝喾、尧、舜，也有伏羲、黄帝、炎帝（神农）、少昊、颛顼之说。

译文

天地是广大的，生育了人民而不把他们当作自己的子孙，成就了万物而不占为己有，万物都蒙受它的恩泽，得到它的好处，然而却不知道这些恩泽和好处是从哪里来的。这就是三皇五帝的品德啊。

管仲有病[①]，桓公往问之[②]，曰："仲父之病矣[③]。渍甚[④]，国人弗讳[⑤]，寡人将谁属国[⑥]？"管仲对曰："昔者臣尽力竭智，犹未足以知之也[⑦]。今病在于朝夕之中，臣奚能言[⑧]？"桓公曰："此大事也，愿仲父之教寡人也。"管仲敬诺[⑨]，曰："公谁欲相？"公曰："鲍叔牙可乎[⑩]？"管仲对曰："不可。夷吾善鲍叔牙[⑪]。鲍叔牙之为人也，清廉洁直；视不己若者[⑫]，不比于人[⑬]；一闻人之过，终身不忘。""勿已[⑭]，则隰朋其可乎[⑮]？""隰朋之为人也，上志而下求[⑯]，丑不若黄帝[⑰]，而哀不己若者[⑱]。其于国也，有不闻也；其于物也，有不知也；其于人也，有不见也。勿已乎，则隰朋可也。"

注释

①管仲（？～前645）：春秋时齐国人。名夷吾，字仲，又字敬仲。初助公子纠，公子纠与公子小白（即齐桓公）争位，失败被囚。后经鲍叔牙保荐，被齐桓公命为上卿，任国相，尊称"仲父"。他辅佐桓公期间，对内实行改革，使齐国国力大振，对外扩张外交，致力于"尊王攘夷"和"九合诸侯"等活动，使齐桓公成为春秋时期第一位霸主。

②桓公：即齐桓公（？～前643），春秋时齐国君主，姜姓，名小白。公元前686年齐襄公被杀后，于次年趁乱夺得君位，在位43年，春秋五霸之首。

③仲父之病矣：据毕沅校说，此句当为“仲父之疾病矣”。疾，疾病。病，病重。

④渍：病。

⑤讳：忌讳，避讳。

⑥寡人将谁属国：我将要把国家托付给谁。寡人，古代君主的自称。属，通“嘱”，嘱托，托付。此句中的“谁”作宾语，置于动词“属”之前，下文“谁欲相”用法相同。

⑦之：代指能够受托付的人。

⑧奚：何，怎么。

⑨诺：应诺。

⑩鲍叔牙：春秋时齐国大夫。少时与管仲友善，后事公子小白，助齐桓公夺位，桓公命为相，不受，极力推荐管仲，以知人著称。

⑪夷吾：管仲之字。善：与……友善。

⑫不己若：即“不若己”，“己”字前置。意为不如自己。

⑬不比于人：不平等看待人。比，齐，齐等。

⑭勿已：不得已。

⑮隰 xí 朋：春秋时齐国大夫，助管仲相桓公，后受管仲推荐为礼官长，协助管仲改革内政外交。

⑯上志：效法贤人。下求：下问。

⑰丑：用作动词，以……为羞耻。

⑱哀：同情，怜悯。

译文

管仲病了，齐桓公去探问他，说：“您的病很重，国人不避讳地讲到您的生死，万一您不幸与世长辞，我将要把国家托付给谁呢？”管仲回答说：“过去我尽心竭力，还没了解到能担负此任的人，现在病重，危在旦夕，又如何能谈论这件事呢？”桓公说：“这是大事啊，希望您能教导我。”管仲恭敬地答应，说：“您打算任谁为相？”桓公说：“鲍叔牙可以吗？”管仲回答道：“不可以，我与鲍叔牙相友善，鲍叔牙为人清明廉洁正直，看待不如自己的人，就不能平等地看待，一旦闻知别人的过失，就终身不忘。”桓公说：“不得已的话，那么隰朋可以吗？”管仲说：“隰朋的为人，既能记识、效法上世贤人，又能不耻下问。自愧其德行不如黄帝，又怜悯不如自己的人。他对于国家大事，不该管的，就不去打听；他对于事务，不需要了解的，就不去过问；他对于别人，无关大节的，就装作没看见。不得已的话，那么隰朋还可以。”

夫相，大官也。处大官者，不欲小察①，不欲小智②，故曰：大匠不斫③，大庖不豆④，大勇不斗，大兵不寇⑤。

注释

①小察：在小处苛求。

②小智：耍小聪明。

③大匠：手艺高超的木匠。斫 zhuó：砍。

④大庖：善于烹饪的厨师。豆：古代的一种食器、祭器，这里用作动词，指用器物安排各种食物、祭品。

⑤大兵：能征善战的士兵。寇：抢劫，盗掠。

译文

国相是很大的官。做大官的人，不应该在小处苛求，不应该耍小聪明，所以说：手艺高超的木匠不亲自动手砍削，善于烹饪的厨师不亲自摆设祭祀物品，大勇之人不亲自参加格斗，能征善战的士兵不干抢劫盗掠之事。

桓公行公去私恶，用管子而为五伯长[①]；行私阿所爱[②]，用竖刀而虫出于户[③]。

注释

①五伯：同“五霸”，指春秋时期势力强大而称霸一时的五个诸侯首领。“春秋五霸”有两种说法：一说指齐桓公、晋文公、宋襄公、秦穆王、楚庄王；一说指齐桓公、晋文公、楚庄王、吴王阖闾、越王勾践。这两种说法皆以齐桓公为首，因此称之为“五伯长”。长：首领。

②阿：偏袒。

③竖刀：“刀”古籍通作“刁”，竖为童仆之称，刁为其名。

译文

桓公秉行公正，排除私恨，任用管仲而成为春秋五霸之首；他行偏私，任用竖刀而导致死后国家大乱，尸体不得安葬，尸虫流出门外。

人之少也愚，其长也智。故智而用私，不若愚而用公。日醉而饰服[①]，私利而立公[②]，贪戾而求王[③]，舜弗能为。

注释

①饰：通“饬”，整饬，整理。

②私：用作动词，把……当作私有。

③戾lì：凶暴。

译文

人年轻的时候愚昧无知，长大了就变得聪明了。所以聪明的人把智慧用在谋取私利上，不如愚昧的人把心思用在公家利益上。天天醉酒却还要整饰衣服，贪求私利又想建立公正，贪婪凶暴却又想称王天下，即使是舜也办不到。

去 私

题解

《去私》为《孟春纪》第五篇。文章先举自然界中的天地、日月、四时的不偏私，进而推及人事，列举了尧舜禅让、祁黄羊荐贤、腹䵍诛子等事例，深入阐明了“去私”的含义。指出君主只有“诛暴而不私”，才能成就王业霸业，旨在规劝君主要至公无私，举贤尚能，法不阿贵，这些思想在今天仍有很大的借鉴意义。

天无私覆也①，地无私载也②，日月无私烛也③，四时无私行也④。行其德而万物得遂长焉⑤。

注释

①覆：覆盖。

②载：承载。

③烛：用作动词，照明。

④行：运行。

⑤遂：因此。

译文

天覆盖万物没有偏私，地承载万物没有偏私，日月普照万物没有偏私，春夏秋冬四时运行变换没有偏私。

天地、日月、四季施恩德于万物，万物因此得以成长。

黄帝言曰："声禁重[①]，色禁重，衣禁重，香禁重，味禁重，室禁重。"

注释

①重：过甚，过分。

译文

黄帝说过："声音禁止过于淫靡，色彩禁止过于炫目，衣服禁止过于厚暖，香料禁止过于浓烈，饮食禁止过于丰美，宫室禁止过于高大。"

尧有子十人，不与其子而授舜；舜有子九人，不与其子而授禹：至公也。

译文

尧有十个儿子，但他没有把帝位传给自己的儿子，而是禅让给了舜；舜有九个儿子，但他没有把帝位传给自己的儿子，而是禅让给了禹：他们是最公正无私的。

晋平公问于祁黄羊曰[①]："南阳无令[②]，其谁可而为之[③]？"祁黄羊对曰："解狐可[④]。"平公曰："解狐非子之雠邪[5]？”对曰：“君问可，非问臣之雠也。”平公曰：“善。”遂用之。国人称善焉。居有间[6]，平公又问祁黄羊曰：“国无尉[7]，其谁可而为之？”对曰：“午可[8]。”平公曰：“午非子之子邪？”对曰：“君问可，非问臣之子也。”平公曰：“善。”又遂用之。国人称善焉。孔子闻之曰：“善哉！祁黄羊之论也，外举不避雠，内举不避子。”祁黄羊可谓公矣。

注释

①晋平公：春秋时晋国国君。姬姓，名彪，晋悼公之子。公元前 557 ～前 532 年在位。祁黄羊：晋国大夫，名奚，字黄羊，悼公时曾为中军尉，平公时为公族大夫，以公正举荐著称。据《左传·襄公三年》记载，祁黄羊荐贤的事发生在晋悼公之时。

②南阳：古地名，春秋时属晋，在今河南省济源市一带。令：县官。

③其：句首语气助词，表委婉语气。可而：可以。

④解 xiè 狐：春秋时晋大夫，善外交。

⑤雠：仇人。邪：同“耶”，疑问助词。

⑥居有间：过一段时间。

⑦尉：春秋时官名，掌军事。

⑧午：即祁午，祁黄羊之子。

译文

晋平公问祁黄羊说：“南阳没有县令，谁可以担任这个职务？”祁黄羊回答说：“解狐可以。”晋平公说：

“解狐不是你的仇人吗？”祁黄羊回答说：“您问的是谁可以担任这个职务，不是问谁是臣下的仇人。”平公说：“好。”于是就任用了解狐。国人都称赞这件事。过了一段时间，平公又问祁黄羊说：“国家缺少个军尉，谁可以担任这个职务？”祁黄羊回答说：“祁午可以。”平公说：“祁午不是你的儿子吗？”祁黄羊回答说：“您问的是谁可以担任这个职务，不是问谁是臣下的儿子。”平公说：“好。”于是就任用了祁午。国人都称赞这件事。孔子听说这件事后说：“好啊！祁黄羊的这些言论，推举外人不回避仇敌，推举自己人不回避儿子。”祁黄羊可以称得上是公正无私了。

墨者有钜子腹䵍①，居秦，其子杀人，秦惠王曰②：“先生之年长矣，非有他子也，寡人已令吏弗诛矣，先生之以此听寡人也③。”腹䵍对曰：“墨者之法曰：‘杀人者死，伤人者刑④。’此所以禁杀伤人也⑤。夫禁杀伤人者，天下之大义也。王虽为之赐⑥，而令吏弗诛，腹䵍不可不行墨者之法。”不许惠王，而遂杀之。子，人之所私也⑦。忍所私以行大义⑧，钜子可谓公矣。

注释

①墨者：指战国时期的墨家学派，创始人为墨翟。腹䵍 tūn：人名，姓腹。

②秦惠王：战国时秦国国君，嬴姓，名驷，秦孝公之子，公元前 337 ～前 311 年在位。即位后，杀

商鞅，任用张仪为相，改革内政，对外扩张。

③以：于，在。

④刑：受刑罚。

⑤此所以：这是用来。

⑥赐：恩赐。

⑦私：偏爱。

⑧忍：忍心，此指忍心杀掉的意思。

译文

墨家有个大师腹䵍居住在秦国，他的儿子杀了人，秦惠王对腹䵍说："先生您的年纪大了，又没有其他儿子，我已经命令官吏不要杀他了。先生在这件事情上就听从我的吧。"腹䵍回答说："墨家的法律规定：'杀人的人要处死，伤人的人要受刑。'这样做是为了禁止杀人、伤人。禁止杀人、伤人，这是天下的大义。大王您虽然恩赐照顾而命令官吏不要杀我的儿子，但是我腹䵍不可以不执行墨家的法令。"腹䵍没有同意秦惠王，最终杀了自己的儿子。儿子是人们所偏爱的，忍心杀掉自己心爱的儿子以执行大义，腹䵍可以称得上是公正无私了。

庖人调和而弗敢食[①]，故可以为庖。若使庖人调和而食之，则不可以为庖矣。王伯之君亦然[②]。诛暴而不私[③]，以封天下之贤者，故可以为王伯。若使王伯之君诛暴而私之，则亦不可以为王伯矣。

注释

①庖人：厨师。调和：调和五味，指烹饪。

②王伯之君：指成就王霸之业的君主。伯，同“霸”。王、伯，用作动词。

③诛：诛杀。私：占为己有。

译文

厨师调和五味而不敢私自食用，所以可以做厨师。假如厨师调好了五味就偷吃掉，那么就不可以做厨师了。成就王霸之业的君主也是这样。诛杀暴君却不私自占有土地，而是用它来分封给天下的有德之人，所以能够成就王霸之业。假如他们诛杀暴君而把土地占为己有，那么这样的君主就不可能成就王霸之业了。

仲春纪第二

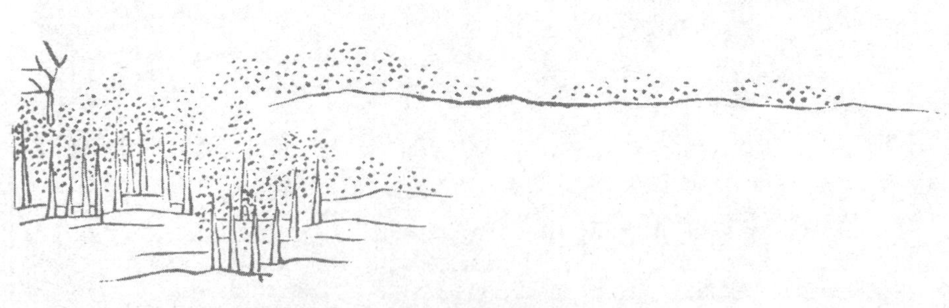

情 欲

题解

《情欲》为《仲春纪》第三篇，旨在论述节欲养生。文章指出，人的感情和欲望是天生的，不分贵贱贤愚，人人都具有。不同的是，圣人懂得适度，能够自行控制，“得其情”，因此“生以寿长，声色滋味能久乐之”。而世俗之人则放纵自己，“亏情”，所以时常使情受到亏损，“每动为亡败”。“得其情”与“亏情”的关键就在于能否珍惜自己的生命，懂得节欲。

天生人而使有贪有欲①。欲有情②，情有节③。圣人修节以止欲，故不过行其情也④。故耳之欲五声⑤，目之欲五色⑥，口之欲五味⑦，情也。此三者，贵贱、愚智、贤不肖欲之若一⑧，虽神农、黄帝⑨，其与桀、纣同⑩。圣人之所以异者，得其情也⑪。由贵生动⑫，则得其情矣；不由贵生动，则失其情矣。此二者，死生存亡之本也。

注释

①贪：贪心，不满足。

②情：感情，指人的喜、怒、哀、乐、好、恶。

③节：适度，节度。

④过：过分。

⑤五声：中国古代音乐以宫、商、角、徵、羽为五声音阶。五声指代音乐。

⑥五色：青、赤、黄、白、黑，古代以此五色为正色。

⑦五味：酸、甜、苦、辣、咸。

⑧一：同等，一样。

⑨神农：传说中的远古帝名，即炎帝，又称烈山氏。相传为农业和医药的发明者，有“神农尝百草”的传说。黄帝：姬姓，称轩辕氏、有熊氏，是中原各民族的共同祖先。神农、黄帝，此处代指圣王贤者。

⑩桀：夏桀，夏代的亡国之君，名履癸。纣：商纣，商代的亡国之君，即帝辛，名受。桀和纣都是有名的暴君，此处指代不肖者。

⑪得其情：知道适度控制感情。

⑫由贵生动：即有贵生而动。贵生，珍惜生命。动，活动，行动。

译文

天生育人并且使人有贪心有欲望。欲望产生感情，感情要有节制。圣人调理节度以控制欲望，所以不会过分放纵自己的感情。耳朵想听音乐，眼睛想看色彩，嘴巴想吃美味，这些都是人的情欲。这三个方面，无论是高贵的还是低贱的，愚笨的还是聪明的，贤明的还是不肖的，他们的欲望都是一样的，即使像神农、黄帝那样的圣王，他们的情欲和夏桀、商纣这样的暴君也是一样的。圣人之所以和一般人不同，是由于他们能适度控制自己的感情。从珍惜生命的角度出发，就能把握适度的感情；不从珍惜生命的角度出发，就会失去适度的感情。这两种情况是决定人生死存亡的根本。

俗主亏情，故每动为亡败。耳不可赡[①]，目不可厌[②]，口不可满；身尽府种[③]，筋骨沈滞[④]，血脉壅塞[⑤]，九窍寥寥[⑥]，曲失其宜[⑦]，虽有彭祖[⑧]，犹不能为也。其于物也，不可得之为欲，不可足之为求[⑨]，大失生本；民人怨谤，又树大雠；意气易动，跻然不固[⑩]；矜势好智[⑪]，胸中欺诈；德义之缓，邪利之急[⑫]。身以困穷[⑬]，虽后悔之，尚将奚及？巧佞之近，端直之远，国家大危，悔前之过，犹不可反[⑭]。闻言而惊，不得所由。百病怒起[⑮]，乱难时至。以此君人[⑯]，为身大忧。耳不乐声，目不乐色，口不甘味，与死无择[⑰]。

注释

①赡shàn：充裕，充足。

②厌：满足。

③府种：通“腑肿”，即浮肿。

④沈滞：沉滞，不通畅。“沈”多写作“沉”。

⑤壅塞：堵塞不通。

⑥九窍：指眼、耳、口、鼻七孔和前阴、后阴（肛门）。寥寥：空虚的样子。

⑦曲：周遍。

⑧彭祖：传说中的长寿者，有的说活了七百多岁，也有的说活了八百岁。因尧封之于彭城，故而称彭祖。

⑨不可得之为欲，不可足之为求：犹言“欲不可得之为，求不可得之为”，即追求不可得到的。

⑩蹶juē然：不坚固的样子。

⑪矜：夸耀。

⑫德义之缓，邪利之急：以德义为缓，以邪利为急。

⑬以：通“已”，已经。困穷：窘困不得志。

⑭反：同“返”，意为“还”，挽回。

⑮怒：急，猛烈。

⑯君：用作动词，为君。

⑰择：区别，差别。

译文

世俗的君主把握不了适度的感情，所以一动就灭亡。他们耳朵的欲望不能满足，眼睛的欲望不能满足，嘴巴的欲望不能满足，以至于全身腐烂肿胀，筋骨沉滞不通畅，血脉堵塞不通，九窍空虚，全都丧失了其应有的机能，即使有彭祖那样长寿的人在，也是无能为力的。世俗的君主对于外物，总是追求得不到的东西，追求不能满足的欲望，这样就大大丧失了生命的根本，招致老百姓的怨恨指责，给自己树立了大敌。他们的意志容易动摇，很不坚定；他们夸耀权势，卖弄智谋，胸怀欺诈；德义之事不着急做，邪恶私利之事却争相去办。最后使自己窘困不得志，即使后悔，还如何来得及呢？他们亲近巧言奸诈之人，疏远正直之人，致使国家面临危机，此时后悔之前的过错，也已经不可挽回了。听到国家即将灭亡的话才惊恐，却不明白危亡因何而造成。各种疾病猛烈地爆发出来，叛乱时有发生。靠这些来治理百姓，只能给自己带来巨大的忧患，以至于耳朵听音乐不觉得快乐，眼睛看色彩不觉得高兴，嘴巴吃美味不觉得香甜，这样跟死没什么区别。

古人得道者①，生以寿长，声色滋味能久乐之，奚故？论早定也②。论早定则知早啬③，知早啬则精不竭。秋早寒则冬必暖矣，春多雨则夏必旱矣。天地不能两④，而况于人类乎？人之与天地也同。万物之形虽异，其情一体也⑤。故古之治身与天下者，必法天地也⑥。

注释

①古人得道者：应为“古之得道者”。得，知道，明白。

②论：此即“节欲可长生”的论断。

③啬 sè：爱惜。

④两：两全其美。

⑤情：性情。一体：一律。

⑥法：效法。

译文

古代通晓天地之道的人，生命就能得到长寿，音乐、色彩、美味能够长久地享受。这是什么原因呢？这是节欲长生的信念早就确定的缘故。节欲长生的信念早确立，就可以知道早早爱惜生命，知道早早爱惜生命，精神就不会衰竭。秋天早寒，那么冬天必定暖和；春天多雨，那么夏天必定干旱，天地尚且不能两全其美，又何况人类呢？这一点人与天地相同，万物的形态虽然不同，他们的性情是一律相同的。所以古代修身养性的人与治理国家的人，必定效法天地。

尊①，酌者众则速尽②。万物之酌大贵之生者众矣③。故大贵之生常速尽。非徒万物酌之也，又损其生以资天下之人④，而终不自知。功虽成乎外，而生亏乎内。耳不可以听，目不可以视，口不可以食，胸中大扰⑤，妄言想见⑥，临死之上⑦，颠倒惊惧⑧，不知所为。用心如此，岂不悲哉？

注释

①尊：今作“樽”，酒器。

②酌：斟酒。

③大贵之生：指国君的生命。

④资：资给，供给。

⑤扰：搅乱。

⑥妄言想见：说胡话，幻影不断出现。

⑦临死之上：临死之前。

⑧颠倒：神经错乱。

译文

酒樽中的酒，来舀的人多了，很快就被饮完了。万物消耗君主的生命多了，君主的生命往往很快耗尽。不仅仅是万物在消耗它，君主自己也在损耗其生命来为天下人操劳，但自己始终没有察觉。在外虽然功成名就，可是自己的生命却已经亏损，以至于耳不能听，眼不能看，嘴不能吃，心中非常纷乱，口说胡话，幻影不断出现，临死之前，神经错乱，惊恐万分，不知该干什么。耗费心力到这个地步，难道不可悲吗？

世人之事君者，皆以孙叔敖之遇荆庄王为幸①。自有道者论之则不然，此荆国之幸。荆庄王好周游田猎②，驰骋弋射③，欢乐无遗④，尽傅其境内之劳与诸侯之忧于孙叔敖⑤。孙叔敖日夜不息，不得以便生为故，故使庄王功迹著乎竹帛⑥，传乎后世。

注释

①孙叔敖：即芀敖，字孙叔，春秋时楚国令尹。荆庄王：即楚庄王，春秋时楚国国君。芈mǐ姓，名旅，又名吕或侣，公元前613～前591年在位，春秋五霸之一。

②田猎：打猎。

③弋yì：用绳子系在箭上射。

④遗：停止。

⑤傅：付，交付。

⑥竹帛：竹简和白帛。古代用以书写文字。代指书籍。

译文

世上侍奉君主的人，都认为孙叔敖遇到了楚庄王并受到重用是幸运的事，但是来自有道之人的评论却不是这样，他们认为这是楚国的幸运。楚庄王喜好到处游玩打猎，跑马射箭，欢乐无休止，把治国的辛苦和作为诸侯应有的忧劳都交付给了孙叔敖。孙叔敖日夜操劳不止，无法做利于养生的事，因此才使楚庄王的功绩载入史册，流传给后代。

当 染

题解

本文为《仲春纪》第四篇，主要论述了环境的熏陶和人的习性养成间的联系问题，强调了环境对人的决定性作用。文章以染丝为喻，列举了大量历史上正反两方面的事实，说明“所染当”，君主则可成就王霸之业，士能名显天下；“所染不当”，就会国亡身辱。文章的部分内容与《墨子·所染》篇相同。

墨子见染素丝者而叹曰①：“染于苍则苍②，染于黄则黄。所以入者变③，其色亦变，五入而以为五色矣。”故染不可不慎也。

注释

①墨子（约前468～前376）：名翟，鲁国人（另有说是宋国人）。春秋战国之际思想家，墨家学派创始人。其思想主要见于《墨子》五十三篇，是其门徒根据他的遗教编纂而成。其学盛时，一度与儒学并称“显学”。素丝：未经染色的生丝。

②苍：青色。

③所以入者：指染料。

译文

墨子看到染素丝的人而叹息说："将素丝放入青色的染料浸染，素丝就变成了青色，放入黄色的染料中浸染，就变成了黄色。染料变了，素丝的颜色也随之变化，五次放入不同的染料中，就会变出五种颜色。"所以，染色不可不慎重啊。

非独染丝然也，国亦有染[①]。舜染于许由、伯阳[②]，禹染于皋陶、伯益[③]，汤染于伊尹、仲虺[④]，武王染于太公望、周公旦[⑤]。此四王者，所染当，故王天下[⑥]，立为天子，功名蔽天地[⑦]。举天下之仁义显人[⑧]，必称此四王者。夏桀染于干辛、歧踵戎[⑨]，殷纣染于崇侯、恶来[⑩]，周厉王染于虢公长父、荣夷终[⑪]，幽王染于虢公鼓、祭公敦[⑫]。此四王者，所染不当，故国残身死，为天下僇[⑬]。举天下之不义辱人，必称此四王者。齐桓公染于管仲、鲍叔，晋文公染于咎犯、郄偃[⑭]，荆庄王染于孙叔敖、沈尹蒸[⑮]，吴王阖庐染于伍员、文之仪[⑯]，越王句践染于范蠡、大夫种[⑰]。此五君者，所染当，故霸诸侯，功名传于后世。范吉射染于张柳朔、王生[⑱]，中行寅染于黄籍秦、高强[⑲]，吴王夫差染于王孙雄、太宰嚭[⑳]，智伯瑶染于智国、张武[㉑]，中山尚染于魏义、椻长[㉒]，宋康王染于唐鞅、田不禋[㉓]。此六君者，所染不当，故国皆残亡，身或死辱，宗庙不血食[㉔]，绝其后类，君臣离散，民人流亡。举天下之贪暴可羞人，必称此六君者。

注释

①染：比喻熏陶、熏染。

②许由：古代传说中的贤人。也作许繇，字武仲，颍川人。相传舜欲让天下给他，他坚持不受，逃隐于箕山。伯阳：古贤人。相传为舜七友之一。

③皋陶 gāo yáo：传说中少昊氏支裔，上古东夷部族首领，舜的法官，以正直著称。伯益：亦作伯翳，舜时东夷部落首领，相传为颛顼的后代，嬴姓的始祖。

④汤：商朝建立者，子姓，名履，又称天乙、成汤。伊尹：商汤的谋士、辅臣，名挚。他辅佐商汤灭夏，建立商朝，管理国事。仲虺 huǐ：相传曾为汤的左相。

⑤武王：即周武王，姬姓，名发，周文王次子，西周建立者。太公望：即姜子牙，姜姓，名尚，字望，一说字子牙。文王立他为师，武王尊称为师尚父，辅佐武王灭商建周，分封于齐，称之为“太公”。

⑥王 wàng：动词，称王。

⑦蔽：遮盖。

⑧显人：显达之人。

⑨干辛、歧踵戎：夏桀的两个佞臣。

⑩崇侯：即崇侯虎。崇，国名。侯，爵位。恶 wū来：嬴姓，飞廉之子。二人皆是纣之谀臣。

⑪周厉王：西周国王。姬姓，名胡，周穆王四世孙，周夷王之子。在位期间横征暴敛，控制国人言论，

激起国人暴动，逃奔至彘（今山西霍县）。虢guó公长父：周厉王的卿士，名长父。虢，国名。荣夷终：周厉王的卿士，名终。荣，国名。夷，谥号。

⑫幽王：即周幽王，西周国王。姬姓，名宫涅，周宣王之子，西周的最后一位国君。公元前771年被犬戎杀于骊山（今陕西临潼）下，西周灭亡。虢公鼓、祭zhài公敦：皆周幽王卿士，鼓、敦分别为其名。虢、祭皆为国名。

⑬僇lù：通“戮”，侮辱。

⑭晋文公（前697～前628）：春秋时晋国国君，姬姓，名重耳，献公之子，公元前636～前628年在位，为春秋五霸之一。咎犯：即狐偃，春秋时晋国卿，字子犯，因是公子重耳舅父，所以称舅犯，也作“咎犯”。他随重耳流亡在外十九年，后辅佐重耳回国即位，改革内政，整顿军纪，助晋文公成就霸业。郄xì偃：当为“郭偃”之讹化，晋文公大夫，主张变法，对晋文公成就霸业有很大贡献。

⑮沈尹蒸：春秋时楚国大夫。沈，邑名。尹，官名。蒸，人名，也写作“筮”。

⑯阖hé庐：也写作阖闾，春秋末年吴国国君，姬姓，名光，公元前514～前496年在位。伍员yún：春秋末吴国大夫，名员，字子胥。本为楚人，遭谗害，逃至吴国，辅佐吴王阖庐称霸。文之仪：春秋末吴国大夫。

⑰句gōu践：春秋末越国国君，公元前496～前465年在位。曾被吴所败，几至亡国，屈服求和，后

卧薪尝胆，发愤图强，终灭吴，成为强国。句，后来写作“勾”。范蠡lǐ：春秋末越大夫，句践谋士。范氏，名蠡，字少伯，楚人。佐句践灭吴，相传灭吴后弃官逃走，成为大商人，称陶朱公。大夫种：即文种，越大夫，字少禽，一作字子禽，楚人。与范蠡一起辅佐句践灭吴，功成后，范蠡劝其一起离开，不听，为句践所不容，受赐剑自刎而死。

⑱范吉射：即范昭子，春秋时晋卿，名吉射。公元前497年，范氏联合中行氏攻打赵氏，结果反被知氏、赵氏、韩氏、魏氏四家所败，被逐出晋国。张柳朔、王生：《墨子》作长柳朔、王胜，范吉射的两个家臣，都死于范氏之难。

⑲中行寅：即荀寅，春秋末晋卿，又称荀文子。黄籍秦、高强：皆为中行寅的家臣。

⑳夫差：春秋末吴国国君，吴王阖闾之子，公元前495～前473年在位。曾大败越国，迫使越王句践降服，同意句践求和，后被越国大败，导致灭国自杀。王孙雄：吴国大夫。据毕沅说，“雄”当作“雒”。太宰嚭pǐ：即吴国太宰伯嚭。伯氏，名嚭，一作帛喜、白喜，字子余。楚大夫伯州犁之孙，伯州犁被楚诛杀后，他逃至吴，以功任为太宰，因此称太宰嚭。因善逢迎，深得吴王夫差宠信。吴师破越后，他贪受越国贿赂，力劝吴王与越媾和，并屡进谗言，谮杀伍子胥。吴亡后，他被杀。

㉑智伯瑶：战国初晋卿，一作知瑶或荀瑶，姬姓，智氏（即荀氏，荀氏因食采于智而改称智氏），名瑶，

又称智襄子。晋出公时擅政，智氏势力在诸家贵族中一时独大，欲图灭韩、赵、魏三家而独吞晋国，反被韩、赵、魏联合攻灭，成“三家分晋”之势。智国、张武：智氏的两个家臣。他二人劝说智伯纠合韩、魏，把赵襄子围在晋阳，结果反被韩赵魏三家所败，被杀，地被瓜分，智氏灭亡。

㉒中山尚：战国初中山国国君。中山，国名，春秋末年鲜虞人建立，后为赵所灭。尚，人名，据孙诒让考证，尚可能是中山最后一个国君中山桓公。魏义、椻长：中山国的两个大夫。

㉓宋康王：战国时宋国最后一位国君。子姓，名偃，又称宋王偃，以荒淫残暴著称，时称“桀宋”，在位四十七年（《史记·年表》载四十三年），公元前 286 年为齐所灭。唐鞅、田不禋yīn：皆为宋康王大臣。

㉔血食：指受祭祀，古代祭祀用牲牢，故称血食。

㉕后类：指宗族后裔。

译文

不仅仅染丝是这样，国家也有类似染丝的情况。舜受到许由、伯阳的熏染，禹受到皋陶、伯益的熏染，商汤受到伊尹、仲虺的熏染，周武王受到姜太公、周公旦的熏染。这四位君王因其所受的熏染合宜，所以能够君临天下，成为天子，功名盖天地。凡是列举天下仁义、显达的人，必定称赞列举这四位君王。夏桀受到干辛、歧踵戎的熏染影响，殷纣王受到崇侯、恶来的熏染影响，周厉王受到虢公长父、荣夷终的熏染影响，周幽王受到虢公鼓、祭公敦的熏染影响。这四位君王，因其所受的熏染不当，结果国亡身死，被天下人耻笑。凡是列举天下不义、受屈辱的人，必定列举这四位国君。齐桓公受到管仲、鲍叔牙的熏陶影响，晋文公受到咎犯、郄偃的熏陶影响，楚庄王受到孙叔敖、沈尹蒸的熏陶影响，吴王阖闾受到伍子胥、文之仪的熏陶影响，越王勾践受到范蠡、文种的熏陶影响。这五位国君，因其所受的熏陶得当，所以能够称霸诸侯，功名传于后世。范吉射受到张柳朔、王生的熏染影响，中行寅受到黄籍秦、高强的熏染影响，吴王夫差受到王孙雒、太宰嚭的熏染影响，智伯瑶受到智国、张武的熏染影响，中山尚受到魏义、椻长的熏染影响，宋康王受到唐鞅、田不禋的熏染影响。这六位国君，因其所受的熏染不当，因此国家都灭亡了，自身有的被杀，有的受到屈辱，他们的宗庙绝祀，后继无人，君臣离散，人民流亡。凡列举天下贪婪残暴可羞辱的人，必定列举这六位国君。

凡为君，非为君而因荣也，非为君而因安也，以为行理也[①]。行理生于当染。故古之善为君者，劳于论人而佚于官事[②]，得其经也[③]。不能为君者，伤形费神，愁心劳耳目，国愈危，身愈辱，不知要故也[④]。不知要故，则所染不当；所染不当，理奚由至？六君者是已。六君者，非不重其国、爱其身也，所染不当也。存亡故不独是也[⑤]，帝王亦然[⑥]。

注释

①理：道义，义理。

②论：衡量，选择。佚：通“逸”，安逸。

③经：道，方法。

④要：要领，关键。

⑤故：固然，当然。

⑥帝王：指上文所列的舜、禹、汤、武王、夏桀、殷纣、周厉王、周幽王。

译文

大凡作为国君，不是因为做了国君就显得荣耀，不是因为做了国君就得享安逸，做国君是为了施行大道。施行大道产生于所受熏染得当。所以古代善于做君主的，是把精力用在选贤任能上，而对于官务政事则安然处之，这是掌握了作为君主的要领。不善于当国君的，伤身劳神，心中愁苦，耳目劳累，而国家却愈来愈危险，自身所受的屈辱愈来愈多，这是不知道为国君的要领的缘故。不知道作为国君的要领，所受的影响就不得当；所受的影响不得当，大道从何而来呢？以上所列举的六位国君就是这样。他们并不是不看重自己的国家，也不是不爱惜自己的身体，而是因为他们所受的熏染不得当。所受的熏染是否得当不仅仅关系到国家存亡，帝王的存亡也是这样。

非独国有染也。孔子学于老聃、孟苏夔、靖叔[①]。鲁惠公使宰让请郊庙之礼于天子[②]，桓王使史角往[③]，惠公止之。其后在于鲁[④]，墨子学焉。此二士者，无爵位以显人[⑤]，无赏禄以利人[⑥]。举天下之显荣者，必称此二士也。皆死久矣，从属弥众[⑦]，弟子弥丰，充满天下。王公大人从而显之；有爱子弟者，随而学焉，无时乏绝。子贡、子夏、曾子学于孔子[⑧]，田子方学于子贡[⑨]，段干木学于子夏[⑩]，吴起学于曾子[⑪]；禽滑黧学于墨子[⑫]，许犯学于禽滑黧，田系学于许犯[⑬]。孔、墨之后学显荣于天下者众矣，不可胜数，皆所染者得当也。

注释

①孟苏夔 kuí、靖叔：二人无考，当是与孔子同时的两位有道之人。也有断作孟苏、夔靖叔。

②鲁惠公：春秋初鲁国国君，鲁孝公之子，姬姓，名弗湟(一作弗皇)，公元前 768 ～前 723 年在位。宰让：鲁国大夫。郊：祭天。庙：祭祖。天子：周平王。

③桓王：鲁惠公卒于周平王四十八年，即公元前 723 年，而桓王于公元前 719 年才即位。如果“桓王派史角往”，其时惠公已死，而与下文“惠公止之”不符，故桓王疑应为平王。史角：名叫角的史官。

④其后：指史角的后代。

⑤显：用作动词，使……显赫。

⑥利：用作动词，使……得利。

⑦从属：据孙诒让，当为“徒属”。

⑧子贡：孔子弟子，姓端木，名赐，字子贡，春秋

末卫国人。善于辞令，亦善经商，家累千金。子夏：孔子弟子，姓卜，名商，字子夏，春秋末卫国人。品学兼优，以文学见称。相传曾为魏文侯的老师。曾子：孔子弟子，姓曾，名参，字子舆，春秋末鲁国人。以孝行著称。

⑨田子方：战国时魏国名士，魏文侯尊之为师。

⑩段干木：战国时魏国隐士，另有晋国人之说。魏文侯待以师礼。

⑪吴起：战国时政治家、军事家，卫国人。初为鲁将，曾经大破齐兵，后遭谗至魏，为魏文侯所用，复遭陷害逃至楚国，辅佐楚悼王变法，使楚国国力大振，强其一时。

⑫禽滑釐：他书作“禽滑厘”“禽滑黎”，墨子的弟子。

⑬田系、许犯：墨家学派后学弟子。

译文

不仅仅是国家有受到熏染的情形。孔子向老聃、孟苏夔、靖叔学习。鲁惠公派宰让向天子请教郊祭、庙祭的礼仪，周平王派名叫角的史官前往，角被鲁惠公留下，于是他的后代就居住在鲁国，墨子得以向他的后代学习。孔子和墨子这两位贤士，没有爵位来使别人显赫，也没有赏赐俸禄来使别人获得利益，但是，列举天下显赫荣耀的人，必定称举这两位贤士。他们都已经死去很久了，可是追随他们的人越多，他们的弟子也就越多，遍布天下。王公大人追随、宣扬他们，有爱子弟的，让他们的子弟追随孔、墨的门徒学习，没有一时中断过。子贡、子夏、曾子向孔子学习，田子方向子贡学习，段干木向子夏学习，吴起向曾子学习；禽滑釐向墨子学习，许犯向禽滑釐学习，田系向许犯学习。孔墨后学弟子在天下显赫荣耀尊贵的人太多了，数也数不清，这都是由于他们所受的熏染影响合宜得当啊。

功 名

题解

《功名》是《仲春纪》第五篇，旨在论述为君之道。文章以大量事例证明要想达到目的，必须条件具备，方法正确，即“由其道”。为君者，要使人民臣服，必须要“厚德”，要重视人心向背，指出“欲为天子，民之所走，不可不察”，“欲为天子，所以示民，不可不异”，反映了一定的民本思想。

由其道①，功名之不可得逃，犹表之与影②，若呼之与响③。善钓者，出鱼乎十仞之下④，饵香也；善弋者，下鸟乎百仞之上⑤，弓良也；善为君者，蛮夷反舌殊俗异习皆服之⑥，德厚也。水泉深则鱼鳖归之，树木盛则飞鸟归之，庶草茂则禽兽归之⑦，人主贤则豪杰归之。故圣王不务归之者⑧，而务其所以归⑨。

注释

①由：遵循，遵照。

②表：古代通过测量日影而计时的标杆。

③呼之与响：呼声与回声。

④出：使动用法，使……出来。仞：古代以七尺或八尺为一仞，此指水深。

⑤下：使动用法，使……下。

⑥蛮夷：我国古代将南方各民族称蛮，东方各民族称夷。蛮夷，此处泛指四方各少数民族。反舌：指少数民族语言与汉语不同。

⑦庶草：各种草。

⑧务：勉力从事，致力于。

⑨所以归：使动用法，使……归从的条件。

译文

遵照一定的正规途径求取功名，功名就不会逃脱，就像日影无法摆脱测量日影用的标杆，回声必然伴随呼声那样。善于钓鱼的人能使鱼从十仞深的水下被钓出来，这是钓饵香美的缘故；善于射猎的人能使鸟从百仞高的天空射落下来，这是弓箭好的缘故；善于做君主的人能使四方各少数民族都归顺于他，这是恩德厚重的缘故。水泉很深，鱼鳖就会游向那里；树木茂盛，飞鸟就会飞向那里；百草丰茂，禽兽就会奔向那里；君主贤德，豪杰就会归顺于他。所以，圣明的君王不致力于使人们归顺之事，而致力于创造使人们归顺的条件。

强令之笑不乐[①]；强令之哭不悲；强令之为道也，可以成小[②]，而不可以成大[③]。

注释

①强令：强迫命令。

②小：虚名。

③大：大业。

译文

强迫命令的笑是不快乐的，强迫命令的哭是不悲哀的。强迫命令这种做法，只可以成就虚名，而不可以成就大业。

缶醯黄[①]，蜹聚之[②]，有酸；徒水则必不可[③]。以狸致鼠[④]，以冰致蝇，虽工不能[⑤]。以茹鱼去蝇[⑥]，蝇愈至，不可禁，以致之之道去之也[⑦]。桀、纣以去之之道致之也，罚虽重，刑虽严，何益？

注释

①缶fǒu：盛酒浆的瓦器，口小腹大，也用于盛流质食物。醯xī：醋。

②蜹ruì：蚊子。

③徒：仅仅，只。

④狸lí：此处指猫。

⑤工：精巧。

⑥茹rú：腐臭。

⑦道：办法。本句中第一个和第三个“之”代指蝇，第二个“之”相当于结构助词“的”。

译文

瓦器中的醋变黄了，蚊子就会聚在那里，这是有酸味的缘故，仅仅只有水就一定不会招来它们。用猫来招致老鼠，用冰块来招致苍蝇，即使技巧精湛，也是不可能的。用腐臭的鱼驱除苍蝇，苍蝇会越来越多，不能够禁止，这是用招致苍蝇的办法来驱除它们的缘故。夏桀、商纣企图用残暴驱民的办法来招致人民，惩罚即使再重，刑法即使再严酷，又有什么益处呢？

大寒既至，民暖是利①；大热在上，民清是走②。是故民无常处③，见利之聚④，无之去。欲为天子，民之所走，不可不察⑤。今之世，至寒矣，至热矣，而民无走者，取则行钧也⑥。欲为天子，所以示民，不可不异也。行不异乱，虽信令⑦，民犹无走。民无走，则王者废矣，暴君幸矣，民绝望矣。故当今之世，有仁人在焉，不可而不此务⑧；有贤主，不可而不此事⑨。

注释

①民暖是利：即民利暖，宾语“暖”前置。是，复指代词。利，用作动词，以……为利。下句“民清是走”用法同此句。

②清：清凉，凉爽。走：奔向。

③常处：长期固定的住处。

④见利之聚：即聚于见利之处。宾语前置句，“之”

复指代词。

⑤察：详细审知。

⑥取：通“趋”。钧：通“均”。

⑦信：疑为“倍”。

⑧可而：可以。不此务：即不务此。

⑨不此事：即不事此。

译文

严寒到了，人民就趋向温暖之处；酷暑临头，人民就奔向凉爽之地。因此，人民没有长期固定的住处，他们总是聚集在有利的地方，没有利的地方就离开。想要做天子的，对于人民的趋向，是不可不详细审知的。当今之世，寒冷到了极点，炎热到了极点，而人民之所以没有离开，是因为走到哪里都将是一样的。想要做天子的，用来昭示人民的举措，不可不与此有所不同。如果想做天子的人行为与暴乱之君没有什么不同，那么即使暴乱的局面加倍严重，人民也仍然无处可去。人民无处可去，那么成就王业的人就不会出现，暴君就庆幸了，人民就绝望了。因此，当今世上，如果有仁义的人在，就不可不勉力去施行仁义；如果有贤明的君主，就不可不去施行仁义之事。

贤不肖不可以不相分[①]，若命之不可易[②]，若美恶之不可移[③]。桀、纣贵为天子，富有天下，能尽害天下之民，而不能得贤名之[④]。关龙逢、王子比干能以要领之死争其上之过[5]，而不能与之贤名。名固不可以相分，必由其理。

注释

①不相分："不"字为误衍（从陶鸿庆说）。分，分给。

②易：交换。

③移：改变。

④不能得贤名之：没有得到贤德的美名。意思是获得"桀""纣"的恶名。

⑤关龙逢 páng：又作关龙逄，夏桀的大臣。相传夏桀暴虐无道，关龙逄直言劝谏，为桀所杀。王子比干：商纣王的叔父。相传官至少师，因纣荒淫残暴，比干以死力谏，被商纣王剖腹观心而死。要：同"腰"。领：脖颈。争：诤谏。

译文

贤与不贤的名声是由自己的言行功过所决定的，是不能由别人给予的，这就像命运不可交换，也像美丑不可改变一样。桀、纣贵为天子，富有天下，他们能害尽天下的人，却不能为自己争得贤德的好名声。关龙逄、王子比干能冒着被腰斩、斩首而死的危险来劝谏其君主的过错，却不能给桀、纣争得贤良的好名声。名声本来就不可以由别人给予，一定要由自己按照一定的途径获得。

季春纪第三

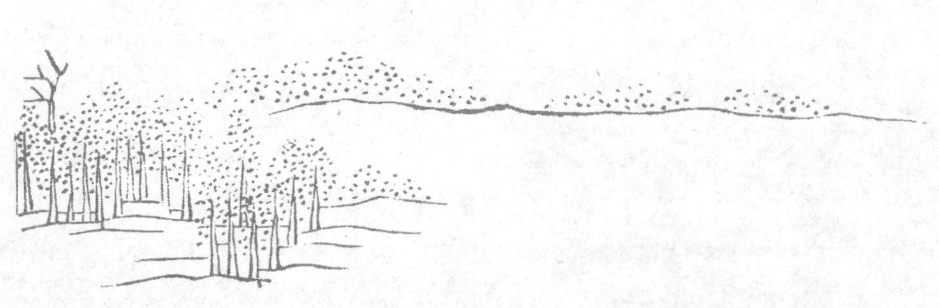

论　人

题解

《论人》是《季春纪》的第四篇，旨在论述君主衡量和识别人的方法。“论人”，即衡量、识别人。文章认为，“反诸己”是君主“论人”的最佳方法，其次是“求诸人”。“反诸己”意思就是向自己求得，顺其自然，这样才能懂得事物之道，无往不胜；“求诸人”意思就是向别人寻求。“论人”要听言观行，根据不同的情况，在内用“八观六验”的办法，在外用“六戚四隐”的办法，这样，就能够准确地衡量评论人了。文章中所阐述的“论人”方法在今天仍然很有借鉴意义。

主道约①，君守近②。太上反诸己③，其次求诸人。其索之弥远者④，其推之弥疏⑤；其求之弥强者⑥，失之弥远。

注释

①约：简约。

②守：指所遵守的原则、操守。近：指自身而言。

③太上：最上，意为最好。

④索：索求，寻求。弥：更加。

⑤推：使之去。疏：远。

⑥强：花力气，用力。

译文

为君主的方法在于简约无为，为君的操守就在于自身。最好的是向自身求得，其次是向别人寻求。越向远处索求，离它就越远；越花力气寻求它，就越远远失去它。

何谓反诸己也？适耳目[①]，节嗜欲，释智谋[②]，去巧故[③]，而游意乎无穷之次[④]，事心乎自然之涂[⑤]。若此则无以害其天矣[⑥]。无以害其天则知精[⑦]，知精则知神[⑧]，知神之谓得一[⑨]。凡彼万形，得一后成。故知知一[⑩]，则应物变化，阔大渊深，不可测也；德行昭美[⑪]，比于日月[⑫]，不可息也[⑬]，豪士时之[⑭]，远方来宾[⑮]，不可塞也[⑯]；意气宣通[⑰]，无所束缚，不可收也[⑱]。故知知一，则复归于朴[⑲]，嗜欲易足，取养节薄[⑳]，不可得也[㉑]；离世自乐，中情洁白，不可量也[㉒]；威不能惧，严不能恐，不可服也。故知知一，则可动作当务[㉓]，与时周旋，不可极也[㉔]；举错以数[㉕]，取与遵理，不可惑也；言无遗者[㉖]，集肌肤[㉗]，不可革也[㉘]。谗人困穷，贤者遂兴，不可匿也[㉙]。故知知一，则若天地然，则何事之不胜[㉚]？何物之不应[㉛]？譬之若御者，反诸己则车轻马利[㉜]，致远复食而不倦。昔上世之亡主，以罪为在人，故日杀僇而不止，以至于亡而不悟。三代之兴王，以罪为在己，故日功而不衰[33]，以至于王[34]。

注释

①适：使动用法，使……适度。耳目：指声色。

②释：舍弃。

③巧故：伪诈。

④游意乎无穷之次：心意遨游于广大无际的空间，意思是胸怀宽广。次，舍，所在之处。

⑤事心乎自然之涂：任心于无为的境界。事，犹“任”。自然之涂，指无为的境界。涂，同“途”，道路。

⑥天：指天性。

⑦精：精微。

⑧神：指事理的神妙。

⑨一：道。我国古代道家把“一”看作是数之始，物之极，故称“一”为道，“道”是万物的总根源。《老子》：“道生一，一生二，二生三，三生万物。”故下句有“得一后成”之说。

⑩知知一：王念孙校本作“故知知一”，今从。知一，即为得一。

⑪昭美：彰显美好。

⑫比：并列。

⑬息：灭。

⑭时之：随时到来。之，至。

⑮宾：归顺，归服。

⑯塞：遏止。

⑰意气：指精神。宣通：疏通，畅通。

⑱收：洪颐煊认为“收”应为“默”，意为看守、墨守。
⑲朴：本性。
⑳养：养身之物。节：节制。薄：少。
㉑得：犹“夺”，指被人占有。
㉒量：据陈昌齐说，“量”当为“墨”字之讹。墨，染黑。
㉓当务：合于事理。
㉔极：穷尽。
㉕错：通“措”。数：礼数。
㉖遗：失，错误。
㉗集肌肤：当为“集于肌肤”，意为与人肌肤相接，为人所感知。集，通“接”，接触。
㉘革：改变。
㉙匿：隐藏。
㉚何事之不胜：宾语“何事”前置，原语序为“不胜何事”，“之”，复指。胜，任。下句“何物之不应”结构与此相同。
㉛应：适合。
㉜利：快。
㉝功：用作动词，建功立业。
㉞王：称王。

译文

什么叫向自身求得呢？是声色适度，节制嗜好欲望，舍弃智慧计谋，除去虚伪奸诈，让自己的心意遨游于广大无际的空间，将自己的心立于无为的境界，像这样，就没有什么可以危害自己的天性了。没有什么可以危害自己的天性，就能够知晓事物的精微，知晓事物的精微，就能够懂得事理的神妙，懂得事理的神妙就叫作得道。凡是那些千千万万有形的事物，得道后才能生成。因此懂得了得道的道理，就能够适应万物的变化，这种变化博大精深，不可测度；德行就会彰显美好，可与日月比肩，不可熄灭；豪杰之士就会随时到来，从远方归服，不可遏止；精神就会畅通，无所束缚，不可拘禁。因此懂得了得道的道理，就会返璞归真，嗜好欲望容易满足，所取的养身之物就会少而有节制，不可能占有、支配他；就会超脱世俗，自得其乐，心中纯洁得不可抹黑、污染；威武不能使他恐惧，严厉不能使他恐慌，不能使他屈服。因此懂得了得道的道理，就会举动合于事宜，随着时势交际应酬，永无穷尽；就会举止合于礼数，得到与付出都遵照事理，不会受到迷惑；就会言无错误，与人肌肤相接而为人所感知是不会改变的；就会奸人困窘，贤者显达兴起，不会隐藏。因此懂得了得道的道理，就会像天地一样，那么，什么事不能够胜任？什么事物不能适应？就像驾车的人，对自己严格要求，就会车轻马快，即使跑很远的路，仅一顿饭的时间就能够返回，且不会疲倦。从前古代的那些亡国之君认为罪过在于别人，因而每天杀戮不止，以至于国家灭亡了还不醒悟；夏、商、周三代兴盛的君王，认为罪在自己，所以每天勤于功业而不衰减，以至于称王于天下。

何谓求诸人？人同类而智殊，贤不肖异，皆巧言辩辞以自防御，此不肖主之所以乱也。凡论人，通则观其所礼[①]，贵则观其所进[②]，富则观其所养[③]，听则观其所行，止则观其所好[④]，习则观其所言[⑤]，穷则观其所不受，贱则观其所不为。喜之以验其守[⑥]，乐之以验其僻[⑦]，怒之以验其节[⑧]，惧之以验其特[⑨]，哀之以验其人[⑩]，苦之以验其志[⑪]。八观六验，此贤主之所以论人也。论人者，又必以六戚四隐[⑫]。何谓六戚？父、母、兄、弟、妻、子。何谓四隐？交友、故旧、邑里、门郭[⑬]。内则用六戚四隐，外则用八观六验，人之情伪、贪鄙、美恶无所失矣[⑭]。譬之若逃雨污[⑮]，无之而非是[⑯]。此先圣王之所以知人也。

注释

①通：显达。礼：礼遇。

②进：举荐。

③养：赡养。

④止：闲居在家。

⑤习：近习，指君主亲信的人。

⑥喜：使动用法，使……高兴。下文中的“乐”“怒”“惧”“哀”“哭”用法同。守，操守。

⑦僻：不正的行为或心术。

⑧节：节制力，气度。

⑨特：刚强的品行。

⑩人：通“仁”，仁爱。

⑪志：意志。

⑫六戚：六亲。四隐：指四种关系亲近的人。

⑬交友：朋友。故旧：熟人。邑里：同乡，乡亲。门郭：宗亲。

⑭情伪：真伪。

⑮污：同“濡”，沾湿。

⑯之：往。是：指代雨污。

译文

什么叫向别人寻求？人虽然同类，但是智慧却不同，贤与不贤相异，都用巧言辩辞来自我防范，以免为他人所攻，这是不贤达的君主惑乱的原因。大凡衡量、评定人，如果他显达，就观察他礼遇的是什么人；如果他身份地位高贵，就观察他举荐的是什么人；如果他富有，就观察他所赡养的是什么人；如果他奉命行事，就观察他的行动；如果他闲居在家，就观察他的爱好是什么；如果他是亲近君主的人，就观察他所进的言论；如果他窘困，就观察他不接受什么；如果他地位低下，就观察他不做什么。使他高兴，用来检验他的操守；使他快乐，用来检验他是否心怀不正；使他发怒，用来检验他的气度；使他恐惧，用来检验他品行是否坚持己见；使他悲哀，用来检验他的仁爱之心；使他痛苦，用来检验他的意志。以上所说的八种观察方法和六种检验方法，就是贤明的君主用来评定人的方法。评定人时，还一定凭借六戚四隐。什么叫六戚？就是父、母、兄、弟、妻、子六种亲戚。什么叫四隐？就是朋友、熟人、乡邻、宗亲四种关系亲近的人。在内就用六戚四隐，在外就用八观六验，这样，在评定人时，人的真伪、贪鄙、美丑就没有遗漏了。就像避雨一样，到处都是雨水、污泥，走到哪里都不可能不沾湿。这就是圣人用来识别人的方法。

孟夏纪第四

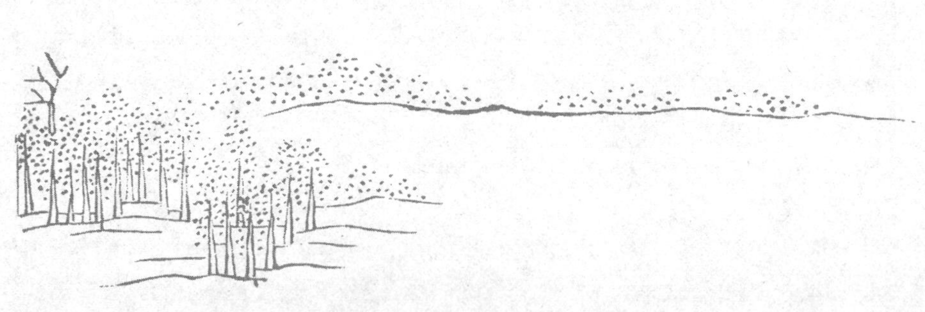

劝 学

题解

《劝学》是《孟夏纪》的第二篇，一作《观师》。本篇旨在勉励人努力学习。文章指出，学可以长智，一个人想要“忠孝”“显荣”，只有通过努力学习，才能实现。“圣人生于疾学”“疾学在于尊师”，学习的关键就是尊师。而作为老师，其要务在于“胜理”“行义”，要以理服人，推行仁义。文章提出“事师”如“事父”，反映了儒家尊师重道的思想。

先王之教，莫荣于孝，莫显于忠。忠孝，人君、人亲之所甚欲也[①]；显荣，人子、人臣之所甚愿也。然而人君、人亲不得其所欲，人子、人臣不得其所愿，此生于不知理义。不知理义，生于不学。

学者师达而有材[②]，吾未知其不为圣人。圣人之所在，则天下理焉[③]。在右则右重，在左则左重[④]，是故古之圣王未有不尊师者也。尊师则不论其贵贱贫富矣。若此则名号显矣，德行彰矣。

注释

①人亲：父母。

②师：老师。达：通达，博学。材：通“才”，才能。

③理：治，指天下治理得好，政治安定。

④在右则右重，在左则左重：意思是，圣人在哪个国家，哪个国家就受到尊重。重，尊重。

译文

先王的教化中，没有什么比孝更荣耀的了，没有什么比忠更显达的了。忠和孝，是君主和父母最想要得到的东西；荣耀和显达，是子女和臣子最愿意得到的东西。然而，做君主和父母的却得不到他们最希望得到的忠孝，做子女和人臣的却得不到他们最希望得到的显达和荣耀，这是由于不知理义而产生的结果。不知理义，是由于不学习的缘故。

求学者的老师通达博学而又有才能，我没有听说过这样的人不成为圣人的。只要有圣人在，那么天下就能够得到治理，政治清明。圣人在这个地方，这个地方就受到尊重，圣人在那个地方，那个地方就受到尊重，所以古代的圣王没有不尊重老师的。尊重老师就不会去计较他们的贵贱和贫富了。像这样的话，名号就显达了，德行就彰显了。

故师之教也，不争轻重尊卑贫富[①]，而争于道[②]。其人苟可，其事无不可。所求尽得，所欲尽成，此生于得圣人。圣人生于疾学[③]。不疾学而能为魁士名人者[④]，未之尝有也[⑤]。

注释

①争：计较。

②道：指道义和师道。

③疾学：努力学习。

④魁 kuí 士：杰出之士。

⑤未之尝有：即未尝有之。尝，曾。

译文

所以，老师在施教的时候，也不计较学生的轻重、尊卑、贫富，而是注重学生对道义的态度。他们如果能够尊重道义，那么就没有做不了的事。所追求的东西都能够得到，所希望的完全都能实现，这些是有了圣人之后才会发生的。圣人是从努力学习中产生的，不努力学习而能够成为贤明人士的，还不曾有过。

疾学在于尊师。师尊则言信矣①，道论矣②。故往教者不化③，召师者不化④；自卑者不听⑤，卑师者不听。师操不化不听之术，而以强教之⑥，欲道之行、身之尊也，不亦远乎？学者处不化不听之势而以自行，欲名之显、身之安也，是怀腐而欲香也⑦，是入水而恶濡也⑧。

注释

①信：被动用法，被信从。

②论：被动用法，被讲而明之。

③化：教育感化。

④不化：被动用法，不能被教育感化。

⑤不听：被动用法，不被人听信。

⑥强 qiǎng：勉强。

⑦腐：腐臭之物。

⑧恶 wù：厌恶，讨厌。濡：沾湿。

译文

努力学习关键在于尊重老师。老师受到尊重，他的话就会被人信从，道义就会被人称述而彰显。所以，自行去学生那进行教育的老师是不能教化学生的，召唤老师来教的学生是不能被教育感化的；自卑的老师不会被学生听信，轻视老师的学生不会听从老师的教导。老师用不能教化他人和不被听信的方法，而去勉强教化他人，希望使道义得以施行，自己得到尊重，不是差得太远了吗？学生处在不能受到教化、不会听从教导的情势下，自己随意行事，希望自己名声显赫，自身平安，这就像是怀揣着腐臭的东西却希望芳香，又像是进入水中却厌恶沾湿那样，能办得到吗？

凡说者①，兑之也②，非说之也。今世之说者，多弗能兑，而反说之。夫弗能兑而反说，是拯溺而硾之以石也③，是救病而饮之以堇也④。使世益乱、不肖主重惑者⑤，从此生矣。

注释

①说：说教。

②兑：即"悦"，使动用法，使……愉悦。

③拯溺：拯救落水者。硾 zhuì：使下沉。

④堇 jǐn：草名，又称"乌头"，有毒，可入药。

⑤重：深，甚。

译文

大凡说教，在于使人愉悦于所说的道理，而不是生硬地说教。现今世上说教的人，大多不能使人感到愉悦，而是生硬地说教。不能使人愉悦却生硬说教，就如同拯救落水者却在他身上系上石头使他下沉，又如同救治病人却给他喝毒药一样。社会越来越混乱，不贤明的君主越来越迷惑，就是由此产生的。

故为师之务，在于胜理①，在于行义。理胜义立则位尊矣，王公大人弗敢骄也②，上至于天子，朝之而不惭③。凡遇合也④，合不可必⑤。遗理释义⑥，以要不可必⑦，而欲人之尊之也，不亦难乎？故师必胜理行义然后尊。

注释

①胜理：行理，遵循事理。

②骄：轻侮，怠慢。

③朝：朝拜。

④遇合：师徒相遇而相得。

⑤必：实现的意思。

⑥遗：弃。释：抛弃。

⑦要：求。

译文

所以，做老师的要务就在于承载事理，在于施行道义。事理被承载，道义得以建立，那么老师的地位就尊贵了，王公大人对老师不敢怠慢，上至天子，朝拜老师也不会感到羞愧。大凡师徒相遇而相得是不一定能够实现的。如果遗弃事理，抛弃道义，去追求不一定能实现的东西，而又想要人们尊重他，不也是很困难吗？所以，老师一定要承载事理，施行道义，然后才能受到尊重。

曾子曰[①]："君子行于道路，其有父者可知也，其有师者可知也。夫无父而无师者，余若夫何哉[②]！"此言事师之犹事父也。曾点使曾参[③]，过期而不至，人皆见曾点曰："无乃畏邪[④]？"曾点曰："彼虽畏，我存，夫安敢畏？"孔子畏于匡[⑤]，颜渊后[⑥]，孔子曰："吾以汝为死矣。"颜渊曰："子在，回何敢死？"颜回之于孔子也，犹曾参之事父也。古之贤者与[⑦]，其尊师若此，故师尽智竭道以教。

注释

①曾子：即曾参，字子舆，春秋时期鲁国人，孔子

的弟子。

②余：指父和师以外的人。夫：同彼，指无父无师的人。

③曾点：曾参的父亲，字皙，孔子的弟子。使：派遣。

④无乃：表推测语气，估计，恐怕，大概。畏：死。

⑤畏：通“围”，围困。

⑥颜渊：即颜回，字子渊，孔子的弟子，以德行见称。

⑦与：通“欤”，语气词，表感叹。

译文

曾子说：“君子在道路上行走，他们中有父亲的可以看出来，有老师的也可以看出来。对于那些目中无父亲和老师的人，其他人又能怎么办呢？”这是说对待老师要像对待父亲一样。曾点派他的儿子曾参外出，超过了预定的日期还没有回来，人们都来看望曾点说：“恐怕是遇难了吧。”曾点说：“他即使要死，我还活着，他哪里敢死？”孔子被围困在匡地，颜渊最后才到，孔子说：“我以为你死了。”颜渊说：“老师您在，我怎么敢死？”颜回对待孔子，就像曾参侍奉父亲一样。古代的贤人，他们尊重老师到如此地步，所以老师尽心竭力地教导他们。

用 众

题解

《用众》是《孟夏纪》的第五篇，一作《善学》。本篇旨在论述为学的道理。文章讲述了善于学习的重要性，指出“善学者，假人之长以补其短”，进而推论至为君之道，指出君主为了巩固统治，应该善于博采众长，依靠众人的智慧和力量，“以众勇无畏乎孟贲矣，以众力无畏乎乌获矣，以众视无畏乎离娄矣，以众知无畏乎尧、舜矣”，这反映了统治阶级对民心民力的重视。

善学者，若齐王之食鸡也，必食其跖数千而后足①；虽不足，犹若有跖②。

物固莫不有长，莫不有短。人亦然。故善学者，假人之长以补其短③。故假人者，遂有天下。

注释

①跖 zhí：此指鸡爪掌。

②犹若：仍然像。

③假：凭借，利用。

译文

善于学习的人，像齐王吃鸡一样，一定要吃几千只鸡爪掌才会满足；即使不够，仍然像有鸡爪掌可以吃一样。

事物本来无不有长处，也无不有短处。人也是这样。因此，善于学习的人，能够利用别人的长处来弥补自己的短处，所以，善于吸取别人长处的人就能够占有天下。

无丑不能[①]**，无恶不知**[②]**。丑不能，恶不知，病矣**[③]**。不丑不能，不恶不知，尚矣**[④]**。虽桀、纣犹有可畏可取者**[⑤]**，而况于贤者乎？**

注释

①无：通“毋”，不要。丑：耻，用作动词，以……为耻。

②恶è：用作动词，以……为耻辱。

③病：窘困。

④尚：通“上”。

⑤畏：敬畏。

译文

不要以不能为耻，不要把无知看作耻辱。把不能看作可耻，把无知看作耻辱，就会使自己窘困。不把不能看作可耻，不把无知看作耻辱，这是最好的。即使是桀、纣那样的人，尚且还有令人敬畏和可取之处，而更何况贤人呢？

故学士曰[①]："辩议不可不为[②]。"辩议而苟可为[③]，是教也[④]。教，大议也。辩议而不可为，是被褐而出[⑤]，衣锦而入[⑥]。

注释

①学士：有学问的人。

②辩议：辩解议论。不可不为：据陈昌齐说，当作"不可为"。

③苟：如果。

④是教也：这是对施教者而言。

⑤被：同"披"。褐：毛或麻制成的短衣，古时指贫贱者之服。此处比喻愚昧无知。

⑥衣锦：此处比喻学业有成。锦，锦衣，华丽的丝织成的衣裳，古时为富贵人所穿。

译文

因此有学问的人说："辩解议论对求学者来说是不可以用的。"辩解议论如果能够应用，这是对施教者而言。施教，是需要大讲议论的。求学者不需要辩解议论就可以由愚昧无知变成显达之人，这就好像穿着破旧衣服出门，穿着华丽的衣裳回来一样。

戎人生乎戎、长乎戎而戎言[①]，不知其所受之；楚人生乎楚、长乎楚而楚言，不知其所受之。今使楚人长乎戎，戎人长乎楚，则楚人戎言，戎人楚言矣。由是观之，吾未知亡国之主不可以为贤主也，其所生长者不可耳[②]。故所生长不可不察也。

注释

①戎：泛指我国古代西北地区的少数民族。

②生长者：指生长的环境。

译文

戎人生在戎地，长在戎地而说戎人的语言，自己却不知道从哪里学来的；楚人生在楚地，长在楚地而说楚人的语言，自己却不知道从哪里学来的。假如让楚人生长在戎地，让戎人生长在楚地，那么楚人就说戎人的语言，戎人就说楚人的语言。由此看来，我不相信亡国之君不可能成为贤明的君主，只不过他们所生长的环境不允许罢了。所以说，对于人们所生长的环境不可不注意考察啊。

天下无粹白之狐[①]，而有粹白之裘[②]，取之众白也。夫取于众，此三皇五帝之所以大立功名也。凡君之所以立，出乎众也。立已定而舍其众，是得其末而失其本。得其末而失其本，不闻安居。故以众勇无畏乎孟贲矣[③]，以众力无畏乎乌获矣[④]，以众视无畏乎离娄矣[⑤]，以众知无畏乎尧、舜矣。夫以众者，此君人之大宝也。田骈谓齐王曰[⑥]："孟贲庶乎患术[⑦]，而边境弗患。楚、魏之王辞言不说[⑧]，而境内已修备矣，兵士已修用矣，得之众也。”

注释

①粹：纯。

②裘：皮衣。

③孟贲：战国时卫国的大力士。

④乌获：战国时秦国的大力士。

⑤离娄：又作“离朱”，传说中视力极好之人，相传能够于百步之外察秋毫之末。

⑥田骈：又作“陈骈”，战国时思想家，齐国人。学于黄老，曾到稷下讲学，善辩。齐王：即齐宣王，战国时齐国国君，公元前 319 ～前 301 年在位。

⑦庶乎患术：几乎苦于无法。庶乎，几乎，差不多。术，办法，策略。

⑧言辞不说：指出言不逊。说，同“悦”。

译文

天下没有纯白的狐狸，却有纯白的狐裘，这是从许多白狐狸的皮中取来而制成的。能够从众人中吸取长处，这就是三皇五帝得以建立大功名的原因。大凡君主的确立，都是凭借众人的力量。君主确立后就舍弃众人，这是得到末节而丧失了根本；这种得到末节就丧失根本的君主，没有听说过能够统治安定的。所以，依靠众人的勇敢，就不会畏惧孟贲这样的大力士，依靠众人的力量，就不会畏惧乌获这样的猛士，依靠众人的眼力，就不会畏惧离娄这样能察秋毫于百步之外的人，依靠众人的智慧，就不会畏惧尧、舜这样的贤君了。依靠众人，这是君主最有用的法宝。田骈对齐宣王说：“即使是孟贲，对于众人的力量也苦于没有办法，因而齐国边境不用担忧；楚国、魏国的君主出言不逊，而我们国内已经修整完备，士兵已经训练有素，可以用来打仗御敌了，这些都是靠众人的力量啊！”

仲夏纪第五

大 乐

题解

《大乐》是《仲夏纪》的第二篇。“大乐”即合乎道的音乐。文章体现了较为完整的天道观，认为宇宙间的万物，都是由“太一”派生出来的，“太一”即是“道”。本篇所论之“道”与老子所谓“道生一，一生二，二生三，三生万物”之“道”有本质不同。老子的“道”意为“无”，而本篇所论之“道”是“有”，即为“太一”，具有朴素唯物主义的性质。文章阐述了音乐与天地、阴阳的关系，得出音乐也产生于“太一”的结论，进而强调了“太一”对个人和国家的作用，要求要按照常道来治身、治国、治天下。

音乐之所由来者远矣。生于度量①，本于太一②。太一出两仪③，两仪出阴阳。阴阳变化，一上一下，合而成章④。浑浑沌沌⑤，离则复合，合则复离，是谓天常⑥。天地车轮⑦，终则复始，极则复反⑧，莫不咸当⑨。日月星辰，或疾或徐⑩，日月不同，以尽其行⑪。四时代兴，或暑或寒，或短或长，或柔或刚⑫。万物所出，造于太一⑬，化于阴阳。萌芽始震，凝寒以形⑭。形体有处，莫不有声。声出于和⑮，和出于适⑯。和适，先王定乐，由此而生。

注释

①度量：指律管的长度和容积等，用以区分声音的高下清浊。

②本：始。太一：即“道”，天地万物的本原。

③出：生。两仪：指天地。

④章：即“形”，纹理。

⑤浑浑沌沌：古人想象的天地开辟之前元气未分一团模糊的状态。

⑥天常：自然运行的永恒的规律。

⑦轮：转动。

⑧极：终极。反：同“返”。

⑨咸：都。当：适宜。

⑩或：有的。疾：快。徐：慢。

⑪行：行度，指运行的轨道。

⑫柔：柔和，此指万物生长的春夏二季。刚：刚厉，此指万物萧条的秋冬二季。

⑬造：犹“始”，开始。

⑭寒：凝冻。

⑮和：谐和。

⑯适：适合的度量。

译文

音乐的由来已经很久远了，它产生于律管的度量，始源于太一。太一生天地，天地生阴阳。阴阳变化，一上一下，会合而成为形体。浑浑沌沌，分离了又会合，会合了又分离，这就叫作自然运行的永恒规律。天地像车轮那样循环运转，到头了又重新开始，到极点了又重新返回，都很恰当适宜。日月星辰的运行，有的快，有的慢，日月的轨道不同，都能够运行在各自的轨道上。春夏秋冬四季交替出现，有的炎热，有的寒冷，有的短，有的长，有的柔和，有的刚厉。万物的产生，从太一开始，由阴阳变化而成。阳气变化则万物萌芽活动，阴气变化则万物凝冻成形。万物的形体占有一定的空间，没有不发出声音的。声音产生于谐和，谐和来源于适合的度量。谐和与适合的度量，正是先王制定音乐所依据的原则。

天下太平，万物安宁。皆化其上，乐乃可成。成乐有具[①]，必节嗜欲[②]。嗜欲不辟[③]，乐乃可务[④]。务乐有术[⑤]，必由平出。平出于公，公出于道。故惟得道之人，其可与言乐乎！亡国戮民[⑥]，非无乐也，其乐不乐。溺者非不笑也[⑦]，罪人非不歌也，狂者非不武也[⑧]，乱世之乐有似于此。君臣失位，父子失处[⑨]，夫妇失宜[⑩]，民人呻吟，其以为乐也，若之何哉？

注释

①具：条件。

②节：节制。

③辟：同“僻”，邪僻。

④务：从事，致力于。

⑤术：方法。

⑥戮民：遭受暴虐杀戮的人民。

⑦溺者非不笑也：古有“溺人必笑”的说法，大概是当时的谚语。溺者，被水淹的人。

⑧狂者：精神狂乱的人。武：依刘师培说，当作“舞”。

⑨失处：即失位，指丧失各自的本分。

⑩宜：和。

译文

天下太平，万物安宁，人民都顺从统治者的教化，音乐才可以制成。制成音乐有一定的条件，一定要节制嗜欲。只有嗜欲不邪僻，才可以致力于从事音乐。从事音乐要有方法，一定要从平和出发。平和产生于公正，公正产生于道。所以，只有得道的人，才可以和他谈论音乐吧！被灭亡国家的遭受暴虐杀戮的人民，不是没有音乐，只是他们的音乐不能表达快乐。将要被水淹死的人不是不会笑，有罪的人不是不会唱歌，精神狂乱的人不是不会舞蹈，乱世的音乐与这些情况有相似之处。君臣地位颠倒，父子丧失各自本分，夫妇关系失和，人民痛苦呻吟，以此来制作音乐，又会怎么样呢？

凡乐，天地之和，阴阳之调也。始生人者，天也，人无事焉[①]。天使人有欲，人弗得不求；天使人有恶[②]，人弗得不辟[③]。欲与恶，所受于天也，人不得与焉[④]，不可变，不可易[⑤]。世之学者，有非乐者矣[⑥]，安由出哉？

注释

①人无事：与人无关，人自身不得参与。

②恶 wù：厌恶，憎恶。

③辟：通“避”，躲避，避开。

④与：参与。

⑤易：改变。

⑥非乐者：否定乐的人，指墨家学派。《墨子》中有《非乐》篇。

译文

凡音乐，都是天地和谐、阴阳调和的产物。最初创造人的是天，人自身没有参与其事。天使人有了贪欲，人不得不去追求；天使人有了憎恶，人不得不躲避。贪欲和憎恶都是从天那里得来的，人自身没有参与，不可变更，不可改变。世间的学者，有反对音乐的，他们的这种主张是从哪里产生的呢？

大乐[①]，君臣、父子、长少之所欢欣而说也[②]。欢欣生于平，平生于道。道也者，视之不见，听之不闻，不可为状[③]。有知不见之见[④]、不闻之闻、无状之状者，则几于知之矣。道也者，至精也[⑤]，不可为形，不可为名，强为之，谓之太一。故一也者制令[⑥]，两也者从听[⑦]。先圣择两法一[⑧]，是以知万物之情[⑨]。故能以一听政者，乐君臣，和远近，说黔首[⑩]，合宗亲[⑪]；

能以一治其身者，免于灾，终其寿，全其天⑫；能以一治其国者，奸邪去，贤者至，成大化⑬；能以一治天下者，寒暑适，风雨时⑭，为圣人。故知一则明，明两则狂⑮。

注释

①大：据俞樾说，“大”疑为“夫”字之误。
②说：通“悦”，喜悦。
③为状：描绘形状。
④不见之见：不见中包含着见。
⑤精：精妙。
⑥一：即“太一”“道”，此处指道和君主。
⑦两：由“一”派生出来的、非本原的东西，此处指万物和臣下。
⑧择：通“释”，弃。法：效法，以为准则。
⑨情：实情。
⑩说：通“悦”，使动用法，使……愉悦。黔首：战国和秦代时对百姓的称谓。
⑪合：使……和谐。宗亲：指同母兄弟。
⑫天：天性。
⑬大化：指大行教化。
⑭时：适时，适宜。
⑮明两：指君臣无别。狂：混乱。

译文

音乐是君臣父子长幼都欢欣而喜悦的。欢欣产生于平和，平和产生于道。所谓道，是看不见、听不到，也无法描绘出形状的。若有人能够懂得在不见之中包含着见，不闻之中包含着闻，无形之中包含着形，那他就差不多懂得道了。道这个东西是非常精妙的，无法描绘它的形状，无法为它命名，勉强给它起个名字，就叫作太一。所以道和君主是一，是制定法令的，万物和臣下是两，是听从命令的。先代圣人抛弃处于听从地位的“两”而效法处于制令地位的“一”，因此知道万物生成的道理。所以能够用“一”来处理政事的，可以使君臣欢乐，远近和睦，百姓愉悦，兄弟和谐。能够用“一”来修养身心的，就会免除灾害，终其天年，保全天性。能够用“一”来治理国家的，可以使奸邪远离，贤明者到来，实现大行教化。能够用“一”来治理天下的，就会寒暑适宜，风雨适时，就会成为圣人。所以，懂得用“一”就聪明，用“两”则君臣无别，就会混乱。

适　音

题解

《适音》是《仲夏纪》的第四篇，一作《和乐》。“适音”意思就是音乐要合于一定的标准，要适合于身心修养。文章先论述了音乐与人的心情之间的关系，指出音乐的要务在于“和心”,“和心”符合“行适”。“适心”和“适音”是“和乐”的前提，“四欲得，四恶除，则心适矣”，“适音”即是声音大小、清浊适中。“适”和“衷”是问题的关键，围绕着这两个问题，阐述了音乐与政治之间的关系，突出了音乐“教民、平好恶、行理义”的教化作用，反映了儒家对音乐的重视。

耳之情欲声①，心不乐，五音在前弗听②；目之情欲色，心弗乐，五色在前弗视③；鼻之情欲芬香，心弗乐，芬香在前弗嗅；口之情欲滋味，心弗乐，五味在前弗食④。欲之者，耳目鼻口也；乐之弗乐者⑤，心也。心必和平然后乐。心必乐，然后耳目鼻口有以欲之。故乐之务在于和心⑥，和心在于行适⑦。

注释

①欲声：希望听到声音。

②五音：中国古代以宫、商、角、徵、羽为音乐的

五声音阶。此处泛指音乐。

③五色：中国古代以青、赤、黄、白、黑五色为正色。此处泛指各种色彩。

④五味：酸、甜、苦、辣、咸。此处泛指美味。

⑤乐之弗乐：快乐与不快乐。之，与。

⑥和心：心情平和。

⑦行适：行为适宜。

译文

耳朵的本能是想要听到声音，如果心情不快乐，即使音乐在耳边也不听；眼睛的本能是想要看到色彩，如果心情不快乐，即使色彩在眼前也不看；鼻子的本能使想要嗅到芳香，如果心情不快乐，即使芳香在面前也不嗅；口的本能是想要吃到有滋味的食物，如果心情不快乐，即使美味在面前也不吃。有各种欲望的是耳、目、鼻、口，而快乐不快乐是由心情决定的。心情一定要平和然后才能快乐，心情必须快乐了，然后耳、目、鼻、口才会有欲望。所以，快乐的关键在于心情平和，心情平和的关键则在于行为适宜。

夫乐有适，心亦有适。人之情：欲寿而恶夭[①]，欲安而恶危，欲荣而恶辱，欲逸而恶劳。四欲得，四恶除，则心适矣。四欲之得也，在于胜理[②]。胜理以治身，则生全以[③]；生全则寿长矣。胜理以治国，则法立；法立则天下服矣。故适心之务在于胜理。

注释

①夭：夭折，年少而亡。

②胜理：即任理、行理，依循事物的规律。

③以：衍文。或曰通“矣”，句末语气词。

译文

快乐有适中的问题，心情也有适中的问题。人的本性是希望长寿而厌恶夭折，希望安全而厌恶危险，希望光荣而厌恶屈辱，希望安逸而厌恶劳累。以上四种愿望满足，四种厌恶免除了，那么心情就舒适了。四种愿望的满足，在于依循事物的规律。依循事物的规律来修养身心，那么生命就保全了；生命保全了，寿命就长久了。依循事物的规律来治理国家，那么法度就建立了，法度建立了，那么天下就臣服了。所以，心情舒适的关键在于依循事物的规律。

夫音亦有适：太巨则志荡①，以荡听巨则耳不容，不容则横塞②，横塞则振③；太小则志嫌④，以嫌听小则耳不充，不充则不詹⑤，不詹则窕⑥；太清则志危⑦，以危听清则耳谿极⑧，谿极则不鉴⑨，不鉴则竭⑩；太浊则志下⑪，以下听浊则耳不收⑫，不收则不抟⑬，不抟则怒⑭。故太巨、太小、太清、太浊，皆非适也。

注释

①太巨：过分巨大。志：心志，意志。荡：震动。

②横塞：充塞，充溢阻塞。

③振：通“震”，震动不宁。

④嗛：通“慊 qiàn”，不满足。

⑤詹 dàn：通“澹”，满足。

⑥窕：密而不满。

⑦危：高。

⑧谿 xī 极：空虚疲病。

⑨鉴：鉴别。

⑩竭：尽。指心绪全无。

⑪浊：指音调低沉。

⑫不收：散，不能收聚于耳。

⑬抟：专一。

⑭怒：生气，发怒。

译文

声音也有适中问题。声音太大就会使人心志摇荡，在心志摇荡的状态下听太巨大的声音，那么耳朵就容纳不下，容纳不下就会被充塞，耳朵被充塞，心志就会摇荡。声音太小就会使心志得不到满足，以不满足的心志去听过小的声音，那么耳朵就觉得不充实，不充实就会感到不足，不足心志就得不到满足。声音太清就会使人心志高扬，以高扬的心志去听太清的声音，耳朵就会空虚疲惫，耳朵空虚疲惫，就不能鉴别，不能鉴别，心志就会衰竭。声音太低浊就会使人心志消沉，以消沉的心志来听这种低浊的声音，耳朵就不会收聚它，不收聚声音就使人不能专一，不专一就会发怒。所以，声音太大、太小、太清、太浊都不适宜。

何谓适？衷[①]，音之适也。何谓衷？大不出钧[②]，重不过石[③]，小大轻重之衷也。黄钟之宫，音之本也[④]，清浊之衷也。衷也者，适也。以适听适则和矣。乐无太[⑤]，平和者是也。故治世之音安以乐，其政平也[⑥]；乱世之音怨以怒，其政乖也[⑦]；亡国之音悲以哀，其政险也。凡音乐，通乎政而移风平俗者也。俗定而音乐化之矣。故有道之世，观其音而知其俗矣[⑧]，观其政而知其主矣。故先王必托于音乐以论其教。《清庙》之瑟[⑨]，朱弦而疏越[⑩]，一唱而三叹[⑪]，有进乎音者矣[⑫]。大飨之礼[⑬]，上玄尊而俎生鱼[⑭]，大羹不和[⑮]，有进乎味者也。故先王之制礼乐也，非特以欢耳目、极口腹之欲也[⑯]，将以教民平好恶、行理义也[⑰]。

注释

①衷：通“中”，指声音大小清浊适中。

②大不出钧：指钟音律度最大不得超过钧所发之音。钧，古代度量钟音律度大小的器具。

③重不过石：指钟的重量不能超过一石。石，古代重量单位，一百二十斤为一石。

④黄钟之宫：即今所谓标准音。古乐中的十二律以黄钟之宫为本。

⑤无：通“毋”，不要。太：指上文所言“太巨、太小、太清、太浊”。

⑥平：平和，平稳和顺。

⑦乖：乖戾，反常。

⑧观其音而知其俗矣：据王念孙说，此句下，当补“观其俗而知其政矣”，从其说。

⑨清庙：歌名，《荀子·礼论》有“《清庙》之歌，一唱而三叹也。县一钟，尚拊之膈，朱弦而通越也”，《礼记·乐记》有“《清庙》之瑟，朱弦而疏越”。瑟：古代一种弦乐器。

⑩疏越：镂刻的小孔。疏，镂刻。越，瑟底的小孔。

⑪一唱而三叹：一人唱歌，三人应和。

⑫进：超出。

⑬大飨：古代一种祭祀，合祭先王的祭礼。

⑭上：献上。玄尊：亦作“玄樽”，盛玄酒的酒器。玄酒，指古代祭祀时当酒用的水。俎：古代祭祀用的礼器。这里用作动词，把……盛在俎中。

⑮大羹：亦写作“太羹”，古代祭祀时用的带汁的肉。和：指调和五味。

⑯特：仅仅，只。

⑰平：正。

译文

什么叫作适宜呢？声音大小清浊适中就叫作适宜。什么叫大小清浊适中？钟音律度最大不超过钧所发出的声音，钟的重量不超过一百二十斤，这就是大小轻重适中。黄钟律的宫调是音律的标准，声音清浊适中。合乎标准就是适宜，以适宜的心态听适中的声音那就和谐了。

音乐各方面都不要太过分，平和就可以了。所以，太平盛世的音乐安详而愉悦，是由于它的政治平稳和顺；乱世的音乐哀怨而愤怒，是由于它的政治乖戾反常；国家灭亡前的音乐悲痛而哀伤，是由于它的政治危急险恶。大凡音乐，与政治相通并且起着移风易俗的作用，风俗形成就是音乐教化的结果。所以，治理有道之世，考察它的音乐就可以知道它的风俗了，考察它的政治就可以知道它的君主了。所以，先王一定要通过音乐来宣扬他们的教化。演奏《清庙》的琴瑟，用朱红的弦和底部镂刻的小孔来奏出曲调，一人领唱，三人应和，产生了超过音乐本身的效果。天子祭祀先王时，献上酒樽，把祭祀用的活鱼放到俎中，大羹不调和五味，其本来的意义已经超过滋味本身了。所以，先王制作礼乐的目的，并非仅仅是用来使耳目欢愉，极力满足口腹的欲望，而是用来教化百姓分辨好坏、推行理义的。

季夏纪第六

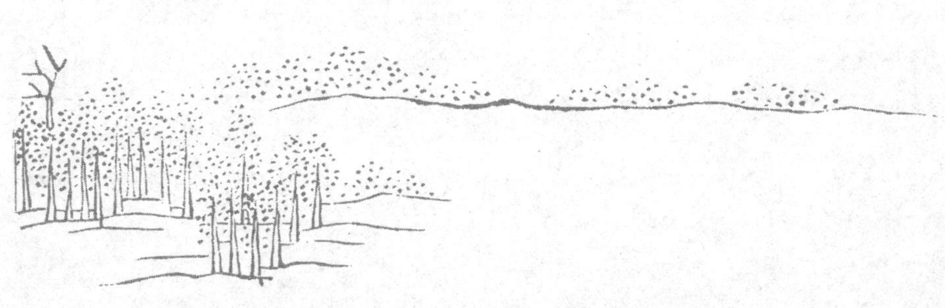

明 理

题解

《明理》是《季夏纪》的最后一篇。“明理”意思就是明白治乱的道理，即当国家处于混乱之时，各种妖异就会出现，妖异的兴灭全在于人事的善恶。文章描述了“至乱”之世出现的各种妖异现象，说明如果国君能够重视的话，从而采取各种变革措施，国家才能大治，美好的音乐才能够产生，这诠释出了音乐与时代之间的紧密关系。

五帝三王之于乐尽之矣[1]。乱国之主未尝知乐者，是常主也[2]。夫有天赏得为主，而未尝得主之实，此之谓大悲。是正坐于夕室也[3]，其所谓正乃不正矣。

注释

①尽：极。

②常主：平庸的君主。

③夕室：方位不正之室。

译文

五帝三王在音乐方面已经达到尽善尽美了。政治混乱的国家的君主从来不曾懂得音乐，这是由于他们是平庸的君主的缘故。有上天的赏赐而得以成为君主，然而却没有得到君主的实质，这是最可悲的。这就好比正坐在方位不正的屋子，其所谓的正实际上是不正。

凡生，非一气之化也[①]；长，非一物之任也[②]；成，非一形之功也[③]。故众正之所积[④]，其福无不及也；众邪之所积，其祸无不逮也[⑤]。其风雨则不适，其甘雨则不降，其霜雪则不时，寒暑则不当，阴阳失次[⑥]，四时易节[⑦]，人民淫烁不固[⑧]，禽兽胎消不殖[⑨]，草木庳小不滋[⑩]，五谷萎败不成[⑪]。其以为乐也，若之何哉？

注释

①一气：古人认为万物都是由阴阳二气聚合而产生的。“一气”就是单指阴气或阳气。化：化育。

②一物：古人认为万物的生长都是靠金、木、水、火、土五行的作用。“一物”就是单指五行中的一个。任：担负。

③形：形体。

④众正：众多正气。

⑤逮：及，至。

⑥失次：失去正常的次序。

⑦易节：改变节令。

⑧人民淫烁不固：男女淫乱不能生育。烁：指胎气消散。

⑨胎消不殖：胚胎消释而不能繁殖。

⑩庳：矮小。滋：生长。

⑪萎败：枯槁死亡。

译文

大凡万物的诞生，不是单靠阴、阳二气中的一种就能够化育的；万物的生长，不是单靠某一种物就能够担负的；万物的形成，不是哪一种形体的功劳。所以，众多正气聚积的地方，幸福没有不降临的；众多邪气聚积的地方，祸害没有不发生的。（邪恶聚积的地方），风雨不适时，及时雨不降，霜雪不合时令，寒暑失当，阴阳失去常规，四季改变了节令，人民淫乱不能生育，禽兽胚胎消释而不能繁殖，草木矮小而不能生长，五谷枯槁而死。以这样的环境来制作音乐，会怎么样呢？

故至乱之化[①]：君臣相贼[②]，长少相杀，父子相忍[③]，弟兄相诬[④]，知交相倒[⑤]，夫妻相冒[⑥]，日以相危[⑦]，失人之纪[⑧]，心若禽兽，长邪苟利[⑨]，不知义理。

注释

①化：习俗，风气。

②贼：残害。

③忍：残忍。

④诬：欺骗。

⑤知交：知心朋友。倒：背叛，叛逆。

⑥冒：冒犯，冲突。

⑦危：害。

⑧人之纪：人伦纲纪。

⑨长邪：长于邪恶之事。苟利：只图利益。

译文

所以，极端混乱的世道的风气是：君臣相互残害，长少相互残杀，父子相互残忍对待，兄弟相互欺骗，挚友相互背叛，夫妻相互冒犯。人们天天互相危害，丧失人伦纲纪，人心就像禽兽一样，擅长邪恶之事，只图求利，不懂义理。

其云状有若犬、若马、若白鹄[①]、若众车；有其状若人，苍衣赤首，不动，其名曰天衡[②]；有其状若悬釜而赤[③]，其名曰云旍[④]；有其状若众马以斗，其名曰滑马[⑤]；有其状若众植华以长[⑥]，黄上白下，其名蚩尤之旗[⑦]。

注释

①白鹄hú：白天鹅。

②天横：据《隋书·天文志》和《晋书·天文志》，当为“天冲”。天冲，古人以为是由岁星之精流变来的充物之气所形成的云，形状像穿青衣服而红脑袋的人形。

③釜：锅。

④旍jīng：同“旌”，用牦牛尾或者彩色的鸟羽作竿

头的旗子。

⑤滑马：云气名，状如众马相斗。

⑥植华：据孙蜀丞，当作“植雚”，是一种菌类，菌上如盖，下有曲柄。

⑦蚩尤：传说中东方九黎族首领，曾与黄帝战于涿鹿，失败被杀。

译文

它的云气形状有的像狗、像马、像白天鹅，像各种各样的车；有的像人，青色的衣服，红色的头，一动不动，它的名字叫作“天衡”；有的像红色的悬空的旌旗，它的名字叫作“云旌”；有的像许多匹马在相斗，它的名字叫作“滑马”；有的像许多菌类，菌上如盖，下有曲柄，颜色上黄下白，它的名字叫作“蚩尤之旗”。

其日有斗蚀①，有倍僪②，有晕珥③，有不光④，有不及景⑤，有众日并出⑥，有昼盲⑦，有宵见⑧。

注释

①斗蚀：即今之日食，据高诱注，古人认为日食现象是两日共斗相食而造成的，因此称斗蚀。

②倍僪 yù：太阳四周向外散射的光气。

③晕珥：太阳两旁向内射的光晕。

④不光：不亮。云层中尘雾过厚导致太阳不光亮。

⑤景：日影。因光漫射，故物体不能成影。

⑥众日并出：因光线折射而造成的真假太阳并见的现象。

⑦昼盲：白昼昏暗。

⑧霄：通“宵”，夜晚。见xiàn：显现。

译文

太阳有时出现日食，有时出现从四周向外散射的光气，有时出现从两旁向内射的光晕，有时不光亮，有时因阳光漫射不能产生阴影，有时许多个太阳一齐在空中出现，有时白天昏暗，有时夜里出现太阳。

其月有薄蚀[①]，有晖珥[②]，有偏盲[③]，有四月并出，有二月并见，有小月承大月，有大月承小月[④]，有月蚀星[⑤]，有出而无光。

注释

①薄蚀：即今之月食，据高诱注，古人认为由于日月迫近相掩，才发生了月亏蚀的现象。

②晖珥：月亮周围的光气。

③偏盲：一部分昏暗。

④小月承大月、大月承小月：由于月晕而造成的一大一小二月并见的奇特现象。大月在上，小月在下，称为“小月承大月”；小月在上，大月在下，称为“大月承小月”。

⑤月蚀星：指星光被月光遮掩，星光看不见了。

译文

它的月亮有时出现月食，有时出现晖珥之类的光气，有时一部分昏暗，有时四个月亮一起出现，有时两个月亮一起出现，一大一小，有时小月亮捧着大月亮，有时大月亮捧着小月亮，有时月亮遮住星星，有时月亮出现却没有光彩。

其星有荧惑，有彗星，有天棓，有天欃，有天竹，有天英，有天干，有贼星，有斗星，有宾星[①]。

注释

①荧惑、彗星、天棓、天欃、天竹、天英、天干、贼星、斗星、宾星：皆为星名。古人将他们列为妖星，认为如果它们出现，则预示着人间必将要发生灾祸。

译文

它的妖星有荧惑星，有彗星，有天棓星，有天欃星，有天竹星，有天英星，有天干星，有贼星，有斗星，有宾星。

其气有上不属天[①]，下不属地，有丰上杀下[②]，有若水之波，有若山之楫[③]；春则黄，夏则黑，秋则苍，冬则赤[④]。

注释

①属 zhǔ：连接。

②杀：细小。

③楫：通“辑”，聚集。

④春则黄，夏则黑，秋则苍，冬则赤：指气不和，发生异常。依古人五行说，气之色当为春苍、夏赤、秋白、冬黑。

译文

它的云气有时上不连接天，下不连接地，有时上大下小，有时像水的波纹，有时像一簇簇山峰。（颜色也有异常），春天是黄色，夏天是黑色，秋天是苍色，冬天是红色。

其妖孽有生如带，有鬼投其陴[①]，有菟生雉[②]，雉亦生鴳[③]，有螟集其国[④]，其音匈匈[⑤]，国有游蛇西东[⑥]，马牛乃言，犬彘乃连[⑦]，有狼入于国，有人自天降，市有舞鸱[⑧]，国有行飞[⑨]，马有生角，雄鸡五足，有豕生而弥[⑩]，鸡卵多毈[⑪]，有社迁处[⑫]，有豕生狗。

注释

①陴 pí：城墙上的女墙。

②菟 tù：通“兔”。雉：野鸡。

③鴳 yàn：同“鷃”，鹌鹑的一种。

④螟：螟蛾的幼虫，是一种蛀食稻心的害虫。国：国都。

⑤匈匈：螟蛾发出的嘈杂之声。

⑥西东：用作动词，四处乱窜。

⑦彘 zhì：猪。连：指交配。

⑧鸱 chī：鸱鸮 xiāo，鸟名，猫头鹰一类的鸟。

⑨飞：高亨曰："飞当读为蜚，二字古通用，古书习见。蜚，怪兽也。"

⑩豕：猪。弥：此指蹄不生甲。

⑪瑕：鸡卵孵化不出。

⑫社：祭祀土地神的场所。

译文

它的妖孽有生得像带子的，有鬼跳女墙的，有兔子生出野鸡的，有野鸡又生出鹑雀，有螟蛾聚集在国都，发出匈匈的声音的，蛇在国都内四处乱窜，马和牛竟会开口讲话，狗和猪竟互相交配，有狼闯入国都，有妖人从天而降，街市上有飞舞的猫头鹰，国都内有横飞的有翼神兽，马有生角的，雄鸡长出了五只脚，有猪生下来蹄不长甲的，鸡蛋多孵化不出，有祭祀土地神的场所自己迁移了地方，有猪生狗的。

国有此物，其主不知惊惶亟革[①]，上帝降祸，凶灾必亟[②]。其残亡死丧，殄绝无类[③]，流散循饥无日矣[④]。此皆乱国之所生也，不能胜数，尽荆、越之竹，犹不能书。故子华子曰："夫乱世之民，长短颉許百疾⑤，民多疾疠⑥，道多褓襁⑦，盲秃伛尪⑧，万怪皆生。”故乱世之主，乌闻至乐⑨？不闻至乐，其乐不乐⑩。

注释

①亟：迅速。

②亟：通“极”，至，到达顶点。

③殄：灭绝。无类：无遗类，无一幸免。

④循：大。

⑤长短：无节度。颉跻：依毕沅说，与“颉滑”相同，意思是错乱、混淆。

⑥疾疠：疾病。

⑦褓襁：亦作“襁褓”，此指婴儿。

⑧伛yǔ：背弯曲，意为驼背。尪wāng：骨骼弯曲。此与“伛”相对，特指鸡胸。

⑨乌：何，怎么。

⑩乐不乐：前一个“乐”读作yuè，指音乐。后一个“乐”读作lè，意思是快乐。

译文

国家中有了以上怪异现象，君主不知惊恐，不知迅速改革，那么上帝降下灾祸，凶灾一定到达极点。其国会残败死丧，生灵无一幸免，人民遭受流离失散之苦，大遭饥荒的日子没几天了。这些都是混乱的国家发生的现象，数也数不清，即使用尽楚、越两国的竹子来书写，也仍然不能写完。所以，子华子说：“生活在乱世的人民，没有节度，一切错乱，百病俱生，人民多疾病，道路上多弃婴，眼瞎的、秃头的、驼背的、鸡胸的，各种各样的怪异都发生了。”因此，乱世的君主怎么能听到最和谐、美好的音乐呢？听不到最和谐、美好的音乐，它的音乐是不会快乐的。

孟秋纪第七

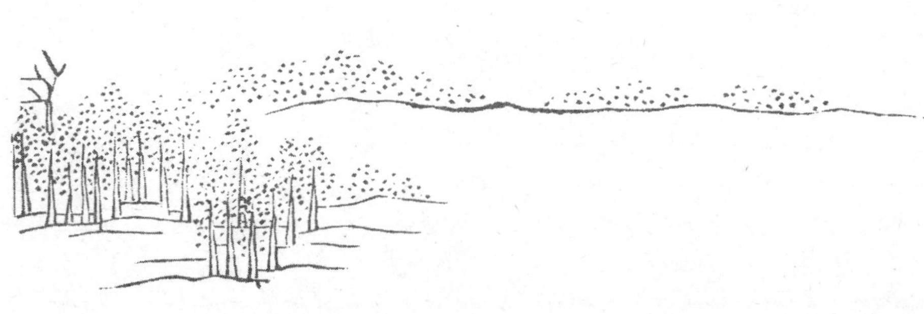

振 乱

题解

《振乱》是《孟秋纪》的第三篇。振乱，即是言救世之乱，本篇旨在论说利用“义兵”攻伐无道、不义，是“振乱”，可以救民于苦难，仁义的军队诛伐无道是救世乱的举动。这是针对墨家学派“非攻”、“救守”的主张而引发的论述，批判了其主张的自相矛盾和危害。墨家的主张反映了人民对于和平的愿望以及对人民的爱护，但是在当时已经不符合历史发展的潮流。

当今之世浊甚矣①，黔首之苦不可以加矣②。天子既绝③，贤者废伏④，世主恣行⑤，与民相离，黔首无所告诉⑥。世有贤主秀士⑦，宜察此论也，则其兵为义矣。天下之民，且死者也而生⑧，且辱者也而荣，且苦者也而逸⑨。世主恣行，则中人将逃其君⑩，去其亲，又况于不肖者乎？故义兵至，则世主不能有其民矣，人亲不能禁其子矣。

注释

①浊：比喻世道混乱、不清明。

②黔首：战国及秦代对百姓的称谓。

③天子既绝：指周王朝已经灭亡而秦未称帝之时。

④废：废弃不用。伏：隐匿。

⑤世主：当世昏乱之主。恣：放纵。

⑥诉：诉说。此处指诉说痛苦和怨恨。

⑦秀士：有治世才能的人。

⑧且：将。

⑨逸：安逸。

⑩中人：一般人。

译文

当今的世界太混乱了，百姓的苦难不可以再增加了。周王朝已经灭亡，贤能的人被弃之不用而隐匿起来，昏君恣意任行，与百姓相脱离，百姓没有地方申诉痛苦。世上如果有贤能的君主和杰出的人士，应当明察到这种情况，那么他们举兵就是大义的做法。天下的百姓中，将死去的人也会因而得以新生，将受辱的人也会因而得到荣耀，将受苦难的人也会因而得以安逸。当今君主恣意任行，那么一般人都将逃离他们的君主，离开他们的父母，又何况是不肖的人呢？所以，正义之师一到，昏君就不能保有他自己的人民，作为父母的也不能阻止自己的儿子了。

凡为天下之民长也[①]，虑莫如长有道而息无道[②]，赏有义而罚不义。今之世，学者多非乎攻伐[③]。非攻伐而取救守[④]，取救守，则乡之所谓长有道而息无道、赏有义而罚不义之术不行矣[⑤]。天下之长民[⑥]，其利害在察此论也。攻伐之与救守一实也[7]，而取舍人异[8]。以辨说去之[9]，终无所定论。固不知，悖也[10]；知而欺心，诬也[11]。诬悖之士，虽辨无用矣[12]。是非其所取而取其所非也[13]，是利之而反害之也，安之而反危之也。为天下之长患、致黔首之大害者[14]，若说为深[15]。夫以利天下之民为心者，不可以不熟察此论也。

注释

①民长：人民的君主。

②虑：谋划，打算。长 zhǎng：助长。

③学者：这里主要是指墨家的学者。非：非难，反对。

④而：就，则。救守：与“攻伐”相对，救援防守。

⑤乡：刚才。术：方法，主张。

⑥长民：对照本段句首，当为“民长”，即君主。

⑦一实：实质一样。此指“攻伐”与“救守”虽名称不同，目的不一，但皆需用兵，二者实质是一样的。

⑧取舍人异：取舍各不相同。

⑨辨说：论辩。辨，通“辩”。

⑩悖：糊涂。

⑪诬：欺骗。

⑫辨：通“辩”，善辩。

⑬是：指示代词，指代反对“攻伐”者。

⑭长患：长久深重的祸患。

⑮若说：指非攻伐而取救守之说。若，此。

译文

凡是作为天下人民的君主的人，考虑问题没有比增长有道而消除无道、奖赏正义而惩罚不义更重要的了。当今世上墨家学派多反对攻伐。反对攻伐就必然采取救守。如果采取救守，那么刚才所说的助长有道而消除无道、奖赏正义而惩罚不义的主张就无法实行了。作为万民之主，其利害全在于是否能明察这个道理。攻伐和救守的实质是一样的，只是人们的取舍各不相同，墨家用论辩的方法去判断它，最终是没有结果的。如果自己本来就不知道，那是糊涂；如果明明知道但却自欺欺人，那就是欺骗。欺骗与糊涂的人即使善辩也没有用。而反对攻伐的人又采取了他们所非难的用兵防卫的手段，结果是想对人们有利却反而害了他们，想使人们安逸却使他们处于危险之中。造成天下长久深重的祸患，使百姓受到极大的危害，这种反对攻伐而取救守之说的危害最深了。那些想要为天下的百姓谋利的人，不可以不仔细考察这种论说。

夫攻伐之事，未有不攻无道而罚不义也。攻无道而伐不义，则福莫大焉，黔首利莫厚焉。禁之者，是息有道而伐有义也，是穷汤、武之事[①]，而遂桀、纣之过也[②]。凡人之所以恶为无道、不义者[③]，为其罚也；所以蕲有道[④]、行有义者，为其赏也。今无道、不义存，存者，赏之也；而有道、行义穷，穷者，罚之也。赏不善而罚善，欲民之治也，不亦难乎？

故乱天下、害黔首者，若论为大。

注释

①穷：使动用法，使……穷困。

②遂：助长。

③恶：犹“畏”，害怕，不敢。

④蕲qí：通“祈”，祈求。

译文

攻伐之类的事，没有不是攻伐无道而讨伐不义的。攻伐无道而讨伐不义，自己获福没有比这更大的，百姓的利处没有比这更多的了。禁止攻伐，是消除有道而惩罚正义，这是使商汤、周武王正义之业陷于穷困而助长了桀、纣的罪过啊。人们之所以害怕施行无道、不义之事，是因为怕受到惩罚；之所以祈求有道、行正义之事，为的是受到奖赏。如今无道、不义的人仍然存在，他们的安然存在无异于就是一种奖赏；而有道、行正义的人却遭受穷困，遭受穷困无异于是对他们的一种惩罚。奖赏坏人，惩罚好人，却想要把人民管理好，不是很难吗？所以使天下混乱、百姓受害的事当中，这种反对攻伐的论说危害最大。

怀宠

题解

《怀宠》是《孟秋纪》的最后一篇。“怀宠”的意思是对他人施以恩宠，使之归附。本篇主要阐述了“义兵”“救民之死”“除民之仇”“顺天之道”的目的和任务，“义兵”所到之处，应该以争取民心为要务，具体措施是入于敌境内不烧杀抢掠，“克其国，不及其民”，举秀士、选贤良、恤孤寡、敬长老，最终实现“兵不接刃而民服若化”。这些观点在当时具有重大的进步意义。

凡君子之说也，非苟辨也①；士之议也，非苟语也。必中理然后说②，必当义然后议③。故说义而王公大人益好理矣④，士民黔首益行义矣⑤。义理之道彰⑥，则暴虐、奸诈、侵夺之术息也。

注释

①苟辨：苟且辩说。辨，通“辩”。

②中：符合。

③当：与“中”意同，符合。

④义：通“议”，议论。

⑤士民：偏意复词，这里专指士。

⑥彰：彰明。

译文

凡君子出言，都不苟且辩说；士人议论，都不苟且言谈。君主心中所想一定符合道理才说，士人心中所想一定符合大义才议论。所以，听了君子和士人的言谈议论，王公贵族更加喜好听道理了，士人百姓更加遵行大义了。义理之道彰明了，那么暴虐、奸诈、侵夺之类的主张才会止息。

暴虐、奸诈之与义理反也，其势不俱胜，不两立[①]。故兵入于敌之境[②]，则民知所庇矣[③]，黔首知不死矣。至于国邑之郊[④]，不虐五谷[⑤]，不掘坟墓，不伐树木，不烧积聚[⑥]，不焚室屋，不取六畜。得民虏奉而题归之[⑦]，以彰好恶[⑧]；信与民期[⑨]，以夺敌资[⑩]。若此而犹有忧恨、冒疾、遂过、不听者[⑪]，虽行武焉亦可矣[⑫]。

注释

①不两立：两者不能并存。

②兵：依许维遹说，当为“义兵”。

③庇：保护。

④国邑：国都和城邑。

⑤虐：祸害，毁坏。

⑥积聚：指财物。

⑦民虏：被俘获的敌方的人民。奉：送。题：登记。

⑧彰：彰显。

⑨期：合。

⑩敌资：敌方的凭借，此指敌方的民众。资，凭借，资本。

⑪忧恨："忧"为"复"字之误。复，通"愎"。恨，通"佷hěn"，毒辣。愎佷，意为固执，不听从。冒疾：冒，通"娼mào"，嫉妒。疾，通"嫉"。娼嫉，意为嫉妒。遂过：坚持过错。

⑫行武：动用武力。

译文

暴虐、奸诈与义理是相反的，其势不能两立，不能并存。所以，正义之师进入敌国的国境，敌国的士人就会知道保护者到了，百姓就知道不会死了。正义之师到了国都和城邑的郊外，不毁坏五谷，不刨掘坟墓，不砍伐树木，不烧毁财物，不焚烧房屋，不掠夺六畜。俘获的敌国的人民，都会登记姓名后送他们回去，以此来彰显自己的爱憎；诚信与百姓的愿望相合，用这些办法来争取敌国的人民。像这样，如果还有固执不听从的、嫉妒的、坚持错误的、不肯归顺的人，那么即使动用武力也是可以的。

先发声出号曰[①]："兵之来也，以救民之死[②]。子之在上无道[③]，据傲荒怠[④]，贪戾虐众[⑤]，恣睢自用也[⑥]，辟远圣制[⑦]，謷丑先王[⑧]，排訾旧典[⑨]，上不顺天，下不惠民，征敛无期[10]，求索无厌，罪杀不辜[11]，庆赏不当[12]。若此者，天之所诛也，人之所雠也，不当为君。今兵之来也，将以诛不当为君者也，以除民之雠而顺天之道也。民有逆天之道、卫人之雠者，身死家戮不赦。有能以家听者，禄之以家[13]；以里听者，禄之以里；以乡听者，禄之以乡；以邑听者，禄之以邑；以国听者，禄之以国。”故克其国，不及其民，独诛所诛而已矣[14]。举其秀士而封侯之[15]，选其贤良而尊显之，求其孤寡而振恤之[16]，见其长老而敬礼之。皆益其禄，加其级。论其罪人而救出之[17]；分府库之金，散仓廪之粟[18]，以镇抚其众[19]，不私其财；问其丛社、大祠，民之所不欲废者[20]，而复兴之，曲加其祀礼[21]。是以贤者荣其名[22]，而长老说其礼[23]，民怀其德[24]。

注释

①发声出号：发布声明号令，古时多以檄文的形式。

②死：生命。

③子：指所伐国家的国君。

④据：通“倨”。倨傲：傲慢。荒怠：荒淫懈怠。

⑤贪戾：贪婪暴戾。

⑥恣睢：放纵凶暴。

⑦辟：摒除，排除。

⑧謷 áo 丑：诋毁丑化。

⑨訾 zǐ：毁谤，非议。

⑩征敛：征收。期：度。

⑪不辜：无罪之人。

⑫庆赏：褒奖赏赐。
⑬禄之以家：以一家禄之。
⑭独诛所诛：只诛杀应当诛杀的人。
⑮秀士：杰出人士。侯：用作动词，封侯。
⑯孤：少而无父者。寡：老而无夫者。振恤：救济抚恤。
⑰论：审理。罪人：无罪而被陷害者。
⑱廪：米仓。
⑲镇抚：安抚。
⑳丛社：建在郊野丛林中的祭祀神社。祠：祭神的庙堂。
㉑曲：婉转周到。
㉒荣：用作动词，为……感到光荣。
㉓说：通“悦”，喜悦。
㉔怀：感怀。

译文

用兵之前，先要发布檄文，檄文说：“义兵来到这里，是为了拯救百姓之性命。你们的国君无道，傲慢自大，荒淫懈怠，贪婪暴戾，放纵凶暴，自以为是，摒弃圣王法制，诋毁丑化先王，排斥非议先代法典，上不顺承天意，下不惠爱人民，征敛无度，求索不满足，滥杀无辜，奖赏不当。像这样，是上天要诛伐的，是人们共同的仇敌，不应当再作为国君。现在义兵的到来，将要诛杀不应当为国君的人，以除去人们的仇敌而顺应上天的旨意。如果人民当中有违背上天旨意的，有庇护人民的仇敌的，一律处死并杀死全家，绝不赦免。如果有能率领一家来听从归顺的，赏给他一家的俸禄；率领一里的人来听从归顺的，赏给他一里的俸禄；率领一乡的人来听从归顺的，赏他一乡的俸禄；率领一邑的人来听从归顺的，赏他一邑的俸禄；率领一国之民来听从归顺的，赏他一国的俸禄。”所以，攻克了敌国，不罪及该国百姓，只诛杀应当诛杀的人。还要举荐该国杰出人士，封赏他们侯位；选拔该国贤良之人，授予他们高官显位；寻找该国的孤儿寡妇来救济他们；看见该国的老人要尊重他们，以礼待之。全都增加他们的俸禄，提高他们的级别。审理其罪人，赦免释放无罪之人；分发库房中的财物，散发仓库中的粮米，用来安抚敌国的民众，不把敌国的财物据为己有；询问敌国建在郊野丛林中的神社和其他祠庙的地址，人民所不愿意废弃的，全都重新修复，想方设法增加祭祀的礼仪。因此，贤良的人为自己的名声感到光荣，老人为自己受到礼遇而感到喜悦，百姓感怀自己所受到恩德。

今有人于此，能生死一人①，则天下必争事之矣。义兵之生一人亦多矣②，人孰不说？故义兵至，则邻国之民归之若流水，诛国之民望之若父母③，行地滋远④，得民滋众，兵不接刃而民服若化⑤。

注释

①能生死一人：能生一将死之人，意思是救民于死地。

②一：据陶鸿庆说，当为“死”。

③诛国：被伐之国。

④滋：益，更加。

⑤若化：指人民归附迅速。

译文

假如现在有个人在这，他能够使死人复生，那么天下的人一定争着侍奉他。正义之师救活的人太多了，还有谁不高兴？所以，正义之师一到，邻国的人民就像流水一样迅速归顺于它，被诛伐国家的人民像盼望父母一样盼望它。正义之师走得越远，得到人民的拥护越多，不用动兵流血就可以使百姓迅速归服。

仲秋纪第八

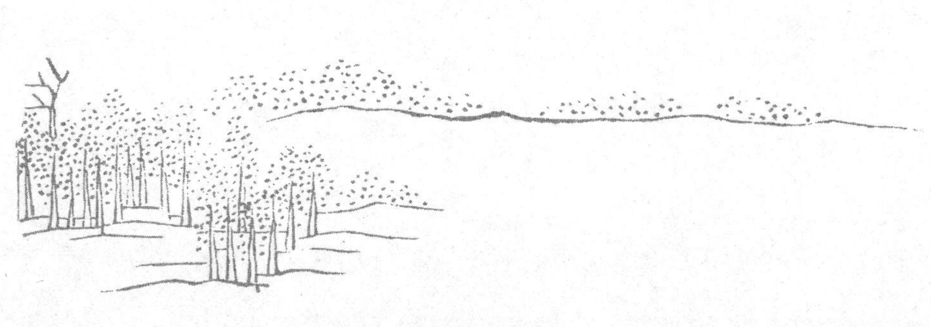

决　胜

题解

《决胜》是《仲秋纪》的第四篇，旨在论述战争决胜的方法。文章认为义、智、勇是战争的根本，用兵一定要符合正义，善用智谋，要勇敢。三者之间密切联系，缺一不可，“义”则有“气”，有“气”则有勇。要积极掌握战争的主动权，“不可胜在己，可胜在彼”，善于利用敌人的因素来为自己所用，这样才能够战无不胜。

夫兵有本干[①]：必义，必智，必勇。义则敌孤独，敌孤独则上下虚[②]，民解落[③]；孤独则父兄怨，贤者诽[④]，乱内作[⑤]。智则知时化[⑥]，知时化则知虚实盛衰之变，知先后远近纵舍之数[⑦]。勇则能决断，能决断则能若雷电飘风暴雨[⑧]，能若崩山破溃、别辨贾坠[⑨]；若鸷鸟之击也[⑩]，搏攫则殪[⑪]，中木则碎[⑫]。此以智得也[⑬]。

注释

①本干：植物的根和干，此指事物的关键。

②虚：心虚，不踏实。

③解落：离散瓦解。

④诽：非议，毁谤。

⑤作：兴起。

⑥时化：时势的变化。

⑦纵：放。舍：止，停息。数：办法，策略。

⑧飘风：旋风，龙卷风。

⑨破溃：破裂崩溃。别辨：即异变。辨，通“变”。霣yǔn坠：陨星坠落。

⑩鸷鸟：凶猛的鸟类。

⑪搏：击。攫jué：鸟类用爪抓取。殪yì：死。

⑫中：击中。

⑬此以智得也：根据上下文文意，当作“此以义智勇得也”。

译文

用兵之道有其根本：一定要符合正义，一定要善用智谋，一定要勇猛果敢。符合正义，敌人就会孤独无援，敌人孤独无援，上下就会心虚不踏实，缺乏斗志，人民就会离散瓦解；孤独无援，父兄就会怨恨，贤人就会毁谤，内乱就会兴起。善用智谋就能知道时势的发展变化，知道时势的发展变化，就会知道虚实盛衰的变化，就会知道先后、远近、放止的办法。勇猛果敢遇事就能决断，做事决断，行动起来就像雷电、旋风、暴雨，就像山崩地裂、异变、星坠那样，势不可挡；就像猛禽的搏击，迅速抓住并置之死地，击中树木，树木就会碎裂。这些都是因为符合正义、善用智谋、勇猛果敢而获得的。

夫民无常勇[1]，亦无常怯。有气则实，实则勇；无气则虚，虚则怯。怯勇虚实，其由甚微[2]，不可不知。勇则战，怯则北[3]。战而胜者，战其勇者也[4]；战而北者，战其怯者也[5]。怯勇无常，倏忽往来[6]，而莫知其方[7]，惟圣人独见其所由然。故商、周以兴，桀、纣以亡。巧拙之所以相过[8]，以益民气与夺民气，以能斗众与不能斗众。军虽大，卒虽多，无益于胜。军大卒多而不能斗，众不若其寡也。夫众之为福也大，其为祸也亦大。譬之若渔深渊[9]，其得鱼也大，其为害也亦大。善用兵者，诸边之内莫不与斗[10]，虽厮舆白徒[11]，方数百里皆来会战，势使之然也。幸也者[12]，审于战期而有以羁诱之也[13]。

注释

①常：永久的。

②由：缘由。

③北：即败北，败逃。

④战其勇者：凭借自己的勇气而战。

⑤战其怯者：心怀胆怯而战。

⑥倏忽：形容行动疾速。

⑦方：道理。

⑧相过：指相差甚远。

⑨渔：捕鱼。

⑩诸边之内：四境之内，指全国各地。与：参与。

⑪厮：古代干粗活的男奴隶或仆役。舆：众。白徒：

未经军事训练的兵卒。

⑫幸：依松皋圆说，当作“势”，态势，情势。

⑬审：审察。羁诱：控制诱导。

译文

人民的勇敢不是永恒不变的，人民的怯弱也不是永恒不变的。士气饱满就充实，充实就勇敢；士气不饱满就空虚，空虚就怯弱。怯弱和勇敢、空虚和充实，它们产生的缘由很微妙，不可以不知晓。勇敢就能作战，怯弱就会败逃。战而能胜利的，是凭借自己的勇气而战；战而败逃的，是心怀胆怯而战。怯弱和勇敢不是永恒不变的，变动迅速，没有谁知道其中的道理，只有圣人知道它之所以这样的缘由。所以，商、周因此兴盛，桀、纣因此灭亡。用兵巧与笨之所以相差甚远，是因为有的增强士气，有的削弱士气，有的能使民众战斗，有的不能使民众战斗。不能使民众参与战斗，军队即使庞大，士兵即使众多，对于取胜也是没有用的。如果军队庞大、兵卒众多而不能参与战斗，人多还不如人少。人多造福大，但危害也大，这就好比到深渊中捕鱼，虽然可能捕到大鱼，但也可能遇到大的灾难。善于用兵的人，四海之内没有不参战的，即使是奴仆和没有受过军事训练的兵卒，方圆数百里之内，都来参战，这是情势使他们这样做的。情势，就是要审察战争的时机，并且有办法控制引导它。

凡兵，贵其因也[①]。因也者，因敌之险以为己固，因敌之谋以为己事。能审因而加[②]，胜则不可穷矣[③]。胜不可穷之谓神[④]，神则能不可胜也。夫兵，贵不可胜。不可胜在己，可胜在彼[⑤]。圣人必在己者，不必在彼者，故执不可胜之术以遇不胜之敌[⑥]，若此，则兵无失矣。凡兵之胜，敌之失也。胜失之兵，必隐必微[⑦]，必积必抟[⑧]。隐则胜阐矣[⑨]，微则胜显矣，积则胜散矣，抟则胜离矣。诸搏攫柢噬之兽[⑩]，其用齿角爪牙也，必托于卑微隐蔽，此所以成胜。

注释

①因：凭借，利用。

②加：采取行动，此处具体指加兵于敌。

③胜则不可穷矣：依俞樾说，当为"则胜不可穷矣"。

④神：用兵如神。

⑤可胜在彼：可以战胜敌人在于敌人的虚弱失谋。

⑥不胜：依陶鸿庆之说，当为"可胜"。

⑦隐：隐藏。微：也是隐藏的意思。

⑧积：聚集。抟：通"专"，专一，集中。

⑨阐：明，显露在外。

⑩柢 dǐ：依王念孙之说，当为"抵"。抵，通"牴"，用角抵。

译文

凡是用兵，贵在善于借力。所谓借力，是指利用敌人的险阻来作为自己坚固的要塞，利用敌人的谋略达到自己的目的。能够明察凭借敌人的条件再采取行动，那胜利就不可穷尽了。胜利不可穷尽叫作用兵如神，用兵如神，自身就不可战胜了。用兵贵在不可战胜。不可战胜在于自己，而可以战胜敌人在于敌人的虚弱失谋。圣人一定能掌握自己的主动权而不必去依赖敌人的过失，所以，能用不可被战胜的办法去对待可以战胜的敌人，像这样，用兵就万无一失了。凡用兵获胜，全在于敌人的过失。战胜有过失的敌兵，一定要隐蔽，一定要隐藏，一定要聚集力量，一定要集中专一。能隐蔽就能战胜公开的敌人，能隐藏就能战胜暴露的敌人，能聚集兵力就能战胜力量分散的敌人，能团结专一就能战胜分散的敌人了。那些依靠爪子抓取、用牙撕咬，用角抵撞的野兽，它们在使用齿角爪牙的时候，一定要先隐蔽缩形，这是它们取得成功的原因。

爱　士

题解

《爱士》是《仲秋纪》的第五篇。“爱士”是说君主要爱护士民，士民才会全力拼命效力。本篇一作“慎穷”，乃取文中“怜人之困”“哀人之穷”之意。文章列举了秦穆公、赵简子爱士而得到报答的事例，说明君主只要做到“行德爱民”，人民就会“亲其上”并“乐为其君死矣”。文章最后强调“爱士”是用兵的精妙所在，是打仗生死存亡的关键。

衣人以其寒也①，食人以其饥也②。饥寒，人之大害也；救之，义也。人之困穷，甚如饥寒③，故贤主必怜人之困也，必哀人之穷也。如此则名号显矣，国士得矣④。

注释

①衣 yì：给……衣穿。

②食 sì：给……饭吃。

③如：相当于“于”。

④国士：国中智勇出众之人。

译文

给人衣服穿，是因为他寒冷；给人饭吃，是因为他饥饿。饥寒交迫是人的大难。把人从这种困境中救出，是正义的行为。人的穷困比饥寒交迫更严重，所以贤明的君主必定怜悯贫穷的人，一定哀怜困厄的人。如果能做到这样的话，那么君主的名声就会显赫，智勇出众的人就会归附了。

昔者秦缪公乘马而车为败①，右服失而野人取之②。缪公自往求之③，见野人方将食之于岐山之阳④。缪公叹曰："食骏马之肉而不还饮酒⑤，余恐其伤女也⑥！"于是遍饮而去⑦。处一年，为韩原之战⑧。晋人已环缪公之车矣⑨，晋梁由靡已扣缪公之左骖矣⑩，晋惠公之右路石奋投而击缪公之甲⑪，中之者已六札矣⑫。野人之尝食马肉于岐山之阳者三百有余人，毕力为缪公疾斗于车下⑬，遂大克晋，反获惠公以归。此《诗》之所谓曰"君君子则正，以行其德；君贱人则宽，以尽其力"者也⑭。人主其胡可以无务行德爱人乎⑮？行德爱人，则民亲其上；民亲其上，则皆乐为其君死矣。

注释

①秦缪公：即秦穆公，春秋时秦国国君。缪，通"穆"。乘马：乘马驾的车。败：坏。

②服：古代一车驾四马，居中的两匹称"服"，两边的称"骖"。失：通"逸"，奔跑。野人：指在野的农业生产者，即农夫。

③求：寻找。

④方：正。岐山：山名，在今陕西省岐山县境。阳：山的南面称阳。

⑤还：通“旋”，立刻。

⑥女：同“汝”，你们。

⑦饮 yìn：给……喝。

⑧韩原之战：公元前 645 年秦、晋之间的一场战争，《左传·僖公十五年》九月载其事。韩原，春秋晋地，在今山西省芮城县，一说在今山西河津、万荣之间。

⑨环：包围。

⑩梁由靡：晋大夫，参加韩原之战，为晋惠公驾车，亦被俘。扣：抓住。

⑪晋惠公：春秋时晋国国君，名夷吾，晋献公第三子，公元前 650 ～前 637 年在位。韩原之战时为秦所俘，后被放回。右：车右，由勇士担任。路石：人名。投：依王念孙之说，当为“杸 shū”，同“殳”，古代一种竹制兵器，前端有棱。

⑫中：击穿。六札：六层甲片。当时铠甲叶片一般都是重叠七层，此言已中六层，情况十分危险。

⑬毕力：竭尽全力。

⑭曰：依松皋圆之说，此当为衍文。引诗是逸诗，今本《诗经》未收。君君子：给君子作君，前一个“君”作动词用。“君贱人”中的“君”用法同。正：平正无私。

⑮胡：何。无：通“毋”，不。

译文

从前，秦穆公乘马车出行，车坏了，右边的马脱缰跑掉，马被乡野的农夫抓住了。秦穆公亲自去寻找这匹马，看见农夫们在岐山的南面坡地上正要吃这匹马的肉。秦穆公叹气说："吃骏马的肉而不立刻饮酒，我担心马肉会伤害你们的身体！"于是给他们全都喝了酒才离开。过了一年，秦晋之间发生了韩原大战。晋国的人已经包围了秦穆公的马车，晋国大夫梁由靡已经抓住了秦穆公左边的马，晋惠公的车夫路石奋力挥殳击中了秦穆公的铠甲，已经击穿了六层甲片。曾在岐山南面分食马肉的三百多农夫，用尽全身之力在车下为秦穆公拼死战斗，于是大败晋国，反而捉获晋惠公而归。这就是《诗》中所说的"给君子作国君就要平正无私，以用其德才；给卑贱的人当国君就要宽以待人，以便让他们为你尽力"。君主怎么能不施行仁爱德政爱护人民呢？推行德政，关爱人民，那么人民就会亲近他们的君主，人民亲近他们的君主，那就都乐于为他们的君主去牺牲自己。

赵简子有两白骡而甚爱之[①]。阳城胥渠处广门之官[②]，夜款门而谒曰[③]："主君之臣胥渠有疾[④]，医教之曰[⑤]：'得白骡之肝，病则止；不得则死。'"谒者入通[⑥]。董安于御于侧[⑦]，愠曰[⑧]："嘻[⑨]！胥渠也。期吾君骡[⑩]，请即刑焉[⑪]。"简子曰："夫杀人以活畜，不亦不仁乎？杀畜以活人，不亦仁乎？"于是召庖人杀白骡[⑫]，取肝以与阳城胥渠。处无几何，赵兴兵而攻翟[13]。广门之官，左七百人，右七百人，皆先登而获甲首[14]。人主其胡可以不好士？

注释

①赵简子：即赵鞅，春秋末晋国正卿。嬴姓，赵氏，名鞅，谥号简子。

②阳城胥渠：赵简子家臣，复姓阳城，名胥渠。处：居，此作担任。

③款：敲，叩。

④主君：古时国君、卿、大夫皆可称主君。此指赵简子。

⑤之：指胥渠。

⑥谒者：专管通报的小官。通：通报。

⑦董安于：赵简子家臣。亦作“董阏于”。

⑧愠：恼怒。

⑨嘻：叹词，此处表示恼怒。

⑩期：希望得到。

⑪刑：杀掉。

⑫庖人：厨师。

⑬翟：通“狄”，我国古代北方少数民族名。

⑭甲首：披甲武士的首级。

译文

赵简子有两匹白骡，他特别喜爱它们。阳城胥渠任广门邑的小吏，一天夜里，他叩赵简子的门，告诉门官说：“主君的家臣胥渠患病了，医生告诉他说：‘如果得到白骡的肝来吃的话，病就能好；否则就会死去。’”门官进去向赵简子通报。董安于正在旁边侍奉，恼怒地说："嘿！胥渠这个家伙，竟然希望谋到我们主君的白骡，请允许我去杀掉他。"赵简子说："用杀人的方式来使畜生存活，不是太不仁义了吗？而用杀掉畜生的方式来救活一个人，不也是一种仁义吗？"于是召来厨师杀掉白骡，取出肝来交给阳城胥渠。过了没多久，赵简子举兵攻打狄族。广门的官吏率领左队七百人，右队七百人，都争着登上城楼，并斩获敌方披甲武士的首级。由此看来，君主怎么可以不爱士呢？

凡敌人之来也，以求利也。今来而得死，且以走为利①。敌皆以走为利，则刃无与接②。故敌得生于我，则我得死于敌；敌得死于我，则我得生于敌。夫得生于敌，与敌得生于我，岂可不察哉？此兵之精者也③。存亡死生决于知此而已矣。

注释

①且：将。走：逃跑。

②刃无与接：无从交兵。

③兵之精：用兵的精髓。

译文

凡是敌人来犯，都是为了要追求利益的。如果来犯而丧命，那敌人就会把逃走看作是有利了。如果敌人都把逃走看作有利，就不用交兵了。所以，如果敌人在我们手中得以生还，那么我们就要死在敌人手中；如果敌人死在我们的手上，那我们就可以在敌人手中生还。我们在敌人手中生还，还是敌人在我们手中生还，难道可以不明察吗？这就是用兵的精妙之处。生死存亡就取决于是否知道这个道理了。

季秋纪第九

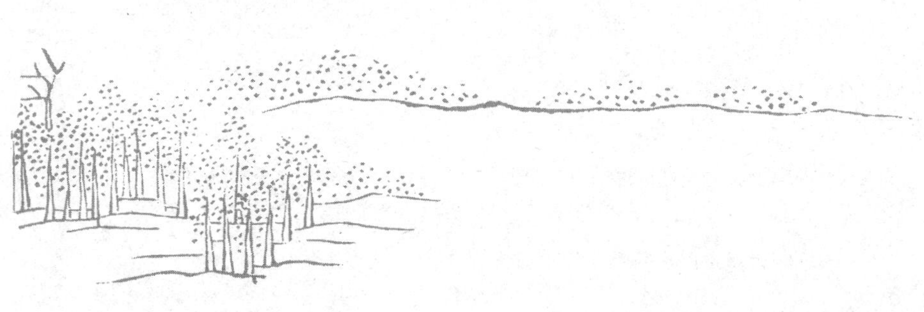

知　士

题解

《知士》是《季秋纪》的第三篇。知士，就是要了解士并爱护他们，这样他们才能为自己效力，“外生乐，趋患难”。文章先以千里马和善相马者为例，说明只有互相了解，互相配合，才能够各有所成。接着引申到士与君主之间，说明只要君主“能自知人”，那么被“知”之人就乐于赴汤蹈火。文章详细叙述了靖郭君善剂貌辨之事，靖郭君不受外人非议，重用剂貌辨，最后在关键时刻，剂貌辨将生死置之度外，出色地解除了靖郭君的困窘。本篇生动地记载了剂貌辨的言谈举止，并予以肯定和赞扬，在一定程度上反映了纵横家的思想风貌。

今有千里之马于此，非得良工①，犹若弗取②。良工之与马也，相得则然后成③，譬之若枹与鼓④。夫士亦有千里，高节死义⑤，此士之千里也。能使士待千里者⑥，其惟贤者也。

注释

①良工：指善相马的人。

②犹若：仍然，犹然。

③相得：相互配合。

④枹 fú：鼓槌。

⑤高节：高尚的节操。死义：为正义而死。

⑥待：依陶鸿庆之说，当为“得”字。

译文

现在有千里马在这里，如果没有善于相马的人，仍然等于没有得到这匹好马。善于相马的人和千里马要互相配合，然后才能各自得以成名，就像鼓槌和鼓一样。士人中也有像千里马一样的，气节高尚，为正义而死，这样的人就是士人中的千里马。能够使士人成为千里马的，只有贤能的人了。

静郭君善剂貌辨[①]。剂貌辨之为人也多訾[②]，门人弗说[③]。士尉以证静郭君[④]，静郭君弗听，士尉辞而去。孟尝君窃以谏静郭君[⑤]，静郭君大怒曰：“刬而类[⑥]，揆吾家[⑦]，苟可以�剂貌辨者[⑧]，吾无辞为也[⑨]！”于是舍之上舍[⑩]，令长子御[⑪]，朝暮进食[⑫]。

注释

①静郭君：一作“靖郭君”，即田婴，号靖郭君。战国时齐国大臣，受封于薛，又称“薛公”。善：友善，亲近，喜爱。剂貌辨：齐国人，靖郭君的门客。又作“齐貌辨”“剧貌辨”。

②訾：通“疵”，过失，缺点。

③门人：门客。说：通“悦”。

④士尉：齐国人，靖郭君的门客。证：诤谏。

⑤孟尝君：靖郭君之子，即田文，号孟尝君。战国时齐国大臣，战国四公子之一。窃：私下。

⑥刬chǎn：铲除，消灭。而：同“尔”，你，你们。

⑦揆kuí：分离，离散。

⑧慊qiàn：满足。

⑨辞：推辞，拒绝。

⑩舍之上舍：让他住上等的客舍。前一个“舍”用作动词，后一个“舍”用作名词，客舍。

⑪御：侍奉。

⑫进食：献上食物。

译文

静郭君很喜爱他的门客剂貌辨。剂貌辨为人有很多毛病，其他门客都不喜欢他。士尉因为这件事劝谏静郭君，静郭君不听，士尉就告辞离开了。孟尝君又私下劝谏静郭君，静郭君大怒，说：“即使把你们都消灭了，把我自已的家离散了，如果能让剂貌辨满足，我也在所不辞！”于是，让剂貌辨住在上等的客舍里，命令长子去侍奉他，早晚进奉食物。

数年，威王薨[①]，宣王立[②]。静郭君之交[③]，大不善于宣王，辞而之薛[④]，与剂貌辨俱。留无几何[⑤]，剂貌辨辞而行，请见宣王。静郭君曰：“王之不说婴也甚，公往，必得死焉。”剂貌辨曰：“固非求生也[⑥]。

请必行！”静郭君不能止。

注释

①威王：指齐威王。战国时齐国国君，姓田，名因齐，齐桓公之子，公元前356～前320年在位。薨：周代诸侯死称薨。

②宣王：即齐宣王。战国时齐国国君，姓田，名辟疆，齐威王之子，公元前319～前301年在位。据《史记·孟尝君传》和《战国策》，“威王薨，宣王立”当为“宣王薨，闵王立”。闵王：一作“湣王”，即田地，公元前300～前284年在位。

③交：结交，交往。

④之：往。

⑤留无几何：过了没多久。

⑥固：本来。

译文

几年后，齐宣王死了，齐闵王即位，静郭君的结交处世态度很不为闵王所喜欢，于是他辞官回到封地薛，仍跟剂貌辨在一起。过了没多久，剂貌辨就要离开，请求去参见齐闵王。静郭君说：“闵王十分不喜欢我，你去了，一定会被杀的。”剂貌辨说：“我本来就不是去企求活命的，请一定让我去。”静郭君不能够劝止他。

剂貌辨行，至于齐[①]。宣王闻之，藏怒以待之。

剂貌辨见，宣王曰："子，静郭君之所听爱也[②]？"剂貌辨答曰："爱则有之，听则无有。王方为太子之时，辨谓静郭君曰：'太子之不仁[③]，过颐涿视[④]，若是者倍反[⑤]。不若革太子[⑥]，更立卫姬婴儿校师[⑦]。'静郭君泫而曰[⑧]：'不可，吾不忍为也。'且静郭君听辨而为之也[⑨]，必无今日之患也。此为一也。至于薛，昭阳请以数倍之地易薛[⑩]，辨又曰：'必听之。'静郭君曰：'受薛于先王，虽恶于后王，吾独谓先王何乎？且先王之庙在薛，吾岂可以先王之庙予楚乎？'又不肯听辨。此为二也。"宣王太息[⑪]，动于颜色[⑫]，曰："静郭君之于寡人，一至此乎[⑬]！寡人少，殊不知此。客肯为寡人少来静郭君乎[⑭]？"剂貌辨答曰："敬诺[⑮]。"

注释

①齐：此指齐国国都。

②听爱：言听计从并喜爱。

③太子之不仁：《战国策·齐策》作"太子之相不仁"，此说是，今从之。相：面相。

④过颐涿视：依毕沅之说，当作"过颐豕视"。过颐：即耳后见腮，下巴过宽，耳朵在腮后面。豕视：即所谓"下邪偷视"。过颐豕视，古人认为相貌如此之人，必不仁。

⑤倍反：即背叛。

⑥革：废除，革除。

⑦卫姬：卫国之女为齐威王夫人者。婴儿：幼子。校师：齐宣王庶子，卫姬幼子之名。

⑧泫：流泪。

⑨且：若。

⑩昭阳：战国时楚国将领。

⑪太息：叹息。

⑫动：改变。颜色：脸色。

⑬一：竟。

⑭少：年少，年轻。

⑮敬诺：从命之词，同意。

译文

剂貌辨出行，到了齐国国都，闵王听说了，隐藏着心中的恼怒等待着他。剂貌辨拜见闵王时，闵王说："你是静郭君言听计从并喜爱的人吗？"剂貌辨回答说："喜爱是有，言听计从就没有了。当大王还是太子的时候，我对静郭君说：'太子的面相不仁，耳后见腮，目光下斜偷视，像这样的人肯定会背叛。不如废除太子，改立卫姬的幼子校师为太子。'静郭君流着泪说：'不行，我不忍心这样做。'如果静郭君听从了我的话并这样做了，一定不会有今天的祸患，这是其一。到了薛地，楚国的将领昭阳请求用多出数倍的土地来交换薛地，我又说：'一定要答应他。'静郭君说：'我从先王那里承受了薛地的封赏，虽然被后王所厌恶，但我如果这样做，如何对先王说呢？而且先王的宗庙在薛地，我怎么可以把先王的宗庙给楚国呢？'又不肯听从我的话，这是其二。"闵王叹息着，脸色有所改变，说："静郭君对我竟到了这样的地步吗！我年少无知，竟不知道这些事。你愿意为我请静郭君来吗？”剂貌辨回答说：“遵命。”

静郭君来，衣威王之服[①]，冠其冠，带其剑。宣王自迎静郭君于郊[②]，望之而泣。静郭君至，因请相之。静郭君辞，不得已而受。十日，谢病强辞[③]，三日而听[④]。当是时也，静郭君可谓能自知人矣。能自知人，故非之弗为阻。此剂貌辨之所以外生乐、趋患难故也[⑤]。

注释

①衣威王之服：依上注，当是“衣宣王之服”，即穿宣王所赐的衣服。衣：用作动词。下文中的“冠”“剑”用法同，皆为宣王所赐之物。

②宣王：依上注，当是“闵王”。

③谢病：托病辞官。

④听：听从，允许，同意。

⑤外生乐：把生命和欢乐置之度外。外，用作动词，置……于外。

译文

静郭君前来觐见，穿着宣王所赐的衣服，戴着宣王所赐给的帽子，佩带着宣王所赐的宝剑。闵王亲自到郊外迎接静郭君，远远望见静郭君就流下泪来。静郭君到来后，闵王于是请他当宰相。静郭君再三推辞后，不得以才接受了。十天后，静郭君拖病辞官，坚决要辞去。

三天后，闵王才同意。在当时，静郭君可以说是善于了解人了。正因为善于了解人，所以别人的非议阻碍不了他。这就是剂貌辨之所以把生命和欢乐置之度外，而能够为靖郭君奔赴患难的原因。

审 己

题解

《审己》为《季秋纪》的第四篇。所谓“审己”，意思就是求诸己而不求诸人，求诸内而不求诸外。文章指出“凡物之然也，必有故”，要做到“知其故”，明白事物变化的原因。文章列举了列子问射于关尹子，论述了“审己”的重要性。又举柳下惠、齐湣王和越王授三人之事，从反面阐述了“审己”和“知其故”的重要性。

凡物之然也，必有故①。而不知其故②，虽当③，与不知同，其卒必困④。先王、名士、达师之所以过俗者，以其知也⑤。水出于山而走于海，水非恶山而欲海也，高下使之然也。稼生于野而藏于仓，稼非有欲也，人皆以之也⑥。故子路揜雉而复释之⑦。

注释

①故：缘故，原因。

②而：相当于“若”。

③当：合，适合。

④卒：终。

⑤知：知其故，即知道事物之所以这样的原因。

⑥以：用作动词，用。

⑦子路：即孔子弟子仲由，字子路，春秋末鲁国人。揜yǎn：通“掩”，罩住。雉：野鸡。

译文

大凡事物之所以这样，一定有其原因。如果不知道它的原因，即使行为符合外物的变化，也和不知其缘故一样，最终一定会被外物所困。先代君王、名士、通达之师之所以能够超越平凡的人，正是因为他们知道事物之所以这样的原因。水从山中流出奔往大海，并不是因为水讨厌山而向往大海，而是因为山高海低的地形而使它这样的。庄稼生长在田野之中而储藏在粮仓中，并不是因为庄稼有这种欲望，而是因为人们需要它啊。所以子路捉到了野鸡却又放了它，（是因为子路还不知道为什么要捉它）。

子列子常射中矣[①]，请之于关尹子[②]。关尹子曰：“知子之所以中乎[③]？”答曰：“弗知也。”关尹子曰：“未可。”退而习之三年，又请。关尹子曰：“子知子之所以中乎？”子列子曰：“知之矣。”关尹子曰：“可矣，守而勿失。”非独射也，国之存也，国之亡也，身之贤也，身之不肖也，亦皆有以[④]。圣人不察存亡、贤不肖，而察其所以也。

注释

①子列子：即列御寇，战国时郑人，亦称列子。子，

古代对男子的尊称。常：通“尝”，曾经。

②关尹子：名喜，古代道家人物，约与老子同时。

③知子：当为“子知子”。

④以：原因。

译文

子列子曾经射中靶心，于是向关尹子请教射箭的道理。关尹子问：“你知道你之所以射中的原因吗？”子列子回答：“不知道。”关尹子说：“现在还不能跟你谈论大道。”子列子回去练习射箭，练了三年，又去请教关尹子。关尹子问：“你知道你之所以射中的原因了吗？”子列子说：“知道了。”关尹子说：“可以了，你要奉守这个道理，不要失掉。”不仅射箭如此，国家的存亡、人的贤明或不肖，也都有其原因。圣人不去考察存亡、贤明或者不肖这些结果本身，而是去考察造成它们之所以这样的原因。

齐攻鲁，求岑鼎①。鲁君载他鼎以往②。齐侯弗信而反之③，为非，使人告鲁侯曰：“柳下季以为是，请因受之。”鲁君请于柳下季④，柳下季答曰：“君之赂以欲岑鼎也⑤，以免国也。臣亦有国于此⑥。破臣之国以免君之国，此臣之所难也。”于是鲁君乃以真岑鼎往也。且柳下季可谓此能说矣⑦。非独存己之国也，又能存鲁君之国。

注释

①岑鼎：天子宝鼎，此指鲁国宝鼎。因宝鼎之形类岑而名。岑，小而高的山。

②他：其他的，别的。

③反：同“返”，归还。

④柳下季：春秋时鲁国大夫，姓展，名获，字季。因食邑在柳下，故称柳下季，谥惠，故又称柳下惠。

⑤赂以欲岑鼎：即“赂以所欲之岑鼎”。

⑥国：此指信誉。

⑦且：相当于“若”，像。此：依马叙伦之说，当为衍。说shuì：劝说，说服。

译文

齐国攻打鲁国，为了索取鲁国的岑鼎。鲁国国君把别的鼎送到了齐国。齐侯不相信是岑鼎而把它退给了鲁国，认为那不是岑鼎，并派人告诉鲁侯说：“如果柳下季认为这是岑鼎，那么我才愿意接受它。”鲁国国君向柳下季求助。柳下季回答说：“您送给齐侯他所要的鼎，是为了保住岑鼎呢，还是为了免除国家的灾难呢？我自己这里也有个需要守卫的‘国家’，这就是信誉。要毁灭了我的‘国家’，来免除您国家的灾难，这是我难以办到的。”于是鲁国国君才把真的岑鼎送给了齐国。像柳下季这样的，可以说是善于劝说的人了，不仅保存了自己的信誉，还能保住鲁君的国家。

齐湣王亡居于卫[1]，昼日步足[2]，谓公玉丹曰[3]："我已亡矣，而不知其故。吾所以亡者，果何故哉？我当已[4]。"公玉丹答曰："臣以王为已知之矣，王故尚未之知邪[5]？王之所以亡也者，以贤也。天下之王皆不肖，而恶王之贤也，因相与合兵而攻王。此王之所以亡也。"湣王慨焉太息曰："贤固若是其苦邪？"此亦不知其所以也。此公玉丹之所以过也。

注释

①齐湣王：亦作齐闵王，战国时齐国国君。姓田，名地，齐宣王之子，公元前300～284年在位。自恃兵强，屡侵诸侯，后燕联合秦、楚、赵、魏、韩伐齐，齐湣王出逃卫国。亡：出逃。

②昼日：白昼，白天。步足：散步。

③公玉丹：齐湣王之臣。复姓公玉，名丹。

④已：克服，纠正。

⑤故：竟然。

译文

齐湣王流亡在国外，住在卫国。白天散步的时候，齐湣王对公玉丹说："我已经流亡国外了，却不知道自己流亡的原因。我之所以流亡，究竟是什么原因呢？我应当查找原因，以此来纠正自己的过失。"公玉丹回答说："我以为大王您已经知道原因了呢，您竟然还不知道吗？您之所以流亡国外，是因为您太贤明了。天下的君王都不贤德，因此厌恶大王的贤明，于是他们互相勾结，合兵攻打大王，这就是大王您之所以流亡的原因啊。”齐湣王感慨叹息道：“君主贤明原来要受这样的苦吗？”这是齐湣王还是不知道自己之所以流亡的原因，这正是公玉丹之所以能够蒙骗他的原因。

越王授有子四人[①]。越王之弟曰豫，欲尽杀之，而为之后[②]。恶其三人而杀之矣[③]。国人不说[④]，大非上[⑤]。又恶其一人而欲杀之，越王未之听。其子恐必死，因国人之欲逐豫[⑥]，围王宫。越王太息曰：“余不听豫之言，以罹此难也[⑦]。”亦不知所以亡也。

注释

①越王授：越王勾践六世孙。授，亦作“搜”。

②后：指王位继承人。

③恶：诬蔑，诽谤。

④说：通“悦”。

⑤非：指责，非议。

⑥因：凭借。

⑦罹：遭受。

译文

越王授有四个儿子。越王的弟弟叫豫，他想把越王的四个儿子都杀掉，自己成为越王的继承人。豫诬蔑其中的三个儿子，让越王把他们杀掉了。越国的百姓很不满，纷纷指责越王。豫又诬蔑剩下的一个王子，想让越王杀掉他，越王没有听他的话。越王的儿子担心自己被杀，就凭借着越国百姓的愿望把豫驱逐出国，并包围了王宫。越王授叹息说：“我没有听从豫的话，所以遭受了这样的灾祸啊。”他还是不知道自己灭亡的原因啊。

孟冬纪第十

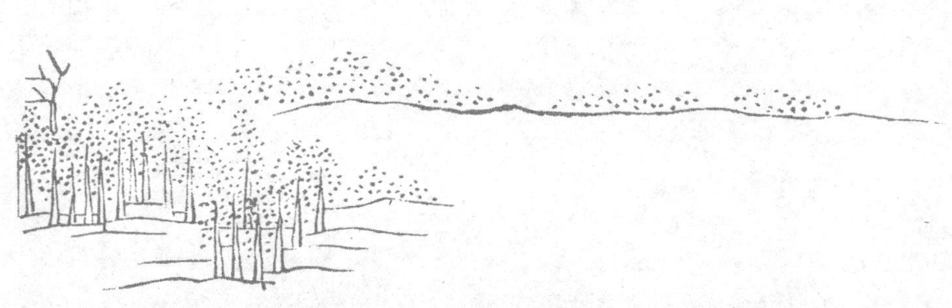

节丧

题解

《节丧》是《孟冬纪》的第二篇，“节丧”即反对厚葬，提倡节丧，其思想为墨家学说。一方面，文章围绕“节丧”这一主旨，论证了节丧的重要意义，节丧是“为死者虑”，为了“安死”，是为了避免坟墓被挖掘。另一方面，文章申述了厚葬的弊处，说明“侈其葬”，并非是为了死者考虑，而是“生者以相矜尚也”，官府动用强大的民力，用军法才能维持送丧仪式，这些都是厚葬的不可取之处。

审知生，圣人之要也；审知死，圣人之极也①。知生也者，不以害生②，养生之谓也；知死也者，不以害死，安死之谓也③。此二者，圣人之所独决也④。

注释

①极：同“亟”，急务。

②不以害生：不以外物伤害生命。

③安死：使死者安宁。

④决：决断，判断。

译文

审度了解生命，是圣贤之人的要务；审度了解死亡，是圣贤之人的急务。了解生命，不以外物伤害生命，这就叫作养生；了解死亡，不以外物损害死者，这就叫作安死。这两件事，只有圣贤之人才能够决断正确。

凡生于天地之间，其必有死，所不免也。孝子之重其亲也①，慈亲之爱其子也，痛于肌骨②，性也③。所重所爱，死而弃之沟壑，人之情不忍为也，故有葬死之义④。葬也者，藏也，慈亲孝子之所慎也⑤。慎之者，以生人之心虑⑥。以生人之心为死者虑也，莫如无动⑦，莫如无发⑧。无发无动，莫如无有可利，则此之谓重闭⑨。

注释

①重：尊重。亲：此处指父母。

②痛于肌骨：指所重、所爱深入肌肉骨髓，形容重、爱之深。

③性：天性。

④葬死：依孙人和之说，当作“葬送”。

⑤慎：慎重。

⑥生人：活着的人。

⑦无动：指死者不因发掘墓葬而惊动。

⑧无发：指后人因死者墓中没有陪葬物而不去发掘它。

⑨重闭：大闭，永远埋藏，指墓中无殉葬品，掘墓人无利可图，不会招致墓被发掘。

译文

凡是生活在天地之间的事物，必定都会死亡，这是避免不了的。孝子尊重自己的父母，父母很疼爱自己的子女，这是深入肌骨之间的尊重和疼爱，是人的天性。自己尊重或疼爱的人，死了却被丢到深沟涧壑里去，于心不忍是人之常情，所以有了为死者下葬的礼义。葬的意思就是藏，这是慈祥的双亲、孝顺的儿子应该慎重对待的。所谓慎重，就是用活着的人的心思去为死者考虑。用活着的人的心思为死者考虑，没有什么比让死者不被惊动、让死者的坟墓不被发掘更重要的了。让死者不被惊动，死者的坟墓不被发掘的方法，没有比让死者的坟墓中无利可图更有效的了，这就叫永恒的埋葬。

古之人有藏于广野深山而安者矣，非珠玉国宝之谓也，葬不可不藏也。葬浅则狐狸抇之[①]，深则及于水泉。故凡葬必于高陵之上，以避狐狸之患、水泉之湿。此则善矣，而忘奸邪、盗贼、寇乱之难，岂不惑哉[②]？譬之若瞽师之避柱也[③]，避柱而疾触杙也[④]。狐狸、水泉、奸邪、盗贼、寇乱之患[⑤]，此杙之大者也。慈亲孝子避之者，得葬之情矣。

注释

①抇 hú：同“搰”，挖掘，发掘。

②惑：糊涂。

③瞽师：盲人乐师。古代乐师多由瞽者担任，因此

称瞽师。此泛指盲人。瞽，眼盲。

④疾：用力。杙yì：一头尖的短木，木桩。

⑤狐狸、水泉：依陈昌齐之说，此四字当衍。以柱比喻狐狸、水泉，以杙比喻奸邪、盗贼。

译文

古代的人死后有埋葬在深山旷野之中而平安至今的，他们不是因为没有珠玉国宝，而是因为埋葬不可以不隐蔽。埋葬得浅了就会被狐狸挖到，埋葬得深了就会碰到地下的泉水。所以，凡是墓葬一定要埋在高高的山陵之上，以便避免狐狸挖掘、泉水浸湿。这样做好是好，但是忘记了有恶人、盗贼、匪寇的祸害，难道不是糊涂吗？就像是盲人要避开柱子，却用力地撞到了尖木桩上。恶人、盗贼、匪寇的祸害，就是大的尖木桩。慈爱的双亲、孝顺的子女埋葬死者能够避开这些祸患，就是懂得了埋葬的本义了。

善棺椁①，所以避蝼蚁蛇虫也。今世俗大乱，之主愈侈其葬②，则心非为乎死者虑也，生者以相矜尚也③。侈靡者以为荣④，节俭者以为陋，不以便死为故⑤，而徒以生者之诽誉为务⑥。此非慈亲孝子之心也。父虽死，孝子之重之不怠；子虽死，慈亲之爱之不懈。夫葬所爱所重，而以生者之所甚欲⑦，其以安之也，若之何哉？

注释

①椁guǒ：棺材外套的大棺。

②之主：依孙人和之说，当作“人主”。

③矜尚：攀比夸耀。

④侈靡者以为荣：宾语“侈靡者”前置，意为把奢侈浪费的行为看作光荣。下句结构相同。

⑤便：有利于。故：事。

⑥诽誉：诽谤或赞誉。

⑦所甚欲：十分想得到的东西，即“利”。

译文

好的棺椁，是为了避免蝼蚁蛇虫。如今社会风气混乱，君主的行葬越来越奢侈，他们心中不是为了死者考虑，而是活着的人借以互相攀比夸耀。把奢侈浪费的行为看作光荣，把俭省节约看作鄙薄，不把利于死者当回事，仅仅只是关注活着的人的诽谤或者赞誉，这不是慈亲、孝子应该有的心意。父母虽然死了，孝子对父母的尊重不会有所怠慢；子女虽然死了，慈亲对子女的疼爱不会有所懈怠。埋葬所疼爱所尊重的人，却用活着的人十分希望得到的东西作陪葬，用这些东西来使死者安息，其结果会怎么样呢？

民之于利也，犯流矢，蹈白刃，涉血抽肝以求之[①]。野人之无闻者[②]，忍亲戚、兄弟、知交以求利[③]。今无此之危，无此之丑[④]，其为利甚厚，乘车食肉，泽及子孙。虽圣人犹不能禁，而况于乱？

注释

①涉dié血：形容流血多。涉，通“喋”。抽肝：残杀。

②野人：乡野之人，多指农夫。无闻：没有受过教育，没有礼义。

③忍：残忍对待。亲戚：指父母。知交：朋友。

④丑：耻辱。

译文

百姓对于利益，就是冒着飞箭、上刀山、流血剖肝的危险都要去追求它。不知道礼义的乡野之人宁可残忍对待父母、兄弟、朋友来牟取利益。如今盗墓并没有冒着这样的危险，没有面临这样的耻辱，而且获得的利润还很丰厚，可以坐着车吃着肉，福泽延及子孙，即使是圣人治理的太平之世都不能够禁止，更何况是乱世呢？

国弥大[①]，家弥富，葬弥厚。含珠鳞施[②]，夫玩好货宝[③]，钟鼎壶滥[④]，舆马衣被戈剑，不可胜其数[⑤]。诸养生之具[⑥]，无不从者。题凑之室[⑦]，棺椁数袭[⑧]，积石积炭，以环其外。奸人闻之，传以相告。上虽以严威重罪禁之，犹不可止。且死者弥久，生者弥疏；生者弥疏，则守者弥怠；守者弥怠而葬器如故，其势固不安矣。

注释

①弥：越。

②含珠：古代贵族丧礼，人死后，放在死者口中的珍珠称“含珠”。如果放的是玉，则称“含玉”。含，也作“琀”。鳞施：古代贵族丧礼，用金线连缀玉片而成，套在死者身上，玉片呈鳞状，故称“鳞施”。

③玩好货宝：供玩赏的奇珍异宝。

④滥：通“鉴”，类似于今之浴盆。

⑤胜：尽。

⑥具：器物。

⑦题凑：古代贵族死后，椁室用厚木累积而成，这种厚木多用粗细一致的树干制成，两头皆可见带有颜色的木心，大心的一头向内，故称题凑。题，头。凑，聚。

⑧袭：层，重。

译文

国越大，家越富，埋葬就越丰厚。死者口中含珠，身上佩玉，供玩赏的奇珍异宝，财货宝物，钟鼎壶盆，车马衣被，金戈宝剑，数不胜数。各种养生的器物没有不跟着陪葬的。椁室用大厚木累积而成，棺椁数层，四周堆积着石头木炭。坏人听到这个消息，就奔走相告，君上虽然用严刑重罪来禁止盗墓，但仍然不能够禁止。而且死者死去的时间越久，活着的人对他们的感情就越疏远；活着的人越疏远，守墓人就越懈怠；守墓人愈加懈怠，而陪葬的物品仍同原来一样，这种形势自然就不安全了。

世俗之行丧，载之以大輴[①]，羽旄旌旗如云，偻翣以督之[②]，珠玉以佩之[③]，黼黻文章以饬之[④]，引绋者左右万人以行之[⑤]，以军制立之然后可[⑥]。以此观世[⑦]，则美矣，侈矣[⑧]；以此为死，则不可也。苟便于死，则虽贫国劳民[⑨]，若慈亲孝子者之所不辞为也[⑩]。

注释

①輴 chūn：运载灵柩的车。

②羽旄旌旗：指带有各种装饰的旗帜。旄，竿顶用旄牛尾为装饰的旗。旌，用旄牛尾和彩色鸟羽作竿饰的旗。偻：丧车盖上的装饰物。翣 shà：用羽毛制成的扇状棺饰，有柄，灵车行时持之在两旁随行。督：护翼。

③佩：装饰。

④黼黻 fǔ fú：古代礼服上绘绣的华美花纹。黑白相间的花纹叫黼，青黑相间的花纹叫黻。文章：错杂的色彩或花纹。饬：通“饰”。

⑤绋 fú：牵引柩车的绳索。

⑥军制：军法。立：通“莅”，临。

⑦观世：显示给世人看。

⑧侈：盛大。

⑨贫、劳：使动用法，使……贫困，使……劳苦。

⑩不辞为：不推辞而去做。

译文

世俗的人举行葬礼，用灵车载着棺柩，打着招展如云的旗帜，灵车上饰有带云气纹的偻翣，随灵车严整而行，棺柩上装点缀着珠玉，涂饰着各种花纹，灵车左右成千上万的人拉着灵柩的大绳前行，用军法指挥送葬队伍才行。用这种排场显示给世人看，是挺华美奢侈的；但是用这种方法想令死者安宁，那是不可以的。如果这样做真对死者有好处的话，那么即使这样做会使国家贫穷、百姓受苦，慈亲孝子也是不会拒绝而要去做的。

异 用

题解

《异用》是《孟冬纪》的第五篇。本文说明了对物的使用不同，是治乱、存亡、死生的根本原因，使用不同便会得到不同的结果。文章列举了三位古代圣贤的事例来说明这个道理，即商汤网开三面而使四十个国家归顺，周文王更葬尸骸而博得天下人之心，孔子用六尺之杖晓谕贵贱亲疏的不同，这些都反映了儒家尊礼仪、讲仁爱的思想。

万物不同[①]，而用之于人异也，此治乱、存亡、死生之原[②]。故国广巨，兵强富，未必安也；尊贵高大，未必显也：在于用之。桀、纣用其材而成其亡，汤、武用其材而成其王。

注释

①万物不同：依陈昌齐之说，“不”当为衍文，根据文义，应为“万物同”。

②原：根本。

译文

万物对任何人都是一样的，但人们使用它们却各不相同，这是治乱、存亡、生死的根本。因此，国土广阔，兵力强盛，未必安定；尊贵富有，未必显赫：关键在于如何使用它们。夏桀、商纣运用他们的才智却造成了自己的灭亡，商汤、周武王运用他们的才智而成就了自己的王业。

汤见祝网者[1]，置四面[2]，其祝曰："从天坠者，从地出者，从四方来者，皆离吾网[3]。"汤曰："嘻！尽之矣。非桀，其孰为此也？"汤收其三面，置其一面，更教祝曰[4]："昔蛛蝥作网罟[5]，今之人学纾[6]。欲左者左，欲右者右，欲高者高，欲下者下，吾取其犯命者[7]。"汉南之国闻之曰[8]："汤之德及禽兽矣。"四十国归之[9]。人置四面，未必得鸟；汤去其三面，置其一面，以网其四十国，非徒网鸟也[10]。

注释

①祝：向神祷告求福。

②置四面：四面设网。

③离：通"罹"，遭受。

④更：重新。

⑤蛛蝥 máo：即蜘蛛。罟 gǔ：网。

⑥纾：通"杼"，本指织布梭，这里是纺织的意思。

⑦犯命：触犯天命。

⑧汉南：汉水以南。汉水，即汉江。

⑨归：归顺。

⑩徒：只，只是。

译文

商汤在郊外看到有个猎人四面设网，并见他祈祷说："从天上坠落下来的，从地上生出来的，从四方来的，让它们都落入我的罗网吧。"汤说："嗨！真那样的话，禽兽就被网杀光了。除了夏桀，谁还会这样做呢？"汤收起了三面的网，只在一面设网，重新教给那人祈祷说："从前蜘蛛结网，现在的人也学习织网。禽兽想往左的就往左，想往右的就往右，想往高处去的就往高处去，想往低处去的就往低处去，我只捕猎那些触犯天命的。"汉水以南的国家听说这件事后说："商汤的德行连禽兽都惠及到了。"于是有四十个国家归顺了汤。那个在四面设网的人，未必能捕获到鸟；汤撤去其中三面，只保留一面的网，却因此得到了四十个国家的归顺，他不仅仅是捕到了鸟啊。

周文王使人抇池[①]，得死人之骸。吏以闻于文王[②]，文王曰："更葬之。"吏曰："此无主矣。"文王曰："有天下者，天下之主也；有一国者，一国之主也。今我非其主也[③]？"遂令吏以衣棺更葬之。天下闻之曰："文王贤矣！泽及髊骨[④]，又况于人乎？"或得宝以危其国[⑤]，文王得朽骨以喻其意[⑥]，故圣人于物也无不材[⑦]。

注释

①扣：挖掘。

②闻：禀告。

③也：通“邪”，表疑问。

④泽：恩泽，恩惠。髊 cī：肉未烂尽的骸骨。

⑤或：有的人。

⑥喻：使人知晓，明白。

⑦材：以之为材。

译文

周文王派人挖掘池塘，挖出了具死人的尸骸，官吏把这件事禀告了文王，文王说：“换个地方重新安葬他。”官吏说：“这尸骨是没有主的。”文王说：“抚恤天下的人，就是天下之主，抚恤一国的人，就是一国之主。现在难道我不是它的主人吗？”于是让官吏用衣棺把那具尸骸重新葬在了别的地方。天下百姓听说这件事情后说：“文王真是贤明啊！恩泽惠及到死人的尸骸，又何况活着的人呢？”有的人得到了宝物，却使自己的国家陷入危难，文王得到一具枯朽的尸骸，却能用它来表明自己的仁德，所以，圣人对待万物，没有不可以利用的。

孔子之弟子从远方来者，孔子荷杖而问之曰[①]：“子之公不有恙乎[②]？”搏杖而揖之[③]，问曰：“子之父母不有恙乎？”置杖而问曰[④]：“子之兄弟不有恙乎？”杙步而倍之[5]，问曰：“子之妻子不有恙乎？”故孔子以六尺之杖，谕贵贱之等，辨疏亲之义，又况于以尊位厚禄乎？

注释

①荷hè：扛。
②公：祖父。恙：灾病，忧患。
③搏杖：扶杖。揖：拱手行礼。
④置杖：拄杖。置，立。
⑤杙yì步：即“曳步”，拄杖慢行。

译文

孔子的弟子从远方而来的，孔子都会扛着手杖问候他道：“你的祖父没有灾病吧？”然后持杖拱手行礼，问候道：“你的父母没有灾病吧？”又拄着手杖问候道：“你的兄弟没有灾病吧？”最后拄着杖转身问道：“你的妻儿没有灾病吧？”所以，孔子仅用六尺长的手杖，就表明了贵贱的等级，辨明了亲疏的关系，又何况是用尊贵的爵位、丰厚的俸禄呢？

古之人贵能射也，以长幼养老也[1]。今之人贵能射也，以攻战侵夺也。其细者以劫弱暴寡也[2]，以遏夺为务也[3]。仁人之得饴[4]，以养疾侍老也。跖与企足得饴[5]，以开闭取楗也[6]。

注释

①长幼养老：抚育幼儿，赡养老人。长、老，皆作动词用。

②其细者：指“今之人”中地位卑微的小人。劫：掠夺。暴：欺凌，凌辱。寡：指势孤力单的人。

③遏夺：拦路抢劫。

④饴：用麦芽制成的糖稀。

⑤跖：人名，传说是春秋战国之际奴隶起义的领袖，先秦古籍中多诬称之为“盗跖”。据传，他率领数千人，与奴隶主贵族进行斗争。企足：即庄跻qiāo，传说是战国时期楚国的奴隶起义领袖。

⑥闭：门闩的孔。楗：关门的木闩。

译文

古代的人重视射箭的技艺，是用来抚育幼儿、赡养老人的。现在的人同样重视射艺，却用来攻伐和侵略。那些地位卑微的小人更是凭借射艺来掠夺弱小的人，欺凌势孤力单的人，以拦路抢劫为事。仁爱的人得到饴糖，用来保养病人，侍奉老人。跖与庄蹻得到饴糖，却用来拔闩开门，以便盗窃他人财物。

仲冬纪第十一

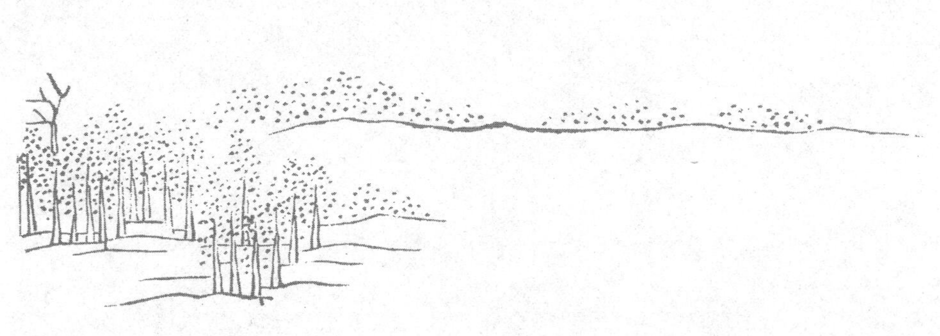

当务

题解

《当务》是《仲冬纪》的第四篇。当务，就是说办事要合乎时务。文章开头即指出“辨而不当论，信而不当理，勇而不当义，法而不当务”四点是“大乱天下者”，继而列举了跖论盗道、楚“直躬者”告发其父、齐“好勇者”自食其肉以及商太史据法力争立纣等事例进行说明，反映了儒家学派的思想。

辨而不当论[①]，信而不当理[②]，勇而不当义，法而不当务[③]，惑而乘骥也[④]，狂而操吴干将也[⑤]，大乱天下者，必此四者也[⑥]。所贵辨者，为其由所论也[⑦]；所贵信者，为其遵所理也；所贵勇者，为其行义也；所贵法者，为其当务也。

注释

①辨：通“辩”，辩论。当：合。论：通“伦”，理，道理。

②信：诚实。理：理义。

③法：守法。

④惑：迷惑。骥：良马。

⑤狂：疯癫。操：拿。干将：古剑名。相传春秋时，

吴人干将、莫邪夫妇善铸剑，共造阴阳二剑，锋利无比，阳称“干将”，阴称“莫邪”。

⑥四者：即上文“辨而不当论，信而不当理，勇而不当义，法而不当务”四句所言。

⑦所：依陶鸿庆之说，“所论”及下文“所理”之两“所”字当为衍文。

译文

辩论但不符合道理，诚实但不符合理义，勇敢但不符合仁义，守法但不符合时务，就像迷惑的人骑着良马，疯狂地拿着宝剑挥舞。使天下混乱的，一定就是这四种情况。辩论之可贵，在于它所遵从的道理；诚实之可贵，在于它遵循理义；勇敢之可贵，在于它实行仁义；守法之可贵，在于它符合时务。

跖之徒问于跖曰[①]：“盗有道乎？”跖曰：“奚啻其有道也[②]？夫妄意关内[③]，中藏[④]，圣也；入先[⑤]，勇也；出后[⑥]，义也；知时[⑦]，智也；分均[⑧]，仁也。不通此五者而能成大盗者，天下无有。”备说非六王、五伯[⑨]，以为尧有不慈之名[⑩]，舜有不孝之行[⑪]，禹有淫湎之意[⑫]，汤、武有放杀之事[⑬]，五伯有暴乱之谋[⑭]。世皆誉之，人皆讳之[⑮]，惑也。故死而操金椎以葬[⑯]，曰：“下见六王、五伯，将敲其头矣[⑰]！”辨若此不如无辨。

注释

①徒：党徒。

②奚：何。啻chì：只，仅仅。

③妄意：臆测，凭空推测。关内：指门之内。关，门闩，此指门。

④中zhòng：猜中。藏：室内所藏之物。

⑤入先：带头先进入。

⑥出后：最后离开。

⑦知时：知道行窃的时机。

⑧分均：分财均匀。

⑨备：具体，细密。非：非难。六王：指尧、舜、禹、汤、文、武。五伯：即春秋五霸，有齐桓公、晋文公、宋襄公、楚庄王、秦穆公之说，亦有齐桓公、晋文公、楚庄王、吴王阖闾、越王勾践之说。

⑩尧有不慈之名：传说尧杀害其子丹朱，故有“不慈”之名。

⑪舜有不孝之行：传说舜娶尧女而不告父母，放逐其父瞽瞍，故有“不孝”之名。

⑫禹有淫湎之意：传说帝女令仪狄造酒，进献给禹，禹饮后认为甘美，故有“淫湎”之说。

⑬汤、武有放杀之事：汤革夏命，放夏桀于南巢；武王伐纣，纣在鹿台自焚而死。此皆所谓以臣弑主，故有“放杀”之说。

⑭五伯有暴乱之谋：载籍称春秋无义战，五霸为争夺霸主，相互征伐，骨肉相残，兼并小国，杀人

盈野，故有“暴乱”之说。

⑮讳：避讳。之：指代上文的“不慈之名”“不孝之行”“淫湎之意”“放杀之事”“暴乱之谋”。

⑯操：持，握。椎 chuí：槌。

⑰敲：通“敲”，击。

译文

跖的党徒问跖说：“盗窃也有道义吗？”跖回答说：“何止是有道义？妄想窃取室内的财物，猜中了就是圣人；带头先进去就是勇敢；最后离开就是讲义气；知道行窃时机，就是有智慧；分财均匀就是仁义。不懂得这五点却能成为大盗的，天下还没有。”跖有一套具体细密的说法非难六王、五霸，认为尧有不慈爱的名声，舜有不孝顺的行为，禹有沉溺酒色的意图，汤王有流放桀、武王有杀害纣的罪行，五霸有暴乱天下的阴谋。然而世上的人都赞誉他们，人人都忌讳谈他们的罪行，真是糊涂。所以跖吩咐自己死后，要拿着金槌下葬，说：“死后下到黄泉，见到六王、五霸，将要用金槌敲击他们的头。”辩论要是像这样，还不如不辩论。

楚有直躬者[①]，其父窃羊而谒之上[②]。上执而将诛之[③]。直躬者请代之。将诛矣，告吏曰：“父窃羊而谒之，不亦信乎[④]？父诛而代之，不亦孝乎？信且孝而诛之，国将有不诛者乎？”荆王闻之[⑤]，乃不诛也。孔子闻之曰：“异哉！直躬之为信也。一父而载取名焉[⑥]。”故直躬之信，不若无信[⑦]。

注释

①直躬：以直道立身。《论语·子路》：“吾党有直躬者，其父攘羊，而子证之。”

②谒：告发。上：官府。

③诛：处死。

④信：诚实。

⑤荆王：即楚王。

⑥载：通“再”，两次。

⑦直躬之信，不若无信：儒家主张“子为父隐”，“直躬之信”违背了此道义，故有“不若无信”之说。

译文

楚国有个叫直躬的人，他的父亲偷了一只羊，他告发到官府上，官府逮捕了他的父亲，将要处死。直躬请求代替他的父亲去死。将要处决的时候，他告诉官吏说：“我的父亲偷了羊，我告发他，不就是诚实吗？我的父亲将要被处死，我请求代替他，不是孝顺吗？诚实而且孝顺的人都要被杀掉，国家还有不被杀的人吗？”楚王听说后，就不杀他了。孔子听说这件事后，说：“奇怪啊！直躬这样的诚信，是利用了一个父亲而两次为自己取得了好名声。”所以像直躬这样的诚实，还不如不诚实。

齐之好勇者[①]，其一人居东郭[②]，其一人居西郭。

卒然相遇于涂[③]，曰："姑相饮乎[④]？"觞数行[⑤]，曰："姑求肉乎？"一人曰："子，肉也；我，肉也；尚胡革求肉而为[⑥]？于是具染而已[⑦]。"因抽刀而相啖[⑧]，至死而止。勇若此，不若无勇。

注释

①好勇：好夸耀自己的勇敢。

②郭：外城。

③卒然：通"猝然"，突然，意外地。涂：通"途"，道路。

④姑：姑且。

⑤觞：古代饮酒器，这里用作动词，即举杯饮酒。数行：指饮过几遍酒。

⑥尚：又。胡：何。革：更，另外。

⑦具：备办。染：豆豉之类的调味品。

⑧啖：吃。

译文

齐国有两个好夸耀自己勇敢的人，一个住在东城外，一个住在西城外。一天，突然在路上相遇，彼此就说："姑且一起喝酒吧？"饮酒数杯后，又说："不如找点肉吃？"其中一个说："你身上有的是肉，我身上有的是肉，何必另找其他肉呢？只要在这里准备好豉酱就行了。"于是，两人抽刀互相割下身上的肉来吃，一直吃到死。勇敢要像这样，还不如不勇敢。

纣之同母三人，其长曰微子启[①]，其次曰中衍[②]，其次曰受德。受德乃纣也[③]，甚少矣。纣母之生微子启与中衍也，尚为妾，已而为妻而生纣。纣之父、纣之母欲置微子启以为太子[④]，太史据法而争之曰："有妻之子，而不可置妾之子[⑤]。"纣故为后[⑥]。用法若此，不若无法。

注释

①微子启：周代宋国的始祖。帝乙长子，殷纣王的庶兄，子姓，名启，封于微地。因见纣王淫乱，数次谏言，纣王不听，遂逃亡。周克殷后，封之于宋。

②中衍：即仲衍，帝乙次子。微子死后，继为宋国国君。

③受德乃纣也：纣王无此名，所载与他书不同，疑有误。纣、受音相乱，故古籍载其名以纣、受两用，但皆无"德"字。

④置：立。

⑤而：则，乃，就。

⑥后：王位继承人。

译文

纣王同母的兄弟共有三人，最大的叫微子启，老二叫中衍，最小的叫受德。受德就是纣王，年龄最小。纣王的母亲生微子启和中衍的时候还是妾，后来成为正妻才生下纣。纣的父母想立微子启做太子，太史根据法典争辩说：“有正妻的儿子就不可以立妾的儿子。”纣王因此成为王位继承人。像这样执行法典，还不如没有法典。

季冬纪第十二

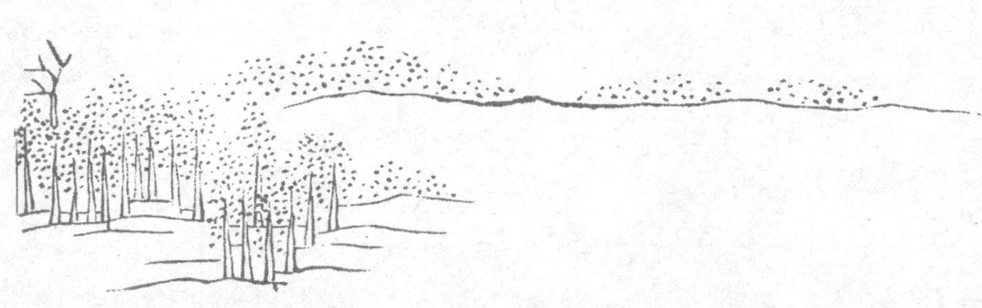

士节

题解

《士节》是《季冬纪》的第二篇，论述了士所应该具有的气节，即“当理不避其难，临患忘利，遗生行义，视死如归”。文章记述了齐国的北郭骚因悦晏子之义而以死为晏子洗清冤屈的事迹，阐明了“士节”的重要性，“大者定天下，其次定一国，必由如此人者也”，强调国君“欲立大功名”，当以寻求这样有气节的士为要务。

士之为人，当理不避其难[①]，临患忘利，遗生行义[②]，视死如归。有如此者，国君不得而友[③]，天子不得而臣[④]。大者定天下，其次定一国，必由如此人者也[⑤]。故人主之欲大立功名者，不可不务求此人也[⑥]。贤主劳于求人，而佚于治事[⑦]。

注释

①当：在，合。

②遗生：舍生。

③友：用作动词，交友。

④臣：使动用法，使……称臣。

⑤由：用。

⑥务：致力。

⑦佚：通“逸”，安逸。

译文

士的为人，在理不回避危难，面临祸患忘记个人利益，宁愿舍弃生命，也要施行仁义，视死如归。有这样的人，国君都无法与他交友，天子也不能够以他为臣。大到可以平定天下，其次可以平定一个国家，一定是用这样的人。所以，君主想要建立大功业，不可以不致力于寻求这样的人。贤能的君主在求才方面下工夫，而对治理政事则采取超脱的态度。

齐有北郭骚者[①]，结罘罔[②]，捆蒲苇[③]，织萉屦[④]，以养其母，犹不足，踵门见晏子曰[⑤]：“愿乞所以养母[⑥]。”晏子之仆谓晏子曰：“此齐国之贤者也。其义不臣乎天子，不友乎诸侯，于利不苟取，于害不苟免。今乞所以养母，是说夫子之义也[⑦]，必与之[⑧]。”晏子使人分仓粟、分府金而遗之[⑨]，辞金而受粟[⑩]。

注释

①北郭骚：春秋时齐国的隐士。“北郭”为复姓。

②罘 fú 罔：捕兽的网。

③捆：砸。编蒲苇时要边编边砸，使之牢固。

④萉 fèi：麻。屦 jù：鞋。

⑤踵门：走到门前。晏子：春秋时齐国正卿，名婴，字平仲，夷维（今山东高密）人。连任灵、庄、

景三朝正卿，执政五十余年，以节俭力行、恭谨下士著称于世，敢于直谏，又有杰出的外交才能。

⑥所以养母：用以养母的办法，此指粮食。

⑦说：通“悦”，悦服，折服。

⑧与：相当于今之“予”，给予。

⑨府：国家储藏财物的地方。

⑩辞：谢绝。

译文

齐国有个叫北郭骚的人，靠结兽网、编蒲苇、织麻鞋来奉养他的母亲，却还不能满足基本生活，于是他到晏子的门前拜见晏子说：“希望能够得到供养母亲的粮食。”晏子的家仆对晏子说：“这是齐国的贤能之人，他有气节和义气，不向天子称臣，不与诸侯为友，对于财利不苟且拿取，对于祸害不苟且逃避。现在他向您乞求供养母亲的食物，这是对您的君子道义的悦服，一定要给他。”晏子就派人把仓中的粮食和府库中的金钱分送给他，北郭骚谢绝了金钱而接受了粮食。

有间①，晏子见疑于齐君②，出奔③，过北郭骚之门而辞④。北郭骚沐浴而出见晏子⑤，曰：“夫子将焉适⑥？”晏子曰：“见疑于齐君，将出奔。”北郭子曰：“夫子勉之矣。”晏子上车，太息而叹曰：“婴之亡岂不宜哉？亦不知士甚矣。”晏子行。

注释

①有间：过了不久。

②见疑：被猜忌。齐君：此指齐景公。

③出奔：逃亡国外避难。

④辞：辞行，告别。

⑤沐浴而出见：洗发浴身而出见，表示恭敬有礼。

⑥焉适：到哪里去。适，到……去。

译文

过了不久，晏子被齐王猜疑，出逃他国，经过北郭骚的门前向他辞别。北郭骚洗发浴身，恭敬地出来会见晏子，说："您将到哪里去呢？"晏子说："我被齐王猜疑，所以将要逃亡。"北郭骚说："先生努力逃跑吧。"晏子上了车，长叹说："我的逃亡难道不应该吗？我太不了解你们这些士人了。"晏子走了。

北郭子召其友而告之曰："说晏子之义[①]，而尝乞所以养母焉。吾闻之曰：'养及亲者，身伉其难[②]。'今晏子见疑，吾将以身死白之[③]。"著衣冠[④]，令其友操剑奉笥而从[⑤]，造于君庭[⑥]，求复者曰[⑦]："晏子，天下之贤者也，去则齐国必侵矣[⑧]。必见国之侵也，不若先死。请以头托白晏子也[⑨]。"因谓其友曰："盛吾头于笥中奉以托。"退而自刎也。其友因奉以托。其友谓观者曰："北郭子为国故死[⑩]，吾将为北郭子死也。"又退而自刎。

注释

①说：通“悦”，悦服。

②伉：当，分担，承担。

③白：洗清冤诬。

④著 zhuó：穿戴。

⑤奉：捧。笥 sì：古时用以盛衣物或者饭食的方形竹器。

⑥造：到，去。

⑦复者：指宫廷门卫中负责传话禀报的下级官吏。

⑧侵：被动用法，被侵略。

⑨托：托付。

⑩国故：国家遭受的大变故。

译文

北郭骚召集他的朋友，告诉他说：“我很悦服晏子的道义，曾向他乞求供养母亲的粮食。我听说：‘养士能惠及他的父母亲的，士也应为他承担危难。’现在晏子受到猜疑，我将要用自己的死来为他洗清冤诬。”于是，北郭骚穿戴好衣帽，叫他的朋友拿着宝剑捧着竹盒跟从着他，到了齐国的宫廷，向通报的人请求说：“晏子是天下贤能的人，他若离开了，那么齐国就一定会遭到侵略。与其看到国家被人侵，还不如先死了。请用我的头来洗清晏子的冤屈。”于是对他的朋友说：“把我的头盛在竹盒中，捧去交托给通报的人。”说罢，退后几步就自刎而死了。他的朋友就捧着盛着头的竹盒交付给通报的官吏。然后对旁观的人说：“北郭骚是为了国难而死的，我将为北郭骚而死。”说罢，又退后几步自刎而死了。

齐君闻之，大骇[①]，乘驲而自追晏子[②]，及之国郊[③]，请而反之[④]。晏子不得已而反，闻北郭骚之以死白己也，曰：“婴之亡岂不宜哉？亦愈不知士甚矣[⑤]。”

注释

①骇：震惊。

②驲 rì：古代驿站专用的车。

③及：追赶。郊：上古时代称国都城外百里以内为郊。

④反：通“返”，使动用法，使……返回。

⑤甚：更加。

译文

齐王听说了这件事之后，十分震惊，乘坐驿车亲自去追赶晏子，追到了国都城外才追赶上，齐王恳请晏子回去。晏子不得已才返回，听说北郭骚用他的死来为自己表明清白，就说：“我的逃亡难道不应该吗？我更加不了解士了。”

不 侵

题解

《不侵》是《季冬纪》的第五篇。不侵，意思是不可侵犯，本文主要指的是士的不可侵犯。文章列举了豫让誓死为智氏报仇和公孙弘为其主孟尝君回应秦昭王的挑衅，终不辱君命的事例，表明人主对“自己”持什么样的态度，则报之以同样的态度，上至国君，下至平民，亦皆如此。强调君主“必自知士”，士才会“尽力竭智”，临危不惧，为知己者死。

天下轻于身①，而士以身为人②。以身为人者，如此其重也，而人不知，以奚道相得③？贤主必自知士④，故士尽力竭智，直言交争⑤，而不辞其患。豫让、公孙弘是矣⑥。当是时也，智伯、孟尝君知之矣。世之人主，得地百里则喜，四境皆贺；得士则不喜，不知相贺：不通乎轻重也。

注释

①轻于身：比自身轻。

②以身为人：为他人献身。

③以：依王念孙之说，当为衍。奚道：何由。相得：

相知，互相融洽，互相投合。

④自知：亲自了解。

⑤交争：相谏。争，同“诤”，诤谏。

⑥豫让：春秋末晋国人。晋卿智瑶的家臣，智氏被赵、韩、魏灭掉之后，他更改姓名，漆身吞炭，誓杀赵襄子，未遂，自杀而死。公孙弘：战国时孟尝君的门客。因为孟尝君所知，故为之不受折于秦。

译文

天下比自身轻，而士能为他人献身。为他人献身的人是这样的难能可贵，若不为人们了解，那怎么能与他们互相融洽呢？贤明的君主一定是亲自了解士，所以士能为他竭尽全部心力和智慧，敢于直言相谏，而不躲避因此而带来的灾祸，豫让、公孙弘就是这样的士。在那个时候，智伯、孟尝君可称得上了解他们。世上的君主得到百里的土地就十分欢喜，四境之内全部都来庆贺；得到贤士却不高兴，也没人庆贺，这是不通晓轻重啊。

汤、武，千乘也[①]，而士皆归之。桀、纣，天子也，而士皆去之。孔、墨，布衣之士也[②]，万乘之主、千乘之君不能与之争士也。自此观之，尊贵富大不足以来士矣[③]，必自知之然后可。

注释

①千乘：指具有千辆兵车的诸侯国。

②布衣：庶人之服，此指平民百姓。

③来：使动用法，使……来，招来。

译文

商汤、周武王只是拥有千辆兵车的诸侯，然而士都归顺他们。夏桀、殷纣是天子，然而士都离开了他们。孔子、墨子是普通的平民百姓，但拥有千万辆兵车的君主却无法与他们争夺士。由此看来，尊贵富有不足以招徕士，君主一定要亲自了解士然后才可以得士。

豫让之友谓豫让曰："子之行何其惑也①？子尝事范氏、中行氏②，诸侯尽灭之③，而子不为报④；至于智氏，而子必为之报，何故？"豫让曰："我将告子其故。范氏、中行氏，我寒而不我衣⑤，我饥而不我食，而时使我与千人共其养，是众人畜我也⑥。夫众人畜我者，我亦众人事之。至于智氏则不然，出则乘我以车，入则足我以养⑦，众人广朝⑧，而必加礼于吾所⑨，是国士畜我也。夫国士畜我者，我亦国士事之。"豫让，国士也，而犹以人之于己也为念，又况于中人乎⑩？

注释

①惑：使人迷惑，令人不解。

②范氏：即春秋时期晋国的贵族士氏，因食邑范地，故称范氏。此指范吉射。中行氏：即春秋时期晋国的贵族荀氏，因荀林父为中行主将，遂以中行为氏。此指中行寅。

③诸侯：指晋国智、韩、赵、魏诸家。

④报：报仇。

⑤不我衣：即“不衣我”，不给我衣穿。

⑥众人畜我：像畜养众人那样来对待我。

⑦足：满足。

⑧众人广朝：大庭广众。朝，朝会。

⑨所：所在之处。

⑩中人：一般人。

译文

豫让的朋友对豫让说：“你的行为怎么那么令人不解呢？你曾经侍奉过范氏、中行氏，诸侯把他们都灭掉了，而你不为他们报仇；到了智氏，你却一定要为他报仇，为什么呢？”豫让说：“我将告诉你其中的缘故。侍奉范氏、中行氏的时候，我寒冷的时候却不给我衣穿，我饥饿的时候却不给我饭吃，并且时常让我跟上千的门客一起接受相同的衣食，这是把我当作和众人一样来养活我。他既然用对待众人的态度来畜养我，我也用和众人一样的办法来侍奉他。至于智氏就不是这样，出门就给我车乘，我回来就供给我充足的衣食，在大庭广众之中，对我一定给予特殊的礼遇，这是用对待国士的态度来对待我。凡是用对待国士的态度对待我的，我也用国士应有的态度去侍奉报答他。”豫让是国士，尚且还以别人对待他的态度来考虑，又何况是一般人呢？

孟尝君为从[1]，公孙弘谓孟尝君曰：“君不若使人西观秦王。意者秦王帝王之主也[2]，君恐不得为臣，何暇从以难之[3]？意者秦王不肖主也，君从以难之未晚也。”孟尝君曰：“善。愿因请公往矣[4]。”公孙弘敬诺，以车十乘之秦[5]。秦昭王闻之[6]，而欲丑之以辞[7]，以观公孙弘。公孙弘见昭王，昭王曰：“薛之地小大几何[8]？”公孙弘对曰：“百里[9]。”昭王笑曰：“寡人之国，地数千里，犹未敢以有难也[10]。今孟尝君之地方百里，而因欲以难寡人犹可乎？”公孙弘对曰：“孟尝君好士，大王不好士。”昭王曰：“孟尝君之好士何如？”公孙弘对曰：“义不臣乎天子[11]，不友乎诸侯[12]，得意则不惭为人君[13]，不得意则不肯为人臣，如此者三人。能治可为管、商之师[14]，说义听行，其能致主霸王[15]，如此者五人。万乘之严主辱其使者[16]，退而自刎也，必以其血污其衣，有如臣者七人。”昭王笑而谢焉[17]，曰：“客胡为若此？寡人善孟尝君[18]，欲客之必谨谕寡人之意也[19]。”公孙弘敬诺。公孙弘可谓不侵矣[20]。昭王，大王也[21]；孟尝君，千乘也。立千乘之义而不克凌[22]，可谓士矣。

注释

①从 zòng：同“纵”，指合纵。战国时，秦在西方，

六国在东，南北纵向相连，联合抗秦，故称合纵。

②意者：表推测，抑或，大概，或许。

③难：抵抗。

④因：就。

⑤之：往，去。

⑥秦昭王：即秦昭襄王，战国时秦国国君。嬴姓，名稷。公元前 306 ～前 251 年在位。在位期间，大力东扩，连破六国合纵之势，夺取了许多战略要地，使秦国实力取得了压倒六国的优势，为秦统一全国奠定了基础。

⑦丑：羞辱。辞：言辞。

⑧薛：孟尝君封地，在今山东滕州市东南。

⑨百里：方圆百里。

⑩以有难：据以跟谁作对。

⑪臣：称臣。

⑫友：交友。

⑬惭：惭愧。

⑭管、商：指管仲、商鞅。

⑮霸王：用作动词，称霸称王。

⑯严：尊严，尊威。

⑰谢：表示歉意，道歉。

⑱善：与……友好。

⑲谨谕：郑重转达。

⑳不侵：不可侵犯。

㉑大王：大国之王。

㉒凌：侮辱。

译文

孟尝君合纵抗秦，公孙弘对孟尝君说："您不如派人往西去观察下秦王的情况。或许秦王是个能够成就帝王之业的君主，您恐怕连做他的臣子都不可能，哪有空闲去参加合纵跟他作对呢？或许秦王是个不肖的君主，那时您再参加合纵跟他作对也不晚。"孟尝君说："好。那就请您去一趟吧。"公孙弘恭敬地答应了，于是带着十辆车去往秦国。秦昭王听说这件事后，就想用言辞羞辱公孙弘，借以观察他。公孙弘拜见秦昭王，昭王说："薛那个地方有多大？"公孙弘回答说："方圆百里。"昭王笑着说："我的国家，土地数千里，还不敢据此来跟谁作对。现在孟尝君的土地才方圆百里，就想据此来跟我作对，这能行吗？"公孙弘回答说："孟尝君好士，大王您不好士。"昭王说："孟尝君好士又怎么样？"公孙弘回答说："信守道义，不向天子称臣，不与诸侯交友，得志则做人君也毫不惭愧，不得志则连人臣也不肯做，像这样的士，孟尝君那里有三人。善于治理国家，可以做管仲、商鞅的老师，所阐述的主张如果能被君主听从施行，他们的能力就能使君主称霸称王，像这样的士，孟尝君那里有五人。担任使者，遭受到拥有万辆兵车的大国威严的国君的侮辱，他们就会退下自刎而死，但死时一定用自己的血溅污对方的衣服，像臣下我这样的，孟尝君那里有七人。"昭王笑而道歉说："您何必如此？我与孟尝君很友好，希望您一定要郑重地转达我的心意。"公孙弘恭敬地答应了。公孙弘可称得上是不可侵犯了。昭王是大国国君，孟尝君只是拥有千乘兵车之力的封邑之主，能树立起千乘小国的威严正义，使之不受侮辱，真可以称得上士了。

有始览

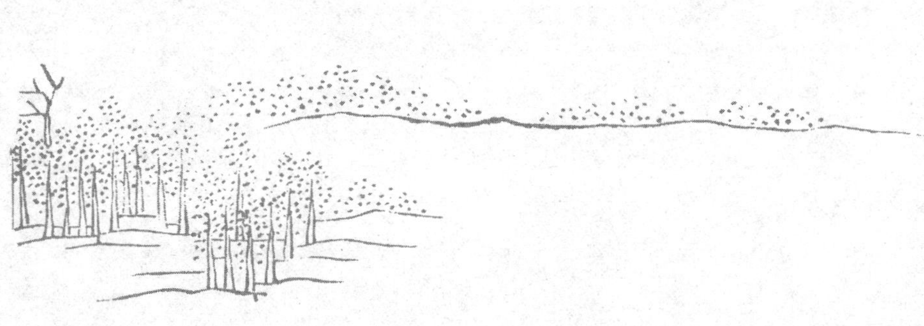

应　同

题解

《应同》是《有始览》的第二篇，旧作《名类》。所谓应同，即同类事物相从、相召。本篇首段来源于邹衍的“五德终始说”，作者借“五德终始说”来鼓吹要顺应天下形势，是在为秦国统一天下寻求理论依据。通过“天为者时，而不助农于下”告诫统治者不要失掉统一天下的时机。文章引用了许多普通但意义深刻的自然现象和社会现象来说明“类固相召，气同则合，声比则应”的道理，并以此阐述了人的吉凶祸福和国家的治乱存亡，皆是自身行为所造成的观点，主张人们应当尽人事以避祸求福。对于君主来说，要想使国家免受他国攻伐，“惟治为足”，只有把国家治理好，才能制止别国的入侵。

凡帝王者之将兴也，天必先见祥乎下民[①]。黄帝之时，天先见大螾大蝼[②]。黄帝曰：“土气胜[③]。”土气胜，故其色尚黄[④]，其事则土[⑤]。及禹之时，天先见草木秋冬不杀[⑥]。禹曰：“木气胜。”木气胜，故其色尚青，其事则木。及汤之时，天先见金刃生于水[⑦]。汤曰：“金气胜。”金气胜，故其色尚白，其事则金。及文王之时，天先见火赤乌衔丹书集于周社[⑧]。文王曰：“火气胜。”火气胜，故其色尚赤，其事则火。代火者必将水，天且先见水气胜。水气胜，故其色尚黑，其事则水。水气至而不知，数备⑨，将徙于土。

注释

①见：同“现”，显现。祥：征兆，祥瑞。

②螾：同“蚓”，即蚯蚓。蝼：蝼蛄。一种昆虫，生活在泥土中。

③胜：超过，此处指旺盛的意思。

④尚：崇尚。

⑤则：效法。

⑥杀：凋零。

⑦金刃：金属兵器。

⑧火赤乌：由火幻化而成的赤色大鸟。集：止。周社：周人祭祀上神的地方。

⑨数备：气数已经具备，即天命已经注定。

译文

凡是古代帝王将要兴起的时候，上天必定要先向天下人显示出征兆来。黄帝的时候，上天先显现出大蚯蚓、大蝼蛄。黄帝说：“这是土气旺盛。”土气旺盛，所以黄帝时的服色崇尚黄色，做事情取法土的颜色。到了夏禹的时候，上天先显现出草木到秋冬时仍不凋零的景象。夏禹说；“这是木气旺盛。”木气旺盛，所以夏朝的服色崇尚青色，做事情取法木的颜色。到了商汤的时候，上天先显现水中出现金属兵器的事。商汤说：“这是金气旺盛。”金气旺盛，所以商朝的服色崇尚白色，做事情取法金的颜色。到了周文王的时候，上天先显现由火幻化而成的赤色大鸟衔着丹书停在周朝祭祀土神的社庙上。周文王说："这是火气旺盛。"火气旺盛，所以周朝的服色崇尚赤色，做事情取法火的颜色。代替火的必定是水，而且上天将先显现水气旺盛的景象。水气旺盛，所以其服色应该崇尚黑色，做事情应该取法水的颜色。如果水气到来了，却还不知道气数已经具备，那么，气数就将要转移到土上去。

天为者时，而不助农于下。类固相召[①]，气同则合，声比则应[②]。鼓宫而宫动[③]，鼓角而角动。平地注水[④]，水流湿[⑤]；均薪施火[⑥]，火就燥[⑦]；山云草莽[⑧]，水云鱼鳞，旱云烟火，雨云水波，无不皆类其所生以示人。故以龙致雨，以形逐影[⑨]。师之所处[⑩]，必生棘楚[⑪]。祸福之所自来，众人以为命，安知其所。

注释

①类固相召：依许维遹之说，"固"当作"同"。这句话的意思是说同类事物本来就会相互感召。

②比：同。应：应和。

③鼓：用作动词，敲击。宫和角都是古代五声之一。

④平地：同样平的土地。

⑤水流湿：水往潮湿的地方流。

⑥均：均匀。薪：柴薪

⑦就：靠近，接近。

⑧草莽：草丛。

⑨以形逐影：凭着形体寻找影子。

⑩师：军队。

⑪棘楚：丛生多刺的灌木。

译文

天时有定，上天不会帮助违背农时的农事。同类事物本来就会互相感召，气味相同的就会互相投合，声音相同的就会互相响应。敲击宫音的律管，宫音就随之振动，敲击角音的律管，角音就随之振动。在同样平的地上倒水，水就会先往潮湿的地方流，在铺放均匀的柴薪上点火，火就先往干燥的地方燃烧。山上的云气像草丛的形状，水上的云气像鱼鳞的形状，天旱时的云像烟火，下雨时的云像水波。这些无不向人们来显示类似它们赖以生成的东西。所以用龙就能招来雨水，凭形体就能找到影子，军队所到之处，必定荆棘丛生。祸福的到来，人们认为是命运，哪里知道祸福到来的缘由。

夫覆巢毁卵[①]，则凤凰不至；刳兽食胎[②]，则麒麟不来；干泽涸渔[③]，则龟龙不往。物之从同[④]，不可为记[⑤]。子不遮乎亲[⑥]，臣不遮乎君。君同则来[⑦]，异则去。故君虽尊，以白为黑，臣不能听；父虽亲，以黑为白，子不能从。

注释

①覆：颠覆，捣毁。

②刳kū：剖开而挖空。

③干泽涸鱼：把池泽的水放干来捕鱼，即竭泽而渔。

④从同：同类相从。

⑤不可为记：不可胜记。

⑥遮：遏制。

⑦君：依陶鸿庆之说，当为衍。同：志同道合。

译文

捣翻鸟巢，毁坏鸟卵，那么凤凰也不会再来了；剖开野兽之腹，吃掉兽胎，那么麒麟也不会再来了；把池泽放干来捕鱼，那么龟龙也不会再去了。事物同类相从的现象，难以胜数。儿子不会被父亲遏制，臣子不会被君主遏制。君主与臣子志同道合就在一起共事，不相合就离开。所以君主虽然尊贵，如果把白的当成黑的，臣子就不能听从；父亲虽然亲近，如果把黑的当成白的，儿子也不能依从。

黄帝曰："芒芒昧昧[①]，因天之威[②]，与元同气[③]。"故曰同气贤于同义，同义贤于同力，同力贤于同居，同居贤于同名。帝者同气，王者同义，霸者同力，勤者同居则薄矣[④]，亡者同名则粗矣[⑤]。其智弥粗者[⑥]，其所同弥粗；其智弥精者，其所同弥精。故凡用意不可不精。夫精，五帝三王之所以成也。成齐类同皆有合[⑦]，故尧为善而众善至，桀为非而众非来。《商箴》云[⑧]："天降灾布祥，并有其职[⑨]。"以言祸福人或召之也。故国乱非独乱也，又必召寇[⑩]。独乱未必亡也，召寇则无以存矣。

注释

①芒芒昧昧：广大纯厚的样子。

②因：顺从，遵循。威：则，法则。

③元：天。

④勤：勤劳。

⑤粗：粗劣，低劣。

⑥弥：越，愈。

⑦成齐：依上文，当为衍。类同皆有合：类别相同的事物都能相聚合。

⑧商箴：古书名，已佚。

⑨职：主。

⑩寇：指他国的入侵，犹言外患。

译文

黄帝说："广大纯厚，是因为遵循了上天的法则，与上天同气。"所以说同气胜过同义，同义胜过同力，同力胜过同居，同居胜过同名。称帝的人同气，称王的人同义，称霸的人同力，勤劳的君主同存千世，而德行就不厚道了，亡国的君主同名，而德行就粗劣了。智慧越低劣的人，和他相同的就越是低劣，智慧越是精微的人，和他相同的就越是精微。所以凡处事谋虑不可以不精微。精微，是五帝三王之所以成功的原因。类别相同的事物都能相聚合，所以尧行善就招来了更多的善举，桀作恶就招来了更多的罪恶。《商箴》上曾说："上天降下灾祸或者布施祥兆，都有其主。"这是说，祸福是人招致的。所以国家混乱不仅仅是混乱，还必定会招致外患。国家只是混乱未必会灭亡，招致外患就无法保存了。

凡兵之用也，用于利，用于义。攻乱则脆[①]，脆则攻者利；攻乱则义，义则攻者荣。荣且利，中主犹且为之，况于贤主乎？故割地宝器，卑辞屈服，不足以止攻，惟治为足[②]。治则为利者不攻矣，为名者不伐矣。凡人之攻伐也，非为利则因为名也[③]。名实不得，国虽强大者，曷为攻矣[④]？解在乎史墨来而辍不袭卫[⑤]，赵简子可谓知动静矣[⑥]！

注释

①攻乱：攻打混乱的国家。脆：依王念孙之说，当为"服"，屈服。

②治：把国家治理好。

③因：依王念孙是说，当作"固"。

④曷：疑问代词，同"何"。

⑤史墨：春秋时晋国史官。辍：停止。

⑥赵简子：晋国正卿。知动静：知道该行动时则行动，该停止时则停止的道理。

译文

凡是用兵，应用于有利的地方，用于符合道义的地方。攻打混乱的国家，混乱之国就屈服，被攻打之国屈服了，那么对于进攻的国家就有利，攻打混乱的国家就符合道义，符合道义，那么进攻之国就荣耀。既荣耀又有利，具有中等才能的君主尚且这样做，何况是贤明的君主呢？所以，割让土地和赠送宝器，卑辞屈服，不足以制止强国的进攻，只有把国家治理好，才能制止强国的进攻。国家治理好了，那么为了获得利益而战的就不来进攻了，为了获得名声而战的就不来攻伐了。大凡人们进攻讨伐别国，不是为了利就是为了名。名誉和利益都不能得到，那么国家即使强大，又何必进攻别国呢？这个道理体现在史墨去卫国了解情况后，赵简子就停止攻打卫国这件事上，赵简子可以说是懂得该动则动该止则止的道理了。

务本

题解

《务本》是《有始览》的第六篇，主要讨论的是为臣之道。务本，就是要致力于根本。这一点体现在两个方面：一方面，为臣者必先公而后私，必须先致力于为国家和君主建立功业，国强则家富，主尊则臣荣。如果本末倒置，为私利而舍公利，则“欲荣而愈辱，欲安而益危”。另一方面，自身修养是治国治官之根本，为臣者想要被国家和君主所用，必须要修身自贤，躬行孝亲笃友等儒家之道。文中还提出了“宗庙之本在于民”的主张，强调了人民的重要性，具有很大的进步意义。

尝试观上古记[①]，三王之佐[②]，其名无不荣者[③]，其实无不安者[④]，功大也。《诗》云[⑤]：“有晻凄凄[⑥]，兴云祁祁[⑦]。雨我公田[⑧]，遂及我私[⑨]。”三王之佐，皆能以公及其私矣。俗主之佐[⑩]，其欲名实也，与三王之佐同，而其名无不辱者，其实无不危者，无公故也[⑪]。皆患其身不贵于国也，而不患其主之不贵于天下也；皆患其家之不富也，而不患其国之不大也[⑫]。此所以欲荣而愈辱，欲安而益危。安危荣辱之本在于主，主之本在于宗庙[⑬]，宗庙之本在于民，民之治乱在于有司[⑭]。《易》曰[⑮]：“复自道，何其咎，吉[⑯]。”

以言本无异，则动卒有喜[17]。今处官则荒乱，临财则贪得，列近则持谏[18]，将众则罢怯[19]，以此厚望于主，岂不难哉！

注释

①上古记：上世古书。

②佐：辅佐。

③名：名誉，声誉。

④实：与上句“名”相对，指实利，包括地位、官职、俸禄等。

⑤《诗》云：引诗见《诗·小雅·大田》。

⑥晻 yǎn：阴雨。凄凄：寒凉的样子。

⑦祁祁：众多的样子。此处形容浓云密布。

⑧雨：用作动词，下雨。公田：古代实行井田制，“井”字把田地划分为九区，中间部分为公田，公田周围八区是各耕种者耕种的私田。中间的公田由若干农夫共同耕种，其收获物皆交给统治者。

⑨遂：于是，就。私：即私田。

⑩俗主：平庸的君主。

⑪公：通“功”，功劳。

⑫大：强大。

⑬宗庙：祖庙。古代很重视宗庙的祭祀，故而此处言“主之本在于宗庙”。

⑭有司：指百官。

⑮《易》曰：引文见《周易·小畜》。

⑯咎：灾祸，祸害。

⑰卒：最终。

⑱列：官职的列位，即官位。近：即近臣，指君主的亲信。持谏：无所诤谏，即不直言规谏。

⑲将众：帅兵，领兵。罢：通“疲”，软弱。怯：怯懦。

译文

我曾经试看上世古书，禹、汤、文武的辅佐大臣，其名誉没有不荣耀的，其地位没有不安稳的，这是由于他们功劳大。《诗经·小雅·大田》上说：“阴雨凄凄，浓云密布。上天把雨下到公田里，也一并下在私田吧。”禹、汤、文武的辅佐大臣都能凭借有功于公家，从而自己也得到私利。平庸君主的辅佐大臣，他们希望得到名誉地位这一点跟三王的辅佐大臣是相同的，可是他们的名誉没有不蒙受羞辱的，他们的地位没有不陷于危险之中的，是因为他们没有功劳的缘故。他们都担心自身不能在国内显贵，却不担心自己的君主不能在天下显贵。他们都担心自家不能富有，却不担心自己的国家领土不能扩大。这正是他们希望得到荣耀反而更加受辱，希望得到安定反而处境更加危险的原因。安危荣辱的根本在于君主，君主的根本在于宗庙，宗庙的根本在于人民，人民治理得是好是坏在于百官。《周易》上说：“按照正常的轨道返回，周而复始，有什么灾祸？吉利。”这句话是说只要根本没有变异，那么一举一动最终是会有喜庆的。现在当官的荒于政事，管理混乱，面对钱财就贪得无厌，身为君主的近臣却不直言劝谏，领兵打仗就软弱怯懦，凭借这些来希望从君主那里得到优厚的待遇，岂不是很难吗?

今有人于此，修身会计则可耻[①]，临财物资尽则为己[②]，若此而富者，非盗则无所取[③]。故荣富非自至也，缘功伐也[④]。今功伐甚薄而所望厚，诬也；无功伐而求荣富，诈也。诈诬之道，君子不由[⑤]。

注释

①今：假如。修身会计：使自己从事于会计的工作。

②尽：通“赆”，财货。

③无所取：无法取得。

④缘：凭借，缘于。伐：与“功”同义，指功劳。

⑤由：用。

译文

假如有这样一个人，认为自己从事会计理财的工作是可耻的，面对货物钱财就据为己有，像这样而富有的，除非偷盗，否则无法取得。所以说，荣华富贵不是自己来的，是缘于功劳而得来的。现在很多人功劳很少而企望很大，这是欺骗；没有功劳而谋求荣华富贵，这是欺诈。欺骗、欺诈的方法，君子是不会采用的。

人之议多曰：“上用我，则国必无患。”用己者未必是也，而莫若其身自贤。而己犹有患[①]，用己于国，恶得无患乎[②]？己，所制也[③]；释其所制[④]，而夺乎其所不制[5]，悖。未得治国治官可也。若夫内事亲[6]，外交友，必可得也。苟事亲未孝，交友未笃[7]，是所未得，恶能善之矣[8]？故论人无以其所未得，而用其所已得，可以知其所未得矣。

注释

①而：如果。

②恶 wū：疑问代词，怎么。

③制：制约。

④释：放弃

⑤夺：夺取，强取。所不制：所不能控制的事。

⑥若夫：至于。

⑦笃：厚道，忠诚。

⑧善：称赞。

译文

人们议论时大都说："如果君主任用我，那么国家就一定没有祸患。"其实如果真的任用他，未必是这样，这样的人不如自己修养贤德。如果他自己尚且有祸患，任用这样的人治理国家，怎么能没有祸患呢？自身是自己可以制约的，放弃自己能够制约的，而去夺取自己所不能控制的，这是荒谬的。荒谬的人，没有得到治理国家、管理官吏的事是应该的。至于在家侍奉父母，在外结交朋友，一定可以做到。如果侍奉父母不孝顺，结交朋友不诚信，这就不能叫作有所得，怎么能称赞他呢？所以评论人不要用他没有做到的事来评价，而应该根据他已经做到的事情来评论，这样就可以知道他尚未能做到的事是什么了。

古之事君者，必先服能[①]，然后任[②]；必反情[③]，然后受[④]。主虽过与[⑤]，臣不徒取[⑥]。《大雅》曰[⑦]："上帝临汝[⑧]，无贰尔心[⑨]。"以言忠臣之行也。解在郑君之问被瞻之义也[⑩]，薄疑应卫嗣君以无重税[⑪]。此二士者，皆近知本矣[⑫]。

注释

①服：以，用。能：才能。

②任：担任官职。

③反情：指内省，反省自己。

④受：接受俸禄。

⑤过与：给予得多。

⑥徒取：白取，即无功受禄。

⑦《大雅》曰：引诗见《诗·大雅·大明》。

⑧临：由高往低看，意为监视。

⑨无贰尔心：你们不要有二心。尔，你们。

⑩郑君：指郑穆公。被瞻：郑大夫，事郑文公。义：通"议"，主张。被瞻知郑国衰乱，用齐桓公不听管仲临终之言，致使死后尸虫流出于户，因以不死君难、不随君亡之议来讽刺郑穆公，希望郑穆公吸取齐桓公的教训。

⑪薄疑：卫国大夫。卫嗣君：卫平侯之子，秦贬称

其为君。薄疑劝嗣君以王者富民，不应该加重百姓税收。

⑫本：根本。被瞻之义意在劝谏君主要听贤任贤，薄疑之说意在养民安民，二人所行与“宗庙之本在于民，民之治乱在于有司”相符，故曰此二士“皆近知本”。

译文

古代侍奉君主的人，一定要先具备才能，然后才担任官职；一定先省察自己，然后才接受俸禄。君主即使给予很多，臣子也不应无功受禄。《诗·大雅·大明》中说：“上帝监视着你们，你们不要有二心。”这说的是忠臣的品行。这个道理体现在郑君问被瞻的主张、薄疑以不要加重赋税来回答卫嗣君两件事上。被瞻、薄疑这两位士人，都接近于知道根本。

孝行览

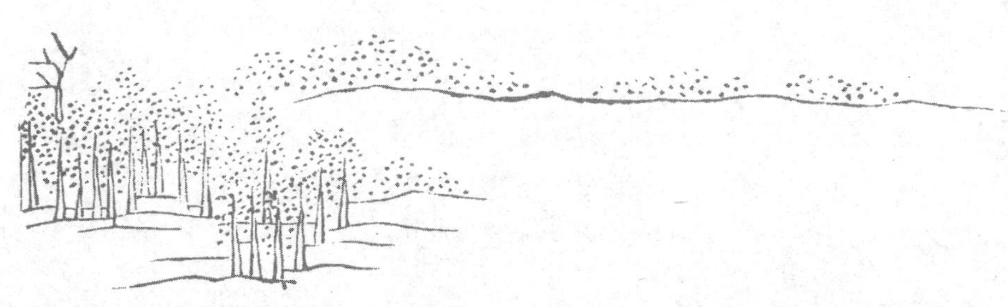

首 时

题解

《首时》是《孝行览》的第三篇。首时，一作“胥时”，“胥时”即等待时机。文章主要阐述了想要取得成功，关键在于要抓住时机。时机未到，就需要耐心等待；时机一到，则要当机立断，应时而作。文章强调，“圣人之所贵唯时也”，圣人之所以能够成为圣人，正是因为他们善于抓住时机。作者列举了周文王、武王、伍子胥、田鸠等人的事例来说明时机的重要，论述有力而使人信服。

圣人之于事，似缓而急，似迟而速①，以待时。王季历困而死②，文王苦之，有不忘羑里之丑③，时未可也。武王事之④，夙夜不懈，亦不忘王门之辱⑤。立十二年⑥，而成甲子之事⑦。时固不易得。太公望⑧，东夷之士也⑨，欲定一世而无其主。闻文王贤，故钓于渭以观之。

注释

①缓：迟，此指无所作为。急：急迫。

②王季历：商末周人领袖，周太王古公亶父之子，周文王之父。姬姓，名历，因为少子，故称季历。困而死：困于殷而死。

③有：通“又”。羑里之丑：指周文王被商纣王囚拘于羑里之事。羑里，古地名，在今河南省汤阴县北。丑，耻。

④事之：事纣称臣。

⑤王门之辱：指周文王被骂于玉门的耻辱。王门，依毕沅之说，当作“玉门”，纣王用玉装饰之门。

⑥立十二年：指武王继位十二年。

⑦甲子之事：即甲子日，武王伐纣，在牧野大败殷军，商纣王自焚而死，商朝灭亡。

⑧太公望：即姜太公吕望。

⑨东夷之士：太公望本是东海上人，所以称之为“东夷之士”。东夷，我国古代对东方民族的称呼。

译文

圣人做事情，好像很迟缓，无所作为，而实际却很急迫迅速，这是在等待时机。王季历被困于殷而死，周文王很痛苦，又不忘自己被囚拘于羑里的耻辱，他之所以没有及时讨伐纣，是因为时机尚未成熟。武王以臣事殷纣，从早到晚都不懈怠，也没有忘记文王被骂于玉门的耻辱。武王继位十二年，终于在甲子那天打败了殷军。时机本来就不容易得到。姜太公是东夷人，他想要平定天下而没有遇到贤明的君主。他听说文王贤明，所以在渭水边钓鱼，以便观察文王的品德。

伍子胥欲见吴王而不得[①]，客有言之于王子光者[②]，见之而恶其貌，不听其说而辞之[3]。客请之王子光，王子光曰："其貌适吾所甚恶也[4]。"客以闻伍子胥[5]，伍子胥曰："此易故也[6]。愿令王子居于堂上，重帷而见其衣若手[7]，请因说之[8]。"王子许。伍子胥说之半，王子光举帷，搏其手而与之坐[9]；说毕，王子光大说[10]。伍子胥以为有吴国者，必王子光也，退而耕于野。七年，王子光代吴王僚为王。任子胥，子胥乃修法制，下贤良[11]，选练士，习战斗。六年，然后大胜楚于柏举[12]。九战九胜，追北千里[13]。昭王出奔随[14]，遂有郢[15]。亲射王宫[16]，鞭荆平之坟三百[17]。乡之耕[18]，非忘其父之雠也[19]，待时也。

注释

①吴王：指吴王僚，春秋末吴国君主。姬姓，名僚，吴王夷昧之子（一说庶兄），公元前 526 ~前 515 年在位，后被其堂兄弟吴公子光的刺客专诸刺杀而死。

②王子光：即吴王阖闾。

③辞：谢绝。

④适：恰好，正好。恶 wù：厌恶。

⑤闻：使动用法，使……知道，相当于告诉。

⑥易故：容易的事。故，事。

⑦重帷：两重帷幕。见：同"现"，出现，显露。其：指伍子胥。若：和。

⑧因：凭借。

⑨搏：执，握住。

⑩说：通“悦”，喜悦。

⑪下贤良：礼贤下士。

⑫柏举：古地名，楚国南部的边邑。

⑬北：败，败北。此指败逃的敌军。

⑭昭王：春秋末楚国国君，楚平王之子，公元前516～前489年在位。随：古国名。在今湖北省随县，春秋后期为楚国附庸。

⑮郢：楚国国都，在今湖北省江陵县西北。

⑯亲射王宫：指伍子胥亲自射楚国王宫，以报父兄被楚王杀死之仇。

⑰鞭：鞭打。荆平：指楚平王。荆，楚国的别称。伍子胥鞭打楚平王之坟也是为了报杀父兄之仇。

⑱乡：通“向”，从前，先前。

⑲雠：通“仇”。

译文

伍子胥想见吴王僚而没能见到。有个门客对王子光讲了伍子胥的情况，王子光见了伍子胥却讨厌他的相貌，不听他讲话就谢绝了他。门客为这件事问王子光原因，王子光说：“他的相貌恰好是我特别讨厌的。”门客把这话告诉了伍子胥，伍子胥说：“这事好办。希望让王子光坐在堂上，我隔着两层帷幕只露出衣服和手，让我借此同他讲话。”王子光同意了。伍子胥谈话才谈了一半，王子光就掀开帷幕，握住他的手，同他一起坐下。伍子胥说完，王子光非常欢喜。伍子胥认为将来拥有吴国的，必定是王子光，于是回乡间耕作去了。过了七年，王子光取代吴王僚而成为吴王。他任用伍子胥，伍子胥于是就整修法制，礼贤下士，选练士卒，演习战斗。过了六年，然后才在柏举大败楚军，九战九胜，追赶楚国败逃的军队千余里。楚昭王逃往随国，吴军于是占领了郢都。伍子胥亲自用箭射楚国王宫，鞭打楚平王之墓三百下，以报杀父杀兄之仇。先前他到乡间耕作，并不是忘记了杀父之仇，而是在等待时机啊。

墨者有田鸠[①]，欲见秦惠王[②]，留秦三年而弗得见。客有言之于楚王者[③]，往见楚王。楚王说之，与将军之节以如秦[④]。至，因见惠王。告人曰："之秦之道[⑤]，乃之楚乎[⑥]？"固有近之而远[⑦]、远之而近者[⑧]。时亦然。有汤武之贤，而无桀纣之时，不成[⑨]；有桀纣之时，而无汤武之贤，亦不成。

注释

①墨者：墨家学派的人。田鸠：即田俅，齐人，战国时墨家学者。

②秦惠王：战国时秦国国君，嬴姓，名驷，秦孝公之子，公元前 337～前 311 年在位。

③楚王：楚威王或楚怀王。此二楚王与秦惠王同时。

④与：给。节：符节，古代使者用作凭证的东西。

⑤前一个"之"作动词，意思是到、往。后一个"之"字是助词，相当于"的"。

⑥乃：竟。

⑦近之而远：指留秦三年却见不到秦惠王。

⑧远之而近：指远去楚国反而见到了秦惠王。

⑨不成：指不能成就王业。

译文

墨家有个叫田鸠的，想要见秦惠王，在秦国待了三年而没有见到。有个门客把这个情况告诉了楚王，田鸠就去见楚王。楚王很喜欢他，给了他将军的符节让他出使秦国。到了秦国，见到了秦惠王。他告诉别人说："到秦国的路，竟然要先到楚国吗？"事情本来就有离得近的反而疏远了、离得远的反而接近了的。时机也是这样。有了商汤、周武王这样的贤德，而没有桀、纣无道那样的时机，就不能成就王业，有了桀、纣无道那样的时机，而没有商汤、武王那样的贤德，也不能成就王业。

圣人之见时，若步之与影不可离。故有道之士未遇时，隐匿分窜[①]，勤以待时[②]。时至，有从布衣而为天子者[③]，有从千乘而得天下者[④]，有从卑贱而佐三王者[⑤]，有从匹夫而报万乘者[⑥]。故圣人之所贵，唯时也。水冻方固，后稷不种[⑦]，后稷之种必待春。故人虽智而不遇时，无功。方叶之茂美，终日采之而不知；秋霜既下，众林皆羸[⑧]。事之难易，不在小大，务在知时[⑨]。

注释

①分窜：躲藏到各处。

②勤：劳，指劳苦其身。

③有从布衣而为天子者：指舜以平民而成为天子。布衣，平民百姓。

④有从千乘而得天下者：指商汤、武王从诸侯而占有天下。千乘，指“千乘”地位的诸侯。

⑤有从卑贱而佐三王者：指太公望、伊尹、傅说从低贱的地位而成为三王的佐臣。卑贱，卑贱的地位。伊尹，商汤的谋士、辅臣，名挚。他辅佐商汤灭夏，建立商朝，综理国事。傅说，商王武丁的佐臣。出身微贱，原为从事版筑劳动的奴隶，后被武丁求得，拜为相，治理国政。

⑥有从匹夫而报万乘者：指豫让为智伯刺杀赵襄子之事。豫让，智伯的家臣。赵襄子灭智伯后，他更改姓名，漆身吞炭，变音容，誓杀赵襄子，未遂，自杀而死。万乘，赵襄子掌晋国政，有兵车万乘。

⑦后稷：周部落始祖。姬姓，名弃，相传为姜嫄氏履巨人足印，感而生，遂以为不详，一度将其遗弃，故名曰弃。善耕稼，尧时被举为农官。

⑧羸léi：疲，此处指树叶落尽。

⑨务：务必，犹言关键。

译文

圣人与时机，就像行走时自己的身体和影子那样不可分离。所以，有道之士没有遇到时机的时候，就到处隐匿躲藏，劳苦以等待时机。时机一到，有从平民而成为天子的，有从诸侯而得到天下的，有从卑贱的地位而辅佐三王的，有从平民百姓而能向万乘之主报仇的。所以圣人所看重的，只是时机。水冻得坚固时，后稷不会去耕种，后稷耕种一定要等待春天到来的时候。所以人即使有智慧，但遇不到时机，也不能建立功业。正当树叶繁茂的时候，整天采摘，也不觉得树叶会被采光，等到秋霜降下以后，所有树上的叶子都会落尽。事情的难和易，不在于事情是大是小，关键在于把握时机。

郑子阳之难[①]，猘狗溃之[②]；齐高、国之难[③]，失牛溃之[④]。众因之以杀子阳、高、国[⑤]。当其时，狗牛犹可以为人唱[⑥]，而况乎以人为唱乎？

注释

①郑子阳：战国时郑国国相，驷氏之后。史书称“驷子阳”。

②猘 zhì：疯狗。溃：乱。子阳为政用严刑，曾经下令国中有养狂犬者，即杀养犬人。国人恐慌，皆逐狂犬，致国混乱。时家臣不慎将一张弓折断了，畏罪而恐诛，于是趁着国人逐狗之乱而杀了子阳。

③高、国：指齐国贵族高氏和国氏。

④失牛溃之：指借追失牛之乱而杀死高氏、国氏。

⑤因：乘机。

⑥唱：通“倡”，先导。

译文

郑国的子阳遇难，是在人们正追逐疯狗的混乱之时；齐国的贵族高氏、国氏遇难，是在人们正追赶逃窜之牛的时候。众人乘着混乱杀掉了子阳和高氏、国氏。正当时机到来的时候，狗和牛尚且可以成为人们发难的先导，更何况以人为先导呢？

饥马盈厩①，嗼然②，未见刍也③；饥狗盈窖④，嗼然，未见骨也。见骨与刍，动不可禁。乱世之民，嗼然，未见贤者也；见贤人，则往不可止⑤。往者非其形心之谓乎？齐以东帝困于天下⑥，而鲁取徐州⑦；邯郸以寿陵困于万民⑧，而卫取茧氏⑨。以鲁卫之细⑩，而皆得志于大国，遇其时也。故贤主秀士之欲忧黔首者⑪，乱世当之矣⑫。天不再与，时不久留，能不两工⑬，事在当之。

注释

①盈：充满。厩：马棚。

②嗼mò然：安静的样子。

③刍：喂牲口的草料。

④窖：本意是地窖，此指狗洞。

⑤往：归附。

⑥齐以东帝困于天下：公元前288年，齐湣王称东帝，导致后来燕国联合秦、楚、韩、赵、魏五国伐齐，齐湣王出奔。

⑦鲁取徐州：公元前284年，鲁国在秦、楚、韩、赵、魏五国伐齐、齐湣王出逃被杀之后，得到徐州。

⑧邯郸以寿陵困于万民：指赵肃侯因修陵墓扰民而导致万民不顺。邯郸，战国时赵国都城，即今河北邯郸，此指代赵国。

⑨茧氏：赵邑。

⑩细：小。

⑪秀士：德才优异之士。黔首：指百姓。

⑫当：相值，正是时机。

⑬工：精巧。

译文

饥饿的马充满了马棚，安静无声，是因为它们没有见到草料；饥饿的狗充满了狗洞，安静无声，是因为它们没有见到骨头。如果它们见到了骨头和草料，就会争抢，不能禁止。生活在乱世中的人民，安静无声，是因为他们没有见到贤人，如果见到了贤人，他们就会去归附，而不能禁止。人民的归附，难道不是身体和心灵都归附吗？齐湣王因为僭称东帝而被天下诸侯所困，因而鲁国趁机夺取了他的徐州；赵肃侯因修建寝陵扰民而为人民所困，人民都不亲附他，因而卫国趁机夺取了他的茧氏。凭着鲁国、卫国那样的小国，却都能从大国那里得到利益，是因为遇到了恰当的时机。所以贤明的君主和优秀的人士想要为百姓忧虑的，就应该趁乱世之时。上天不会给人两次机会，时机也不会长久停留，人的才能不会在两个方面都同时达到精巧，事情的成功在于适当的时机。

慎人

题解

《慎人》是《孝行览》的第六篇，一作《顺人》。本篇重点强调做事应慎于用人，阐述了谋事在人的道理。文章列举了舜、禹、汤、武等人的事例，说明他们的成功固然是由于遇时，但也离不开人为的努力，充分肯定了人的努力的积极意义。文章还通过孔子困于陈蔡的故事说明，不管穷困或者通达，都要致力于“得道”，鼓励人们身处困境之时，应该萌生宏大志向，并努力去实现，只有这样，才能自得其乐。

功名大立，天也。为是故①，因不慎其人②，不可。夫舜遇尧，天也。舜耕于历山③，陶于河滨④，钓于雷泽⑤，天下说之⑥，秀士从之⑦，人也。夫禹遇舜，天也。禹周于天下⑧，以求贤者，事利黔首⑨，水潦川泽之湛滞壅塞可通者⑩，禹尽为之，人也。夫汤遇桀，武遇纣，天也。汤、武修身积善为义，以忧苦于民⑪，人也。

注释

①是：这，此。故：原因，缘故。

②人：指人为的努力。

③历山：山名，亦有为地名。相传舜在此耕作。关于舜的耕种之地历来说法不一，此处疑为今山东省济南市历城区南的历山，又名舜耕山、千佛山。

④陶：用作动词，制陶器。

⑤雷泽：古泽名，又称雷夏泽，在今山东省菏泽市东北。

⑥说：通“悦”，喜欢。

⑦秀士：杰出人士。

⑧周：周行，遍至。

⑨事利黔首：做对百姓有利的事。

⑩潦：积水。湛：通“沉”，沉积。

⑪忧：忧虑。苦：劳苦。

译文

能建立大的功名，靠的是天意。因为这个缘故，就不慎重地对待人的努力，是不行的。舜遇到尧那样的明君，是天意。舜在历山耕种，在黄河边制造陶器，在雷泽钓鱼，天下人很喜欢他，优秀杰出的人士都跟从他，这是人为努力的结果。禹遇到舜那样的明君，是天意。禹行遍天下，以便寻求贤德之人，做对百姓有利的事，积水河流湖泊淤积堵塞而可以疏通的，禹都要去疏通，这些就是人为的努力。汤遇上桀那样的暴君，武王遇上纣那样的暴君，是天意。汤、武修养自身品德，积善行义，为百姓忧虑劳苦，这是人为的努力。

舜之耕渔，其贤不肖与为天子同[①]。其未遇时也，以其徒属堀地财[②]，取水利[③]，编蒲苇，结罘网[④]，手足胼胝不居[⑤]，然后免于冻馁之患[⑥]。其遇时也，登为天子，贤士归之，万民誉之，丈夫女子，振振殷殷[⑦]，无不戴说[⑧]。舜自为诗曰[⑨]："普天之下，莫非王土；率土之滨[⑩]，莫非王臣。"所以见尽有之也[⑪]。尽有之，贤非加也；尽无之，贤非损也[⑫]。时使然也。

注释

①为：做。

②以：与，和。堀 kū：当作"掘"。地财：指五谷。

③水利：水产之类。

④罘 fú：捕兽用的网。

⑤胼胝 piánzhī：手脚上磨起的茧子。不居：不止，不休息。

⑥馁：饥饿。

⑦丈夫：男子。振振殷殷：形容喜悦的样子。

⑧戴：爱戴，拥护。

⑨引诗见《诗·小雅·北山》，并非舜作，言为舜所作，或为假托。

⑩率土之滨：沿着版图的水边。犹言四海之内。率，循，沿着。滨，水边，古人认为中国四周都有海。

⑪见：通"现"，表现。

⑫损：减少。

译文

舜种地捕鱼的时候，他的贤与不肖和当天子时是相同的。他在没有遇到好的时机时，和自己的弟子下属们一起，耕种五谷，捕捉水产之类，编织蒲苇，结织兽网，手脚磨出老茧也不休息，这样才免于冻饿之苦。他在遇到好时机时，即位当了天子，贤能的人都归附于他，百姓都称赞他，男男女女都非常高兴，没有不爱戴喜欢他的。舜自作诗道："普天之下，没有不是属于王的土地，四海之内，没有不是王的臣民。"用以表明自己已经拥有了一切。拥有了一切，他的贤德并没有增加，一切都没有时，他的贤德也并没有减少。这是时机使他这样的。

百里奚之未遇时也①，亡虢而虏晋②，饭牛于秦③，传鬻以五羊之皮④。公孙枝得而说之⑤，献诸缪公⑥，三日，请属事焉⑦。缪公曰："买之五羊之皮而属事焉，无乃天下笑乎⑧？"公孙枝对曰："信贤而任之，君之明也；让贤而下之⑨，臣之忠也。君为明君，臣为忠臣。彼信贤⑩，境内将服，敌国且畏⑪，夫谁暇笑哉？"缪公遂用之。谋无不当，举必有功，非加贤也。使百里奚虽贤，无得缪公，必无此名矣。今焉知世之无百里奚哉？故人主之欲求士者，不可不务博也。

注释

①百里奚：春秋时著名政治家。百里氏，名奚，也

称百里傒、百里子。据《史记·秦本纪》载，他初为虞大夫，虞亡时被俘入晋，后晋国嫁女为秦穆公夫人，他被作为陪嫁之臣送入秦。后自秦逃，为楚人所执，秦穆公用五张羊皮将其赎回，用为大夫，因称“五羖gǔ大夫”。后助秦穆公建立霸业。

②亡虢而虏晋：依高诱之说，当为“亡虞而虏晋”，指虞亡时百里奚被晋国所虏。

③饭：喂。指百里奚在秦喂牛。

④传鬻yù：转卖。

⑤公孙枝：春秋时秦大夫。

⑥缪公：即秦穆公。

⑦属事：委托国事。

⑧无乃：恐怕。此二字下当有“为”字。

⑨下之：居于贤人之下。

⑩彼：指百里奚。信：诚，确实。

⑪且：将。

译文

百里奚没有遇到好时机的时候，从虞国逃出，被晋国俘虏，然后在秦国喂牛，以五张羊皮的价格被转卖。公孙枝得到百里奚后很喜欢他，把他献给秦穆公，过了三天，请求穆公委托国事给他。穆公说：“买他只花了五张羊皮却委托国事给他，恐怕要被天下耻笑吧？”公孙枝回答说，“信任贤人而任用他，这是君主的贤明，让贤而甘居贤人之下，这是臣子的忠诚。君主是贤明的君主，臣子是忠诚的臣子。他确实贤德的话，国内都将顺服，敌国也将畏惧，谁还有空闲耻笑呢？”穆公于是就任用了百里奚。结果百里奚的谋略没有不妥当的，做事必定成功，这并不是他的贤德增加了。百里奚即使贤明，如果没有被穆公任用，也一定不会有这样的名声。现在怎么知道世上没有像百里奚这样的人呢？所以君主想要求得贤士，不可不广为寻求啊。

孔子穷于陈、蔡之间[①]，七日不尝食，藜羹不糁[②]。宰予备矣[③]，孔子弦歌于室，颜回择菜于外[④]。子路与子贡相与而言曰[⑤]：“夫子逐于鲁，削迹于卫[⑥]，伐树于宋[⑦]，穷于陈、蔡。杀夫子者无罪，藉夫子者不禁[⑧]，夫子弦歌鼓舞，未尝绝音。盖君子之无所丑也若此乎[⑨]？”颜回无以对，入以告孔子。孔子憱然推琴[⑩]，喟然而叹曰[⑪]：“由与赐，小人也。召，吾语之。”子路与子贡入，子贡曰：“如此者，可谓穷矣！”孔子曰：“是何言也？君子达于道之谓达[⑫]，穷于道之谓穷[⑬]。今丘也拘仁义之道[⑭]，以遭乱世之患，其所也[⑮]，何穷之谓？故内省而不疚于道，临难而不失其德，大寒既至，霜雪既降，吾是以知松柏之茂也。昔桓公得之莒[⑯]，文公得之曹[⑰]，越王得之会稽[⑱]。陈、蔡之厄[⑲]，于丘其幸乎！”孔子烈然返瑟而弦[⑳]，子路抗然执干而舞[㉑]。子贡曰：“吾不知天之高也，不知地之下也[㉒]。”古之得道者，穷亦乐，达亦乐，所乐非穷达也。道得于此，则穷达一也，为寒暑风雨之序矣[㉓]。故许由虞乎颍阳[㉔]，而共伯得乎共首[㉕]。

注释

①穷：穷困，困窘。

②藜lí羹：用野菜煮的汤羹。藜，一种嫩叶可食的野菜，此泛指野菜。糁sǎn：用米和羹。

③宰予：孔子学生，春秋时鲁国人。字子我，或称宰我。能言善辩。备：通“惫”，疲惫。

④颜回：即颜渊，字子渊，孔子弟子。

⑤子路：即仲由，字子路，孔子弟子。子贡：即端木赐，字子贡，孔子弟子。

⑥削迹：匿迹，隐居。

⑦伐树于宋：据《史记·孔子世家》载：“孔子去曹，适宋，与弟子习礼大树下。宋司马桓魋欲杀孔子，拔其树，孔子去。”即指此事。

⑧藉：凌辱，欺侮。

⑨丑：耻。

⑩憱cù然：不高兴的样子。

⑪喟kuì然：叹气的样子。

⑫达：通达。

⑬穷：困窘。

⑭拘：拘于，固守于。

⑮其所也：适得其所。所，处所。

⑯桓公得之莒jǔ：指齐桓公遇无知之乱而流亡在莒，萌生了要复国称霸之心。

⑰文公得之曹：指晋文公遇骊姬之谗而流亡在外，过曹国而萌生了要复国称霸之心。

⑱越王得之会稽：指越王勾践被吴王夫差打败，栖于会稽之山，卧薪尝胆，而萌生了复国称霸之心。

⑲厄：穷困，困顿。

⑳烈然：威严的样子。返：更，重新。

㉑抗然：志气高扬的样子。干：盾，此指舞具。

㉒高、下：指广大，比喻孔子圣德广大如天地。

㉓为：犹如。序：轮流，更替。

㉔许由：古代传说中的贤人。也作许繇，字武仲，颍川人。相传尧欲让天下给他，他坚持不受，逃隐于箕山。尧又请他当九州之长，他到颍水边洗耳，表示不愿听到这种话。虞：乐。颍阳：颍水之北。许由隐居箕山，箕山在颍水之北，故曰“虞乎颍阳”。

㉕共伯：即共伯和，西周时共国君主。姬姓，名和。公元前 841 年，周厉王因国人暴动而被放逐，共伯代行王事，号共和元年。公元前 827 年，周宣王即位，他遂还政归国，后居于共首山，逍遥自得。共首：即共首山，也作“共头山”，在今河南省辉县境内。

译文

孔子被困在陈国、蔡国之间，七天没有吃到粮食，煮的野菜羹里没有米粒。宰予饿得非常疲惫，孔子在屋里弹瑟唱歌，颜回在外面择野菜。子路和子贡一起对颜回说道：“夫子在鲁国被逐，隐居在卫国，在宋国树下习礼时被人砍倒树想杀害他，在陈国、蔡国被困。想杀夫子的人没有罪，凌辱他的人不被禁止，而他仍弹瑟唱歌跳舞，从来没有停止。君子竟是这样无所谓羞耻吗？”颜回无话回答，进屋把这些话告诉了孔子。孔子不高兴地推开瑟，叹着气说：“仲由和端木赐是小人啊。叫他们进来，我有话要跟他们说。”子路和子贡进来后，子贡说：“像现在这种情况，可以说是困窘了。”孔子说：“这是什么话？君子在道义上通达才叫作通达，在道义上穷困才叫作穷困。现在我坚持仁义之道，因而遭受乱世带来的祸患，这是本来就会得到的处境，怎么能叫穷困呢？所以，自我反省，对于道义不感到内疚，面临危难不丧失自己的品德。严寒到来，霜雪降落，我才知道松柏是多么茂盛。从前齐桓公因遭公孙无知之乱出奔莒国而萌生了复国称霸之心，晋文公因遭骊姬之谗出亡曹国而萌生了复国称霸之心，越王勾践因受会稽之耻而萌生了复国称霸之心。在陈国、蔡国遇到的困境，对于我来说大概是一种幸运吧！”孔子威严地重新拿起瑟来弹奏，子路也志气高扬地拿着盾牌跳起舞来。子贡说：“我不知道您的圣德像天那样高远，像地那样广大啊！”古代得道的人，穷困时也高兴，通达时也高兴，高兴的不是穷困和通达本身，而是懂得了道，那么穷困和通达都是一样的，如同寒暑风雨的交替出现一样。所以许由在颍水之北快乐地生活，共伯在共首山逍遥自得。

慎大览

刘大櫆

权勋

题解

《权勋》是《慎大览》的第二篇。所谓权勋，就是要衡量事功的大小轻重。作者开始即提出“利不可两，中不可兼”，把忠利分为大小两类，阐述了要获得大利大忠，就必须去掉小利小忠的观点。文章列举的几个事例，皆是不懂得“权勋”之理，取小利小忠而导致国灭身亡，从而提醒统治者应汲取历史的教训，要注意衡量事功的大小轻重，取大利而去小利。

利不可两，忠不可兼。不去小利，则大利不得；不去小忠，则大忠不至。故小利，大利之残也①；小忠，大忠之贼也②。圣人去小取大。

注释

①残：害。

②贼：也是“害”的意思。

译文

利益不可两得，忠诚不可兼备。不放弃小利，就得不到大利；不放弃小忠，大忠就不能成就。所以说，小利是大利的祸害；小忠是大忠的祸害。圣人放弃小而取大。

昔荆龚王与晋厉公战于鄢陵[①]，荆师败，龚王伤[②]。临战，司马子反渴而求饮[③]，竖阳谷操黍酒而进之[④]，子反叱曰[⑤]："訾[⑥]，退！酒也。"竖阳谷对曰："非酒也。"子反曰："亟退却也[⑦]！"竖阳谷又曰："非酒也。"子反受而饮之。子反之为人也嗜酒，甘而不能绝于口[⑧]，以醉。战既罢，龚王欲复战而谋，使召司马子反，子反辞以心疾。龚王驾而往视之，入幄中，闻酒臭而还[⑨]，曰："今日之战，不谷亲伤[⑩]，所恃者司马也，而司马又若此，是忘荆国之社稷，而不恤吾众也。不谷无与复战矣。"于是罢师去之，斩司马子反以为戮[⑪]。故竖阳谷之进酒也，非以醉子反也，其心以忠也，而适足以杀之[⑫]。故曰：小忠，大忠之贼也。

注释

①荆龚王：即楚共王，春秋时楚国国君，楚庄王之子，名审，公元前 590 ~前 560 年在位。晋厉公：春秋时晋国国君，晋景公之子，名寿曼，公元前 580 ~前 573 年在位。鄢陵：地名，在今河南省鄢陵县西北。

②伤：指鄢陵之战中，楚共王被射中眼睛。

③司马：官名，掌管军政。子反：春秋时楚国公子，名侧，字子反。子反是此次鄢陵之战楚军一方的主帅。饮：作名词，水。

④竖：童仆。阳谷：人名，他书或作“谷阳”。操：拿。黍酒：用黍酿成的酒。

⑤叱：大声呵斥。

⑥訾 zī：表示呵斥的叹词。

⑦亟：急，速。却：《说苑·敬慎》篇作“酒”，当是。

⑧甘：以为味美。

⑨臭：通“嗅”，气味。

⑩不谷：古代诸侯自称的谦词。

⑪戮：陈尸示众。

⑫适：恰好。

译文

从前楚共王与晋厉公在鄢陵作战，楚军失败了，共王的眼睛被射伤了。当初临到作战的时候，司马子反口渴了，要找水喝，童仆阳谷拿着黍酿的酒给他。子反呵斥道：“嘻，拿下去！这是酒。”童仆阳谷回答说：“这不是酒。”子反说：“赶快拿下去，是酒。”童仆阳谷又说：“这不是酒。”子反接过来喝了它。子反为人特别爱喝酒，遇到味美的好酒，喝起来就不能停止，因而喝醉了。战斗已经结束了，共王想再战因而商量对策，派人去召司马子反，子反推辞说心痛没有去。共王乘车去看望他，进到军帐中，闻到酒味就回去了，说：“今天的战斗，我自己受了伤，所依靠的就是司马子反。可是子反又这个样子，是忘记了楚国的社稷而又不体恤我的将士们啊，我没法与晋军再战了。”于是收兵离去，斩杀了司马子反并陈尸示众。本来童仆阳谷送上酒，并不是让子反醉倒，他是忠心于子反的，却恰好因此害了他。所以说，小忠是大忠的祸害。

昔者晋献公使荀息假道于虞以伐虢[①]。荀息曰："请以垂棘之璧与屈产之乘[②]，以赂虞公，而求假道焉，必可得也。"献公曰："夫垂棘之璧，吾先君之宝也；屈产之乘，寡人之骏也。若受吾币而不吾假道[③]，将奈何？"荀息曰："不然。彼若不吾假道，必不吾受也；若受我而假我道，是犹取之内府而藏之外府也[④]，犹取之内皂而著之外皂也[⑤]。君奚患焉？"献公许之。乃使荀息以屈产之乘为庭实[⑥]，而加以垂棘之璧，以假道于虞而伐虢。虞公滥于宝与马而欲许之[⑦]，宫之奇谏曰[⑧]："不可许也。虞之与虢也，若车之有辅也[⑨]，车依辅，辅亦依车。虞虢之势是也。先人有言曰：'唇竭而齿寒[⑩]。'夫虢之不亡也，恃虞；虞之不亡也，亦恃虢也。若假之道，则虢朝亡而虞夕从之矣。奈何其假之道也？"虞公弗听，而假之道。荀息伐虢，克之。还反伐虞，又克之。荀息操璧牵马而报。献公喜曰："璧则犹是也[⑪]，马齿亦薄长矣[⑫]。"故曰：小利，大利之残也。

注释

①晋献公：春秋时晋国国君，晋武公之子，公元前676～前651年在位。荀息：春秋时晋国大夫。假道：借道。此指军队借路通过。虞：国名，姬姓，

故址在今山西平陆县境。虢：国名，姬姓，故址在今河南三门峡市境。从晋国到虢国，必定要经过虞国，所以才假道于虞。

②垂棘之璧：垂棘出产的美玉。垂棘，地名，产美玉，故用产地为璧名。璧，圆形中间有孔的玉器。屈产之乘：屈邑产的良马。屈，晋地名，产骏马。乘，一车四马称乘。

③币：礼物，此指上文的璧和马。

④内府：王室储藏财物之处。外府：国中内府之外储藏财物的府库。这里以外府来喻虞，实际上是把虞国看为晋国所有了。下文中用“外皂”喻虞同。

⑤皂：指马厩。

⑥庭实：犹言礼物。古代诸侯之间相互聘问，把礼物陈于中庭并举行仪式，称为“庭实”。

⑦滥：贪。

⑧宫之奇：春秋时虞大夫。

⑨车：牙床。辅：面颊。

⑩竭：亡。

⑪是：如此，这样。

⑫马齿：指马的年龄。因马的牙齿随年龄而添换，故而看马齿可知马的年龄。薄：微。

译文

从前，晋献公派荀息向虞国借路以便攻打虢国，荀息说：“请求用垂棘出产的璧玉和屈邑出产的良马来贿赂虞公，以便向他要求借路，一定可以得到允许。”献公说："垂棘出产的璧玉，是我先君的宝贝，屈邑出产的良马，是我的骏马。假如虞国接受了我的礼物而不肯借路给我们，那将怎么办呢？"荀息说："不是这样，他假如不借路给我们，一定不会接受我们的礼物，假如接受了我们的礼物而借路给我们，这些财物就如同从内府中取出而放到外府中去，如同把骏马从里面的马厩牵出而放到外面的马厩中一样。您担心什么呢？"献公同意了。于是派荀息将屈邑出产的骏马陈列在虞国的宫廷，又加上垂棘出产的璧玉，向虞国请求借路而攻打虢国。虞公贪于宝玉和良马就想答应荀息的要求。宫之奇劝谏说："不能答应啊。虞国与虢国，就像牙床和面颊一样，牙床依靠面颊，面颊也依靠牙床，虞国与虢国的形势就是这样。古人曾说：'唇亡则齿寒。'虢国不被灭掉，是靠虞国；虞国不被灭掉，也是靠虢国。假如借路给晋国，那么虢国早上灭亡，虞国晚上也就跟着灭亡了。怎么能借路给晋国呢？"虞公不听，把路借给了晋国。荀息攻打虢国，战胜了虢国。返回的时候攻打虞国，又战胜了虞国。荀息拿着璧玉，牵着骏马向献公禀报。献公高兴地说："璧还是原来那样，只是马的年齿稍长了一点。"所以说，小利是大利的祸害。

中山之国有厹繇者[①]，智伯欲攻之而无道也[②]，为铸大钟，方车二轨以遗之[③]。厹繇之君将斩岸堙谿以迎钟[④]。赤章蔓枝谏曰[⑤]："《诗》云[⑥]：'唯则定国[⑦]。'我胡则以得是于智伯？夫智伯之为人也，贪而无信，必欲攻我而无道也，故为大钟，方车二轨以遗君。君因斩岸堙溪以迎钟，师必随之。”弗听，有顷，谏之[8]。君曰：“大国为欢，而子逆之，不祥。子释之[9]。”赤章蔓枝曰：“为人臣不忠贞，罪也。忠贞不用，远身可也。”断毂而行[10]，至卫七日而厹繇亡。欲钟之心胜也。欲钟之心胜，则安厹繇之说塞矣。凡听说所胜不可不审也。故太上先胜。

注释

①厹繇 qiú yóu：春秋时国名，约在今山西盂县一带。他书或作“仇由”“仇酋”“仇犹”。

②智伯：即智伯瑶，战国初晋卿。

③方车：两车并列。轨：车辆两轮之间的距离。遗 wèi：赠送，给。

④斩：截。岸：水边高地。堙：堵塞。

⑤赤章蔓枝：厹繇国之臣。

⑥《诗》云：引诗不见于《诗经》，乃佚诗。

⑦则：法则，法度。

⑧有顷：过了一会儿。

⑨释：置，停止。

⑩断毂：砍掉车轴两头长出的部分。毂，车轴中心圆木，中间有孔，用来穿轴。

译文

中山国内有个叫厹繇的小国，智伯想要攻打它却无路可通，就为厹繇国的国君铸造了一口大钟，用两辆车并排装着去送给他。厹繇国的国君打算削平高地、填平溪谷来迎接大钟。赤章蔓枝劝谏说："《诗》上说：'只有法则才能使国家安定。'我们凭什么从智伯那里得到大钟？智伯的为人，贪婪而不守信用，一定是想要攻打我国而没有路，所以铸造了大钟，用两辆车并列装载来送给您。您于是削平高地、填平溪谷来迎接大钟。智伯的军队一定会跟随着到来。"国君不听。过了一会儿，赤章蔓枝又劝谏。厹繇国的国君说："大国要与你交好，而你却违逆他，不吉利。你别再讲了。"赤章蔓枝说："为人臣的不忠贞，是罪过。忠贞而不被信用，脱身远走是可以的。"于是，他砍断车轴的两端走了，到卫国才七天，厹繇国就灭亡了。达是厹繇国的国君想得到钟的心情太迫切了。想得到钟的心情太迫切，那么安定厹繇国的主张就听不进去了。凡听到别人劝诫自己过分的想法的话，不可以不审慎啊，所以最主要的是要战胜自己的欲望。

昌国君将五国之兵以攻齐[①]，齐使触子将[②]，以迎天下之兵于济上[③]。齐王欲战，使人赴触子[④]，耻而訾之曰[⑤]："不战，必刬若类[⑥]，掘若垄[⑦]！"触子苦之，欲齐军之败，于是以天下兵战[⑧]，战合，击金而却之[⑨]。卒北[⑩]，天下兵乘之[⑪]。触子因以一乘去，莫知其所，不闻其声。达子又帅其余卒以军于秦周[⑫]，无以赏，使人请金于齐王。齐王怒曰："若残竖子之类[⑬]，恶能给若金[⑭]？"与燕人战，大败，达子死，齐王走莒[⑮]。燕人逐北入国[⑯]，相与争金于美唐甚多[⑰]。此贪于小利以失大利者也⑱。

注释

①昌国君：即乐毅，战国时燕国名将，灵寿（今河北灵寿西北）人，燕昭王时封为亚卿。公元前284年，他统帅燕兵及秦、楚、赵、魏、韩五国联军攻打齐国，大破齐军于济西，又连下七十余城，破齐都临淄。后因功封于昌国（今山东省淄博市东南），号昌国君。燕昭王死后，为嗣君燕惠王所疑，出奔赵国，卒于赵。将：率领。五国：指秦、楚、韩、赵、魏。

②触子：齐国将领。他书亦作“蜀子”“向子”。

③济：古水名。

④赴：到……去。

⑤耻：羞辱。訾：非难。

⑥刬chǎn：消灭。若：你。类：同类，此指家族。

⑦垄：坟墓。

⑧以：与，和。天下兵：指五国军队。

⑨击金：敲击金属退兵。古代作战时击鼓进军，鸣金收兵。却：退却。

⑩卒：最后。北：败北，失败。

⑪乘：追击。

⑫达子：齐人。帅：率领。军：驻扎。秦周：齐地名。

⑬若：你们。残：残余。竖子：小子，这里是骂达子的话。

⑭恶wū：何，安，怎么。

⑮莒：齐邑名，在今山东莒县。

⑯北：指败逃的齐军。国：指齐国都城。

⑰美唐：当为齐国贮藏金钱的地方。

⑱小利：此指金钱。大利：此指国家。

译文

昌国君乐毅率领五国的军队去攻打齐国，齐国派触子为将，在济水边迎战秦、楚、韩、赵、魏五国的军队。齐王想要开战，派人到触子那去，羞辱并斥责他说："不迎战，就一定灭掉你的家族，掘掉你家的祖坟。"触子非常苦恼，希望齐军失败，于是和五国军队开战。刚一交战，触子就鸣金收兵。最后齐军败北，五国军队乘机追击齐军。触子乘着一辆兵车离开了，没有人知道他的去向，也听不到他的声音。达子又统帅着残余的士卒驻扎在秦周，没有东西赏赐士卒，就派人向齐王请求金钱，齐王大怒说："你们这些残存下来的家伙，怎么能给你们金钱呢？"齐军与燕军交战，被打得大败，达子战死，齐王逃亡到莒。燕军追逐败逃的齐兵进入齐国国都，士卒争抢了钱库美唐所藏的很多金钱。这就是贪图小利而失去了大利啊。

不广

题解

《不广》是《慎大览》的第六篇。不广，即不旷、不荒废，言凡事不可放弃人为的努力。文章认为，虽然成就功业要靠天意、时势，但“人事”不可旷废，“成亦可，不成亦可”，都要做到“以其所能托其所不能”，要善于利用外界条件。文章举管仲、鲍叔、宁越、咎犯的处事为例，具体阐释了尽人事的必要。

智者之举事必因时[①]。时不可必成[②]，其人事则不广，成亦可，不成亦可。以其所能托其所不能，若舟之与车。北方有兽，名曰蹶[③]，鼠前而兔后，趋则跲[④]，走则颠[⑤]，常为蛩蛩距虚取甘草以与之[⑥]。蹶有患害也，蛩蛩距虚必负而走。此以其所能托其所不能。

注释

①因：凭借，依靠。时：时机。

②成：成熟，具备。

③蹶：通“蟨”，兽名。

④跲 jiá：绊倒。

⑤颠：跌倒。

⑥为：替。蛩qióng蛩距虚：传说中一种异兽，前脚高，善走而不善求食。它常与蹶配合，互相依赖生存，蹶给它草吃，蹶有难则由它载其逃跑。

译文

聪明的人做事一定要依靠时机。时机不一定成熟，但人的努力却不能废弃。时机成熟也好，不成熟也好，用别的事物所能做到的来弥补那些不能做到的，就像船能渡河，车能载人一样。北方有一种兽，名叫蹶，前腿像老鼠腿一样短，后腿像兔子腿一样长，走快了就会绊倒，要跑就要跌倒。它常常采摘鲜美的草给蛩蛩距虚吃，蹶有危难的时候，蛩蛩距虚必定背着它逃跑。这就是用自己所能做到的来弥补自己所不能做到的。

鲍叔、管仲、召忽[①]，三人相善，欲相与定齐国，以公子纠为必立[②]。召忽曰："吾三人者于齐国也，譬之若鼎之有足，去一焉则不成。且小白则必不立矣，不若三人佐公子纠也。"管仲曰："不可，夫国人恶公子纠之母，以及公子纠，公子小白无母，而国人怜之。事未可知，不若令一人事公子小白。夫有齐国，必此二公子也。"故令鲍叔傅公子小白，管子、召忽居公子纠所。公子纠外物则固难必[③]。虽然，管子之虑近之矣。若是而犹不全也，其天邪，人事则尽之矣。

注释

①鲍叔：即鲍叔牙，春秋时齐国大夫。少时与管仲友善，后事公子小白，助齐桓公夺位，桓公命为相，不受，极力推荐管仲，以知人著称。管仲：春秋时齐国人。名夷吾，字仲，又字敬仲。初助公子纠与公子小白（即齐桓公）争位，失败被囚。后经鲍叔牙保荐，被齐桓公命以上卿，任国相，尊称“仲父”。召忽：春秋时齐国大夫。周召公之后，仕于齐。尝与管仲共佐公子纠，及遭齐之乱，与管仲傅公子纠奔鲁，后公子纠被杀，召忽自杀殉难。

②公子纠：春秋时齐国公室人物，齐襄公之弟，齐桓公（公子小白）之兄。襄公时，政局混乱，诛杀不当，诸弟恐遭杀害，公子小白奔莒，管仲、召忽佐公子纠奔鲁。襄公与公孙无知被杀后，齐国内乱，高国阴召小白回齐，鲁亦派兵护送纠返齐争位，管仲射中小白的衣扣，小白倒地装死，结果公子小白（桓公）先至齐即位，派兵在乾时击败鲁军，鲁人在齐国胁迫下，杀公子纠。

③固难必：原本就很难，不一定能实现。此指公子纠在外，不一定能成为齐国的君主。

译文

鲍叔、管仲、召忽三人彼此相友好，想一起使齐国安定，认为公子纠必定能立为君主。召忽说：“我们三人对于齐国，如同鼎有三足一样，少一个都不行。而且公子小白一定不会立为君主了，不如我们三人都辅佐公子纠。”管仲说：“不行。国人厌恶公子纠的母亲，因而牵连到公子纠；公子小白没有母亲，国人怜惜他。这件事情如何还未可知，不如让一个人去侍奉公子小白。拥有齐国的，一定是这两位公子中的一个。”所以让鲍叔做公子小白的老师，管仲、召忽住在公子纠那里辅佐他。公子纠在外边，不一定能成为齐国的君主。即使如此，管仲的考虑还是差不多的。像这样安排还不周全，那就是天意了，人为的努力已经都尽到了。

齐攻廪丘[①]。赵使孔青将死士而救之[②]，与齐人战，大败之。齐将死[③]，得车二千，得尸三万，以为二京[④]。宁越谓孔青曰[⑤]：“惜矣，不如归尸以内攻之[⑥]。越闻之，古善战者，莎随贲服[⑦]。却舍延尸[⑧]，车甲尽于战，府库尽于葬，此之谓内攻之。”孔青曰：“敌齐不尸则如何[⑨]？”宁越曰：“战而不胜，其罪一；与人出而不与人入，其罪二；与之尸而弗取，其罪三。民以此三者怨上。上无以使下，下无以事上，是之谓重攻之。”宁越可谓知用文武矣。用武则以力胜，用文则以德胜。文武尽胜，何敌之不服！

注释

①廪丘：古邑名，春秋时齐地，公元前548年齐大夫乌馀以廪丘奔晋”，后三家分晋，廪丘属赵。

②孔青：赵国将领。将：率领。死士：拼死勇战之士。

③齐将：当指齐将田布。

④京：京观。古代战争杀人至多，战胜者以敌方尸体合埋于大坑中，封土而成高大的土丘，称为“京观”。

⑤宁越：战国时赵国名士，中牟（今属河南）人，曾为周威公师。

⑥内攻：从内部进攻它。

⑦莎随：指相持相守，不进不退。贲bēn服：即匍匐。

⑧却舍：后退三十里。舍，三十里为一舍。延尸：即纳尸，使敌人收尸。

⑨敌齐：敌人齐国。不尸：不收尸。尸，用作动词，收尸。

译文

齐国攻打廪丘。赵国派孔青率领敢死的勇士去援救，与齐国作战，大败齐军。齐国的将领战死。赵国缴获了战车两千辆，得敌军尸体三万，将这些尸体封土堆成两个高丘。宁越对孔青说：“太可惜了，不如把尸体归还给齐国以便从内部瓦解它。我听说，古代善于作战的，使敌人既不能进又不能退，只能匍匐在地上。不如我们退后三十里，让敌军收尸。车甲在战斗中消耗殆尽，府库里的钱财在安葬死尸时将会用光，这就叫从内部攻击它。”孔青说：“敌人齐国不收尸怎么办？”宁越说：“作战没有取胜，这是他们的第一条罪状；让人民出去作战而不能带他们回来，这是他们的第二条罪状；给他们尸体却不收取，这是他们的第三条罪状。人民因这三条罪怨恨君主。君主不能驱使臣民，臣民不再侍奉君主，这就叫作双重地攻击它。”宁越可以说是知道运用文武两种办法了。用武就凭借力量取胜，用文就凭借德行取胜。文武都能取胜，什么样的敌人不能归服？

晋文公欲合诸侯[1]，咎犯曰：“不可，天下未知君之义也。”公曰：“何若？”咎犯曰：“天子避叔带之难[2]，出居于郑，君奚不纳之，以定大义？且以树誉。”文公曰：“吾其能乎？”咎犯曰：“事若能成，继文之业[3]，定武之功[4]，辟土安疆，于此乎在矣[5]；事若不成，补周室之阙[6]，勤天子之难[7]，成教垂名，于此乎在矣。君其勿疑！”文公听之，遂与草中之戎、骊土之翟[8]，定天子于成周[9]。于是天子赐之南阳之地[10]，遂霸诸侯。举事义且利，以立大功，文公可谓智矣。此咎犯之谋也。出亡十七年，反国四年而霸，其听皆如咎犯者邪！

注释

①合：会盟。指欲为霸主。

②天子：指周襄王。叔带之难：周襄王的弟弟叔带在周作乱，召集戎人起兵夺位，伐京师，入王城，周襄王出奔郑。此事历史上称为叔带之难。

③文：指晋文侯。西周末、春秋初晋国国君，姬姓，名仇，公元前 780 ～前 746 年在位。西周灭亡后，曾辅佐周平王东迁，受圭瓒和卣。

④武：指晋武公。春秋时晋国君主，晋文公重耳的祖父，姬姓，名称。公元前716年，继父位成为曲沃的国君。吞并晋国前称曲沃武公，后灭晋侯缗，统一晋国。

⑤乎：句中语气词。

⑥阙：过失。

⑦勤：救助。

⑧草中、骊土：皆为古地名。戎、翟：我国古代部族名。

⑨成周：指周王朝东迁后的都城洛邑，在今河南洛阳。

⑩南阳：古地域名，因在黄河以北、太行山以南，山南水北为阳，故称南阳。在今河南济源至获嘉一带。

译文

晋文公想要会盟诸侯，咎犯说："不行，天下人还不知道您的道义呢。"文公说："那怎么办呢？"咎犯说："周天子躲避叔带的灾难，逃亡在郑国。您为什么不接待他，以此确立大义呢？而且能借此树立您的声誉。"文公说："我能做得到吗？"咎犯说："事情如果能成功，就等于继承了文侯的大业，确立了武公的功绩，开拓土地，安定边疆，都在此一举了。事情如果不能成功，就弥补了周王室的过失，救助了周天子的灾难，成就教化，名垂青史，也全在此一举了。您不要疑虑了。"文公听从了咎犯的主张。于是和草中的戎人、骊土的狄人一起把周天子安置在成周。周天子将南阳之地赐给晋文公。文公于是称霸诸侯。做事情既符合道义又有利，建立了大功业，文公可说是明智了。这都是咎犯的计谋。文公出亡在外十七年，回国后四年就能称霸诸侯，他听从的都是像咎犯那样的人呀。

管子、鲍叔佐齐桓公举事[①]，齐之东鄙人有常致苦者[②]。管子死，竖刀、易牙用[③]，国之人常致不苦，不知致苦。卒为齐国良工，泽及子孙，知大礼。知大礼，虽不知国可也。

注释

①举事：用事，处理国事。

②致苦：向上转述人民困苦的情况。

③竖刀：或作“竖刁”，春秋时齐国宦官。易牙：一作“狄牙”，春秋时齐桓公宠臣，擅长调味。竖刀、易牙在管仲死后专权，齐桓公死后作乱。用：指用事，即掌权。

译文

管仲、鲍叔辅佐齐桓公处理国事，齐国东境边远地区的人常常向上反映人民困苦的情况。管仲死后，竖刀、易牙掌权，国人常常向上反映不困苦的情况，而不敢反映人民困苦的情况。管仲最终成为齐国的好官吏，恩泽施及子孙后代，是因为他懂得大礼。懂得大礼，即使不懂得国事也是可以的。

先识览

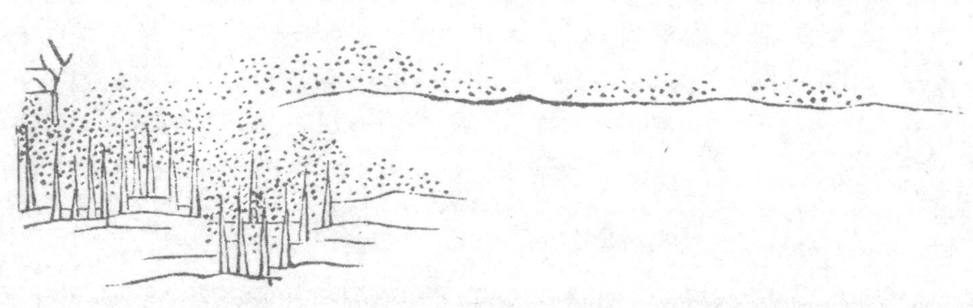

察 微

题解

《察微》是《先识览》的第六篇，阐发了见微知著、防患于未然的道理。文章指出："治乱存亡，其始若秋毫，察其秋毫，则大物不过矣。"围绕这一观点，从正反两方面加以举例论证。文章赞扬了孔子的"见之以细，观化远也"，表明智士贤者应该处心积虑，明察秋毫，看清事情的发展变化，防患于未然。文章还列举了吴楚卑梁之争、宋华元飨士而忘其御、鲁昭公听信谗言而不辨其义三件事例，从反面说明了小处不察，必然会酿成大患，所以应知从小事观远化的道理。

使治乱存亡若高山之与深溪①，若白垩之与黑漆②，则无所用智，虽愚犹可矣。且治乱存亡则不然③，如可知，如可不知④；如可见，如可不见。故智士贤者相与积心愁虑以求之⑤，犹尚有管叔、蔡叔之事与东夷八国不听之谋⑥。故治乱存亡，其始若秋毫。察其秋毫，则大物不过矣。

注释

①使：假如。

②白垩è：白色的土。

③且：而，但是。

④可不：依毕沅之说，当为“不可”。下句同。

⑤愁：依王引之之说，“愁”，通“揫 jiū”，聚的意思。“积心愁虑”等于说“积虑”。

⑥管叔、蔡叔：皆为周武王之弟，姬姓，管叔名鲜，蔡叔名度，武王灭商后，分别受封于管（今河南郑州）和蔡（今河南上蔡西南）。武王死，成王年幼，由周公旦摄政，管叔、蔡叔不满，遂与纣王之子武庚相勾结，发动叛乱。周公东征，历时三年，叛乱才被平息，管叔被杀，蔡叔被流放。八国：指当时支持武庚叛乱的东夷国家。

译文

假如社会的治乱和国家的存亡像高山和深谷，像白土和黑漆那样分明，那就不必运用智慧，即使愚笨的人也可以知道。但是社会的治乱、国家的存亡却不是这样，好像可以了解，又好像不可以了解，好像可以看见，又好像看不见。所以有才智的人、贤明的人都在千思百虑、用尽心思地去探求其中的征兆，即使这样，尚且有管叔、蔡叔的叛乱事件和东夷八国不听王命的阴谋。所以治乱存亡，它们刚刚显现的时候就像秋毫一样。能够明察秋毫，那大事就不会出现过失了。

鲁国之法，鲁人为人臣妾于诸侯[①]，有能赎之者，取其金于府[②]。子贡赎鲁人于诸侯，来而让[③]，不取其金。孔子曰："赐失之矣[4]。自今以往，鲁人不赎人矣。"取其金，则无损于行[5]；不取其金，则不复赎人矣。子路拯溺者，其人拜之以牛[6]，子路受之。孔子曰："鲁人必拯溺者矣。"孔子见之以细，观化远也[7]。

注释

①臣：男仆。妾：女婢。

②府：贮藏钱财的地方。此指公家府库。

③让：推辞。

④赐：孔子弟子子贡之名。子贡姓端木，名赐。

⑤行：品行，德行。

⑥拜：谢。

⑦观化远：对事物的发展变化有远见。

译文

鲁国的法令规定，鲁国人在其他诸侯国给人当奴仆，有能够赎出他们的，可以从国库中支取金钱。子贡从其他诸侯国赎出了鲁国人，回来后却推辞，不去支取那笔钱。孔子说："端木赐做错了。从今以后，鲁国人不会再赎人了。"支取府库金钱，对品行并没有损害，不支取府库金钱，就不再会有人赎人了。子路救了一个落水的人，那个人用牛来酬谢他，他收下了。孔子说："鲁国人一定会救那些落水的人了。"孔子能从细微处看到结果，对事物的发展变化观察得远啊。

楚之边邑曰卑梁[①]，其处女与吴之边邑处女桑于境上[②]，戏而伤卑梁之处女。卑梁人操其伤子以让吴人[③]，吴人应之不恭，怒，杀而去之。吴人往报之，尽屠其家。卑梁公怒，曰："吴人焉敢攻吾邑？"举兵反攻之，老弱尽杀之矣。吴王夷昧闻之[④]，怒，使人举兵侵楚之边邑，克夷而后去之[⑤]。吴、楚以此大隆[⑥]。吴公子光又率师与楚人战于鸡父[⑦]，大败楚人，获其帅潘子臣、小惟子、陈夏啮[⑧]。又反伐郢[⑨]，得荆平王之夫人以归[⑩]，实为鸡父之战。凡持国，太上知始，其次知终，其次知中。三者不能，国必危，身必穷。《孝经》曰[⑪]："高而不危，所以长守贵也；满而不溢，所以长守富也。富贵不离其身，然后能保其社稷，而和其民人。"楚不能之也。

注释

①卑梁：古地名，楚边地。《史记·吴太伯世家》所载与本文不同，称是吴边邑。

②桑：用作动词，采桑。

③操：带着。子：指上文中所言受伤的女子。古代男孩女孩都可称"子"。让：责备。

④夷昧：他书或作"馀昧""馀眛"。春秋时吴国君主。吴王寿梦之子、吴王僚之父。公元前 530 ～前 527 年在位。

⑤夷：平。

⑥隆：通"哄"，相斗。

⑦公子光：即吴王阖闾。鸡父：古地名，在今河南省固始县东南。

⑧潘子臣、小惟子：皆楚国大夫。陈夏啮：即陈国大夫夏啮。因鸡父之战，陈助楚，故为吴所俘。

⑨反：复。郢：楚国国都。

⑩得荆平王之夫人以归：本文所言“伐郢”、“得荆平王之夫人以归”，与《左传》所载不同。《左传·昭公二十三年》载：“楚太子建之母在郹，召吴人而启之。冬十月甲申，吴太子诸樊入郹，取楚夫人与其宝器以归。”（楚太子建之母，即荆平王之夫人。）

⑪《孝经》：儒家经典之一。主要论述封建孝道，宣传宗法思想。引文见今《孝经·诸侯章》。

译文

楚国有个边境城邑叫卑梁，那里的姑娘与吴国边境城邑的姑娘一起在边境上采桑叶，戏耍时，吴国的姑娘伤了卑梁的姑娘。卑梁人带着受伤的姑娘去责备吴国人，吴国人应答时很不恭敬，卑梁人一怒之下杀死了那个吴国人，然后就离开了。吴国人去报复，把那个楚国人全家都杀死了。卑梁的大夫大怒，说：“吴国人怎么竟敢进攻我的城邑？”因而发兵攻打吴国人，连老弱全都杀死了。吴王夷昧听到这件事后大怒，派人起兵侵犯楚国的边境城邑，攻克之后把它夷为平地，然后才离开。吴国和楚国因此展开大战。其后，吴公子光又率领军队在鸡父跟楚军交战，大败楚军，俘虏了楚军主帅潘子臣、小惟子以及陈国的夏啮。回过头来又接着攻打郢，得到了楚平王的夫人，把她带回吴国。这实际上还是鸡父之战的延续。凡是要守住国家，最上等的是洞察事情的开端，其次是预见到事情的结局，再次是了解事情发展中的变化。这三样都做不到，国家一定危险，自身一定困窘。《孝经》上说："地位高贵却不倾危，因此能够长期保持尊贵；财产充足却不外溢，因此能够长期保持富足。富贵不离身，然后才能保住国家，使人民和谐。"楚国却不能做到这点。

郑公子归生率师伐宋[①]。宋华元率师应之大棘[②]，羊斟御[③]。明日将战，华元杀羊飨士[④]，羊斟不与焉[⑤]。明日战，怒谓华元曰："昨日之事，子为制[⑥]；今日之事，我为制。"遂驱入于郑师。宋师败绩，华元虏。夫弩机差以米则不发[⑦]。战，大机也。飨士而忘其御也，将以此败而为虏，岂不宜哉！故凡战必悉熟偏备[⑧]，知彼知己，然后可也。

注释

①归生：春秋时郑国大夫。姬姓，名归生，字子家。执郑国之政，周旋于晋、楚两大国之间，曾多次参加诸侯会盟。"郑公子归生率师伐宋"，事在鲁宣公二年（公元前607年）。

②华元：春秋时宋国大夫，宋国公族。历事宋昭公、文公、共公、平公四君，前后执政数十年。归生伐宋时，华元为宋师统军元帅，此记其率师抵御

郑军，兵败于大棘（宋邑，在今河南省柘城县西北），被俘，不久后逃回。

③羊斟：宋人。为华元驾车，后奔鲁。御：驾车。

④飨士：宴享犒劳甲士。

⑤不与：不参与。指不在被飨其中。

⑥制：控制，掌握。

⑦弩机：弩牙，装置在弩上的机械，用青铜制成，用以控制发箭。弩，古代一种利用机械力量发射箭的强弓。米：指一颗米粒的长度。

⑧悉：全，都。偏：通“遍”。

译文

郑公子归生率领军队攻打宋国。宋国的华元率军队在大棘迎敌，羊斟给他驾车。第二天临战前，华元杀羊犒劳士兵，羊斟没在被宴飨的人中。第二天战斗的时候，羊斟生气地对华元说：“昨天宴享犒劳士卒的事由你掌握，今天驾车的事则是由我掌握了。”于是把华元乘坐的战车赶进郑国军队中。宋国军队战败，华元被俘。弩机上的弩牙相差一个米粒就不能发射。战争，就像一个大的弩机。犒劳宴享士兵却忘了自己的驭手，将帅因此战败被俘，难道不是应该的吗？所以，大凡作战，一定要熟悉全部情况，做好全面准备，知己知彼，然后才可以作战。

鲁季氏与郈氏斗鸡[①]。郈氏介其鸡[②]，季氏为之金距[3]。季氏之鸡不胜，季平子怒，因归郈氏之宫而益其宅[4]。郈昭伯怒，伤之于昭公[5]，曰："禘于襄公之庙也[6]，舞者二人而已[7]，其余尽舞于季氏。季氏之舞道[8]，无上久矣[9]。弗诛，必危社稷。"公怒，不审[10]，乃使郈昭伯将师徒以攻季氏[11]，遂入其宫。仲孙氏、叔孙氏相与谋曰[12]："无季氏，则吾族也死亡无日矣[13]。"遂起甲以往[14]，陷西北隅以入之[15]，三家为一，郈昭伯不胜而死。昭公惧，遂出奔齐，卒于乾侯[16]。鲁昭听伤而不辩其义[17]，惧以鲁国不胜季氏，而不知仲、叔氏之恐，而与季氏同患也。是不达乎人心也[18]。不达乎人心，位虽尊。何益于安也？以鲁国恐不胜一季氏，况于三季[19]？同恶固相助。权物若此其过也[20]，非独仲、叔氏也，鲁国皆恐。鲁国皆恐，则是与一国为敌也，其得至乾侯而卒犹远[21]。

注释

①季氏：即季孙氏，鲁国最有权势的贵族。此指季平子。郈 hòu 氏：鲁国公室，此指郈昭伯。

②介：甲。用作动词，给……披上甲。

③为之金距：给鸡套上金属爪。之，指鸡。距，鸡爪。

④归：依孙人和之说，当是"侵"字之误。宫：室。益其宅：扩大自己的住宅。

⑤伤：中伤，诋毁。

⑥禘 dì：大祭名，古代帝王祭祀先祖的一种典礼。襄公：鲁昭公之父，公元前 572 ～前 542 年在位。

⑦二人：依毕沅之说，当为"二八"之误。古代舞制，

天子八佾，诸侯六佾，大夫四佾、士二佾。鲁国为诸侯，礼当用六佾，但今只用二佾，其余四佾被季氏占有。季氏为大夫，当用四佾，但竟为八佾。故《论语·八佾》说："孔子谓季氏，'八佾舞于庭，是可忍也，孰不可忍也！'"佾，古代乐舞的行列，八人为一佾。

⑧舞道：舞的规矩。

⑨无上：目无君主。

⑩不审：不详察。

⑪使：派遣。

⑫仲孙氏、叔孙氏：皆鲁国贵族，与季氏同族。

⑬无日：没有多少时日。

⑭起甲：即发兵。起，发。甲，甲士。

⑮隅：墙角。入之：进入季平子家。

⑯乾gān侯：晋邑，在今河北省成安县东南。

⑰辩：通"辨"，分辨。

⑱达：通达，了解。

⑲三季：指上文所提到的季孙氏、仲孙氏、叔孙氏。

⑳权：衡量。其：指鲁昭公。过：过失，失误。

㉑其：指鲁昭公。犹：还算。远：意思是昭公与一国为敌，能得以死在乾侯，算是有幸死得远了。

译文

鲁国的季氏与郈氏斗鸡。郈氏给他的鸡披上甲，季氏给鸡套上金属爪。季氏的鸡没有取胜，季平子很生气，于是侵占郈氏的房屋来扩大自己的住宅。郈昭伯非常恼怒，就在鲁昭公面前诋毁季氏，说："在襄公庙举行大祭的时候，表演祭舞的人仅有十六人而已，其余的都到季氏家去跳舞了。季氏家舞蹈的规矩不合大夫的规格，表明他目无君主已经很长时间了。不杀掉他，必然危害国家。"昭公大怒，不加详察，就派郈昭伯率领军队攻打季氏，攻入了他的庭院。仲孙氏、叔孙氏一起商量说："没有了季氏，那我们家族离灭亡也就没有多少时日了。"于是发兵去救助，攻破了院墙的西北角而进入庭院，三家合兵为一，郈昭伯不能取胜而被杀死。昭公害怕了，于是出逃到齐国，死在了晋国的乾侯。鲁昭公听信郈氏诋毁季氏的话，不分辨其是否合乎道理，他只担心凭借鲁国不能战胜季氏，却不知道仲孙氏、叔孙氏因恐惧而与季孙氏患难与共。这是鲁昭公不了解人心啊。不了解人心，地位即使尊贵，对安全又有什么益处呢？凭借鲁国尚且担心不能战胜一个季氏，更何况三个季氏的力量呢？他们都厌恶昭公，本来就会互相救助。昭公权衡事情如此错误，不只是仲孙氏、叔孙氏，整个鲁国都会恐惧。整个鲁国都恐惧，那就是与整个国家为敌了。昭公与整个国家为敌，能死在乾侯，还算是死得远了。

去 宥

题解

《去宥》是《先识览》的第七篇，主要论述了认识问题的方法。所谓“去宥”，就是要去掉主观偏见，才能正确认识事物。文章提出了“凡人必别宥然后知，别宥则能全其天矣”的论点，举秦惠王问唐姑果、荆威王学书、邻父有与人邻者、齐人攫金等例，从反面论证了这一中心论点。

东方之墨者谢子[1]，将西见秦惠王[2]。惠王问秦之墨者唐姑果[3]。唐姑果恐王之亲谢子贤于己也[4]，对曰：“谢子，东方之辩士也。其为人甚险，将奋于说[5]，以取少主也[6]。”王因藏怒以待之。谢子至，说王[7]，王弗听。谢子不说[8]，遂辞而行。凡听言，以求善也，所言苟善，虽奋于取少主，何损？所言不善，虽不奋于取少主，何益？不以善为之悫[9]，而徒以取少主为之悖，惠王失所以为听矣[10]。用志若是，见客虽劳，耳目虽弊[11]，犹不得所谓也[12]。此史定所以得行其邪也[13]，此史定所以得饰鬼以人、罪杀不辜，群臣扰乱，国几大危也。人之老也，形益衰而智益盛。今惠王之老也，形与智皆衰邪？

注释

①谢子：战国时墨家学者。姓谢，子是古代对学者的尊称。

②秦惠王：即秦惠文王，战国时秦国国君，嬴姓，名驷，公元前 337 ～前 311 年在位。

③唐姑果：秦国的墨家学派人物。他说或作“唐姑”“唐姑梁”。

④亲：亲近。贤：超过，胜过。

⑤奋于说：竭力游说。

⑥取少主：取得少主的欢心。少主，指惠王太子。

⑦说 shuì：劝说，进言。

⑧说：通“悦”，喜悦。

⑨为之悫 què：认为他忠厚诚实。为，通“谓”。悫：忠厚，诚实。

⑩所以为听：指听言的目的。

⑪弊：疲惫，困乏。

⑫所谓：指宾客言谈的宗旨。

⑬史定：秦惠王时的史官，名定。行其邪：指下文所言“饰鬼以人、罪杀不辜”。

译文

东方墨家学者谢子，将要到西方去拜见秦惠王。惠王向秦国墨家学派的唐姑果打听谢子的情况。唐姑果担心秦王亲近谢子超过自己，就回答说：“谢子是东方能言善辩的人。他为人很阴险狡诈，将竭力游说来取得太子的欢心。”秦王于是心怀愤怒等待谢子的到来。谢子来了，劝说惠王，惠王不听从他的意见。谢子不高兴，于是就告辞走了。大凡听人讲话，是为了得到好的意见，所说的意见如果好，即使他是竭力取得太子的欢心，又有什么损害呢？所说的意见如果不好，即使不是竭力取得太子的欢心，又有什么益处呢？不因为他的意见好而认为他忠诚，而仅仅因为他想取得太子的欢心就认为他悖逆，惠王丧失了所以要听取意见的目的了。像这样动用心思，接见客人即使很劳累，耳朵眼睛即使疲惫，还是领会不到客人讲话的要旨。这就是史定之所以能够做邪僻之事的原因，这就是史定之所以能用人装扮成鬼、加罪滥杀无辜的人，以致群臣骚乱、国家近于危亡的原因。人到了年老的时候，身体越来越衰弱，而智慧越来越旺盛。现在惠王已到了老年，身体和智慧都衰竭了吗？

荆威王学书于沈尹华①，昭厘恶之②。威王好制③，有中谢佐制者④，为昭厘谓威王曰："国人皆曰：王乃沈尹华之弟子也。"王不说，因疏沈尹华。中谢，细人也⑤，一言而令威王不闻先王之术⑥，文学之士不得进⑦，令昭厘得行其私。故细人之言，不可不察也。且数怒人主⑧，以为奸人除路⑨，奸路以除而恶壅却⑩，岂不难哉？夫激矢则远⑪，激水则旱⑫，激主则悖⑬，悖则无君子矣。夫不可激者，其唯先有度⑭。

注释

①荆威王：即楚威王，战国时楚国君主，芈姓，名熊商，

公元前 339～前 329 年在位。书：指古代的文献典籍。沈尹华：威王之臣。

②昭厘：威王之臣。

③制：法制。

④中谢：官职名，为君主的侍御近臣。佐制：帮助制定法制。

⑤细人：小人，身份低微的人。

⑥术：治理国家的道理、方法。

⑦文学之士：研究、精通古代文献典籍的人。

⑧且：将。数：屡次。怒：用作动词，激怒。

⑨除路：扫除仕进途中的障碍。除，修治。

⑩奸路：奸人仕宦之路。恶：讨厌。壅却：指贤人的仕进之途被阻塞。壅，阻塞。却，退却。

⑪激矢：此处指奋力向后拉箭。

⑫激水则旱：阻遏水流，水势就猛。旱，通“悍”，猛。

⑬激主：刺激使发怒。

⑭其：大概，可能。度：法度，准则。

译文

楚威王向沈尹华学习文献典籍，昭厘很忌恨这件事。威王喜好法制，有个帮助制定法令的中谢官替昭厘对威王说：“国人都说：‘大王是沈尹华的弟子。’”威王不高兴，因而就疏远了沈尹华。中谢官是地位卑贱的人，他的一句话就让威王不听先王治理国家的道理，使那些研究、精通古代文献典籍的人不得用，让昭厘能够施行自己的阴谋。所以，小人的话不可不详加辨察啊。而且屡次激怒人主，借此来替奸人扫清仕进之路。奸人的仕进之路扫清了，却又厌恶贤人的仕进之路被阻塞，这难道不是很困难吗？奋力向后拉紧箭弦，箭就射得远，阻遏水流，水势就猛，激怒君主，君主就会悖谬，君主悖谬就没有君子辅佐了。不可激怒的，大概只有心中早有准则的君主吧。

邻父有与人邻者[①]，有枯梧树。其邻之父言梧树之不善也[②]，邻人遽伐之[③]。邻父因请而以为薪。其人不说曰："邻者若此其险也，岂可为之邻哉？"此有所宥也[④]。夫请以为薪与弗请，此不可以疑枯梧树之善与不善也。

注释

①邻父：当为衍文。

②父 fǔ：古代对老年男子的尊称。

③遽：立即，立刻。

④宥：通"囿"，局限，闭塞。

译文

有个人与别人为邻，家中有棵干枯了的梧桐树。与他为邻的老者说这棵梧桐树不好，那人立刻就把树砍了。邻居老者于是请他把那棵树给他当柴烧。他不高兴地说："邻居像这样阴险，怎么能跟他作邻居呢？"这是有所蔽塞啊。请求要那棵梧桐树当作柴烧或是不请求把它作为柴烧，不能因此怀疑枯了的梧桐树好还是不好。

齐人有欲得金者，清旦，被衣冠[①]，往鬻金者之所[②]，见人操金，攫而夺之[③]。吏搏而束缚之[④]，问曰："人皆在焉，子攫人之金，何故？"对吏曰："殊不见人[⑤]，徒见金耳。"此真大有所宥也。

注释

①被：通"披"，这里是穿戴的意思。

②鬻：卖。

③攫：本指鸟用爪疾取，引申为抓取。

④搏：抓住。

⑤殊：极，很，这里是根本的意思。

译文

齐国有个一心想得到金子的人，清晨，穿上衣服，戴好帽子，到了卖金子的人那里，看见人拿着金子，就抓住金子，夺了过来。吏役把他抓住并捆了起来，问道："人都在这里，你抓取别人的金子，这是为什么？"他回答说："我根本没有看见人，只看见了金子罢了。"这真是蔽塞到极点了。

夫人有所宥者，固以昼为昏，以白为黑，以尧为桀。宥之为败亦大矣。亡国之主，其皆甚有所宥邪？

故凡人必别宥然后知[①]，别宥则能全其天矣[②]。

注释

①别宥：区别蔽塞，破除成见。

②天：指身。

译文

有所蔽塞的人，本来就把白天当作黑夜，把白当作黑，认为尧是桀。蔽塞造成的祸害实在是太大了。亡国的君主大概都非常蔽塞吧。所以，凡是人一定要区别什么是蔽塞，然后才能知晓事物的全貌，能够区别什么是蔽塞就能保全自身了。

审分览

不　二

题解

《不二》是《审分览》的第七篇，论述了集中统一的重要性。不二，即言治国要统一于法。文章指出，“一则治，异则乱；一则安，异则危”。天下学说众多，文章列举了老子等十位“天下之豪士”各自的学说特点，认为，如各执一见，议以治国，则国危无日，所以，国君不得二其说而必须同一法，这种主张适应了秦统一大业的需要，为秦的统一事业提供了理论依据。

听群众人议以治国[①]，国危无日矣。何以知其然也？老耽贵柔[②]，孔子贵仁[③]，墨翟贵廉[④]，关尹贵清[⑤]，子列子贵虚[⑥]，陈骈贵齐[⑦]，阳生贵己[⑧]，孙膑贵势[⑨]，王廖贵先[⑩]，兒良贵后[⑪]。此十人者，皆天下之豪士也[⑫]。

注释

①群众人：即众人。

②老耽：即老聃、老子。他曾提出“以柔克刚”的主张，故这里说他“贵柔”。

③孔子贵仁：孔子开创儒学，把“仁”看作是最高的品德，提倡“仁者爱人”，故这里说他“贵仁”。

④墨翟贵廉：墨子创立墨家学派，主张“非乐”“节用”“节丧”等，以俭约自苦为行，一生过着清苦的生活，故这里说他“贵廉”。廉，节俭。

⑤关尹：史籍通称关尹子，相传为春秋末期道家人物。一说因其曾为函谷关尹，故名“关尹”；一说他为周人，尹氏，名喜。其学说与老子一致，主张清静无为，“在己无居”“其动若水，其静若镜”，故这里说他“贵清”。

⑥子列子：即列子、列御寇，战国时期道家人物。其学说本于道家之说，他说：“莫如静，莫如虚。静也虚也，得其居矣。”主张虚静无为，故这里说他“贵虚”。

⑦陈骈：即田骈，战国时思想家，齐国人。相传为彭蒙的弟子，学于黄老，曾到稷下讲学，与慎到同为稷下黄老学派的代表人物。主张“齐万物以为首”，平等看待一切事物，认为“万物皆有所可，皆有所不可”，不要抱有主观的是非评价观念，故这里说他“贵齐”。

⑧阳生：即杨朱，又称阳子、阳子居，战国初学者，魏国人。主张“贵生”“重己”“全性葆真，不以物累形”，反对损人利己，亦不提倡损己利人，意谓若交相利则必有交相损。孟子说他“拔一毛而利天下，不为也”，故这里说他“贵己”。

⑨孙膑：战国时著名军事家，兵家代表人物，齐国人，孙武的后人。早年曾与庞涓同学于鬼谷子，后受庞涓暗害，被处膑刑（去掉膝盖骨的刑罚），故称膑。

齐威王时，由田忌推荐，为齐军师。马陵之战中，用计迫庞涓自杀，制服强魏，名扬天下。他认为“战胜而强之，故天下服矣”，故这里说他“贵势”。

⑩王廖：战国时军事家，兵家。他善将兵，战前要仔细谋划，故这里说他“贵先”。

⑪兒ní良：战国时军事家，兵家。他善兵家权谋之学，战后要仔细总结谋划，故这里说他“贵后”。

⑫此十人者，皆天下之豪士也：旧本无，依毕沅之说补。

译文

听取众人的议论来治理国家，国家很快就有危险了。根据什么知道会是这样呢？老耽崇尚柔，孔子崇尚仁，墨翟崇尚廉，关尹崇尚清，列子崇尚虚，陈骈崇尚齐，阳生崇尚己，孙膑崇尚势，王廖崇尚先，兒良崇尚后。这十个人，都是天下的豪杰之士。

有金鼓，所以一耳也[①]；同法令，所以一心也；智者不得巧，愚者不得拙，所以一众也；勇者不得先，惧者不得后，所以一力也。故一则治，异则乱；一则安，异则危。夫能齐万不同[②]，愚智工拙皆尽力竭能，如出乎一穴者[③]，其唯圣人矣乎！无术之智[④]，不教之能[⑤]，而恃强速贯习[⑥]，不足以成也。

注释

①金鼓：古代打仗时用来指挥作战的金钟和战鼓，鸣金收兵，击鼓进军。一：用作动词，统一。

②齐万不同：使众多不同的事物齐同。齐，使……齐。

③如出乎一穴：比喻从一个起点出发。

④无术之智：指君主没有驾驭臣下的智谋。

⑤不教之能：指人臣不遵循法令而表露自己的才能。

⑥速：敏捷。贯：贯通。习：熟习。

译文

军队中设置金鼓，是为了统一士兵的号令；法令一律，是为了统一人们的思想；聪明的人不得灵巧，愚蠢的人不得笨拙，是为了统一众人的智慧；勇敢的人不得抢先，胆怯的人不得落后，是为了统一人们的力量。所以，统一就治理得好，不统一治理就混乱；统一就平安，不统一就危险。能够使众多不同的事物齐同，无论愚笨的还是聪明的、灵巧的还是笨拙的，都能竭心尽力，好像从一个起点出发一样，这大概只有圣人才能做到吧！君主没有驾驭臣下的智谋而听任耳目智巧，人臣不遵循法令而表露自己的才能，依靠强力、敏捷，贯通、熟习，是不足以用来实现这些的。

审应览

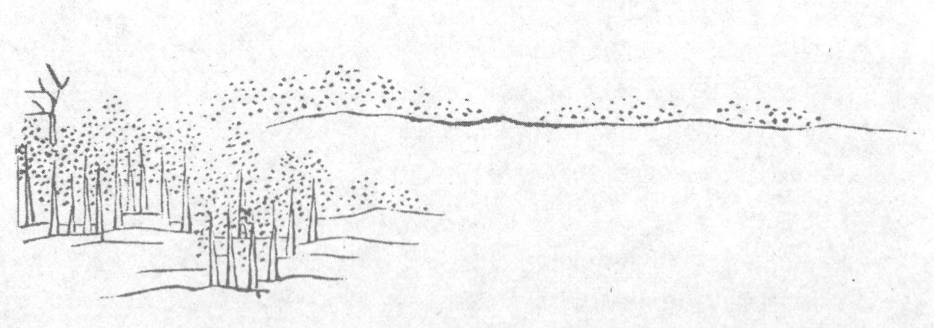

离 谓

题解

《离谓》是《审应览》的第四篇。所谓“离谓”，指的是言辞与思想相违背，本篇论述了言辞与思想相违背的危害。文章指出，“夫辞者，意之表也”，言辞是思想的外在表现，如果“言意相离”，必定凶险。流言泛滥、随意毁誉、贤不肖不分，正是乱国之俗，会给国家带来混乱。只有“以言观意”“得其意则舍其言”才是正确的做法。

言者以谕意也。言意相离，凶也。乱国之俗，甚多流言，而不顾其实，务以相毁，务以相誉，毁誉成党，众口熏天①，贤不肖不分。以此治国，贤主犹惑之也，又况乎不肖者乎？惑者之患，不自以为惑，故惑惑之中有晓焉②，冥冥之中有昭焉③。亡国之主，不自以为惑，故与桀、纣、幽、厉皆也④。然有亡者国⑤，无二道矣⑥。

注释

①熏天：形容气势极盛。熏，侵染，侵袭。

②惑惑：迷惑。

③冥冥：昏暗。昭：明。

④皆：通“偕”，偕同，相同。

⑤者：通“诸”，之。

⑥无二道矣：没有另外的途径了。意思是，被灭亡的国家，都是由于“不自以为惑”。

译文

说话是为了表达意思的。言辞和意思相分离，就凶险了。混乱的国家的习俗是，流言很多，却不顾事实，极力互相诋毁，极力互相恭维，诋毁的和恭维的各自结成朋党，众口喧嚣，气势冲天，贤与不肖之人混杂不能分辨。这样来治理国家，贤明的君主尚且感到迷惑，更何况不贤明的君主呢？迷惑的人的祸患是，自己不感到迷惑，所以在迷惑中自以为清醒，在昏暗中又以为明亮。亡国的君主，不认为自己迷惑，所以就同桀、纣、幽、厉这些古代君主一样的。这样看来，灭亡了的国家，都走的是一样的道路。

郑国多相县以书者[①]。子产令无县书[②]，邓析致之[③]。子产令无致书，邓析倚之[④]。令无穷，则邓析应之亦无穷矣。是可不可无辨也[⑤]。可不可无辨，而以赏罚，其罚愈疾[⑥]，其乱愈疾。此为国之禁也[⑦]。故辨而不当理则伪[⑧]，知而不当理则诈[⑨]。诈伪之民，先王之所诛也。理也者，是非之宗也[⑩]。

注释

①相县以书：指把法令悬挂出来互相辩论。县，通

"悬",悬挂。书,指书写在竹简、木牍上的法令条文。

②子产:即公孙侨,名侨,字子产,春秋时郑国正卿,实行了一系列的政治改革。

③邓析:春秋末期思想家,郑国人,曾做过郑国大夫。创办私学,宣传法制,私自编写法令条文,写在竹简上,称为《竹刑》;又宣传法理,以善辩教人打官司。为当时统治者所不容,被杀。致:细密。这里有修饰的意思。

④倚:曲解,邪曲。

⑤辨:辨别。

⑥疾:猛烈。

⑦为:治理。

⑧辨:通"辩"善辩。伪:奸巧。

⑨知:通"智",聪明。

⑩宗:根本。

译文

郑国有许多人把法令悬挂出来相互辩答。子产命令不许悬挂法令辩答,邓析就文饰法律。子产命令不许文饰法律,邓析就曲解法律。子产的命令无穷无尽,邓析应付的办法也无穷无尽。这样,可以的与不可以的就无法辨别了。可以的与不可以的无法辨别,却用来施加赏罚,那么赏罚越厉害,混乱就会越严重,这是治理国家的禁忌。所以,善辩却不符合事理就是奸巧,聪明却不符合事理就是狡诈。奸巧狡诈的人,是先王所要惩罚的人。事理,是判断是非的根本啊。

洧水甚大[1]，郑之富人有溺者，人得其死者[2]。富人请赎之，其人求金甚多。以告邓析，邓析曰："安之。人必莫之卖矣[3]。"得死者患之，以告邓析，邓析又答之曰："安之。此必无所更买矣。"夫伤忠臣者有似于此也。夫无功不得民，则以其无功不得民伤之；有功得民，则又以其有功得民伤之。人主之无度者[4]，无以知此，岂不悲哉？比干、苌弘以此死[5]，箕子、商容以此穷[6]，周公、召公以此疑[7]，范蠡、子胥以此流[8]，死生存亡安危，从此生矣。

注释

①洧wěi水：古水名，即今双洎河，在河南省境内。

②死：尸，尸体。

③莫之卖：无处可卖尸体。

④度：法度，准则。

⑤比干：商纣王的叔父。相传官至少师，因纣荒淫残暴，比干以死力谏，被商纣王剖腹观心而死。苌弘：春秋末年周敬王的大夫，因牵连晋国贵族斗争，帮助范氏，后被周人杀死。传说他被杀后，蜀人藏其血，三年乃化而为碧玉。以此死：指因君主不辨忠奸而死。

⑥箕子：商末王室贵族，商纣王的叔父，因封于箕，故称"箕子"。纣王荒淫无道，箕子屡谏不听。比干被杀后，他佯狂为奴，被纣囚禁。周武王灭商后，

将其释放，并咨之以国事。商容：商代贤人，相传被纣废黜。穷：困窘。

⑦周公：即周公旦。召公：指召公奭。周公旦和召公奭都是周初大臣。周武王死后，成王年幼，他们辅佐成王，管叔、蔡叔散布流言，他们因此而被怀疑。

⑧范蠡、子胥以此流：范蠡辅佐越王勾践灭吴后，退隐江湖，泛舟五湖，因此这里说“流”。伍子胥因劝谏吴王夫差拒绝求和，被赐死，死后其尸体被装入口袋流于江，因而这里也称之为“流”。

译文

洧水很大，郑国有个富人淹死了，有人得到了这个人的尸体。富人家里人请求赎买尸体，得到尸体的那个人却要的钱很多。富人家里人把这情况告诉了邓析，邓析说：“你放心。那个得到尸体的人绝对无处去卖尸体。”得到尸体的人对此很担忧，把这情况告诉了邓析，邓析又回答他说：“你放心。那死者的家人一定没有别的买处。”那些诋毁忠臣的人，与此相似。忠臣没有功劳得不到民心，就拿他们没有功劳得不到民心诋毁他们；有功劳得民心，就又拿他们有功劳得民心诋毁他们。君主中没有原则的，无法了解这种情况，难道不可悲吗？比干、苌弘就是因此而被杀死，箕子、商容就是因此而陷入困境，周公、召公就是因此而被猜忌，范蠡、伍子胥就是因此而泛舟五湖、流尸于江，生死、存亡、安危，都由这里产生了。

子产治郑，邓析务难之，与民之有狱者约[1]：大狱一衣，小狱襦袴[2]。民之献衣襦袴而学讼者，不可胜数。以非为是，以是为非，是非无度，而可与不可日变。所欲胜因胜，所欲罪因罪。郑国大乱，民口喧哗。子产患之，于是杀邓析而戮之[3]，民心乃服，是非乃定，法律乃行。今世之人，多欲治其国，而莫之诛邓析之类[4]，此所以欲治而愈乱也。

注释

①狱者：狱讼的人。

②襦rú：短衣。袴kù：即后世的"裤"，但古时的裤子无裆，只套在腿上，故又称"胫衣"。

③戮：陈尸示众。此处言子产杀邓析，与《左传》所载有异，《左传·定公九年》载邓析为郑国执政者驷歂（字子然）所杀，距子产去世已二十余年，故有学者谓本篇所记"子产"当作"子然"。

④莫之诛：即"莫诛之"。

译文

子产治理郑国，邓析极力刁难他，跟有狱讼的人约定：学习大的狱讼要送一件上衣，学习小的狱讼要送一套短衣裤。为学习狱讼而献上上衣、短衣裤的人不计其数。结果造成把错的当作对的，把对的当作错的，对错没有标准，可以与不可以的标准每天都在改变。想让谁诉讼胜就能让谁诉讼胜，想让谁获罪就能让谁获罪。郑国大乱，民怨沸腾。子产对此感到忧虑，于是杀掉了邓析并陈尸示众，民心才顺服，是非才确定，法律才实行。如今世上的人，大都想治理好自己的国家，但又不诛杀邓析之类的人，这就是想把国家治理好而国家却更加混乱的原因啊。

齐有事人者，所事有难而弗死也[①]。遇故人于途，故人曰："固不死乎[②]？"对曰："然。凡事人，以为利也。死不利，故不死。"故人曰："子尚可以见人乎？"对曰："子以死为顾可以见人乎[③]？"是者数传[④]。不死于其君长，大不义也，其辞犹不可服，辞之不足以断事也明矣。夫辞者，意之表也。鉴其表而弃其意，悖[⑤]。故古之人，得其意则舍其言矣。听言者以言观意也，听言而意不可知，其与桥言无择[⑥]。

注释

①难：遇难，死难。弗：不。死：殉死。

②固：果真。

③顾：反而。

④是：这，此。数：多次。传：传述。

⑤悖：惑乱，糊涂。

⑥桥言：乖戾之言。择：区别。

译文

齐国有个服侍人的人，主君遇难了，但他却不殉死。他在路上遇到了熟人，熟人说：“你果真不殉死吗？”他回答说：“是的。凡是服侍人的人，都是为了谋利。殉死不利，所以不殉死。”熟人说：“您还可以见人吗？”他回答说：“您认为殉死以后反而可以见人吗？”这样的话他多次传述。不为自己的君主上司殉死，是非常不义的，可是这个人在言辞上仍然不被折服，言辞不足以判断事情，是很清楚的了。言辞，是思想的外在表现。欣赏外在表现却抛弃思想，这是糊涂的。所以古人明白了人的思想就舍弃了他的言辞。听别人讲话，是要通过其言辞来观察其思想。听别人讲话却不了解他的思想，那样的话，就与乖戾之言没有区别了。

齐人有淳于髡者①，以从说魏王②。魏王辩之③，约车十乘④，将使之荆。辞而行，有以横说魏王，魏王乃止其行。失从之意，又失横之事，夫其多能不若寡能，其有辩不若无辩。周鼎著倕而龁其指⑤，先王有以见大巧之不可为也⑥。

注释

①淳于髡：战国时期齐国著名的政治家和思想家，稷下学士，以博学强记、善于辩论著称，曾被齐威王任为大夫。

②从：通“纵”，即合纵，关东南北六国联合抗秦。魏王：

指魏惠王。

③辩之：以之为辩，即认为他讲的话好。

④约车：套车。

⑤倕chuí：相传为尧时的巧匠。龁hé：咬。

⑥见：通“现”，显现，显示。

译文

齐国人有个叫淳于髡的人，用合纵之术劝说魏惠王。魏惠王认为他说得很好，就准备好十辆车，要派他出使楚国。他告辞要走的时候，又用连横之术劝说魏惠王，魏惠王于是停止了这次出行。既让合纵的主张落空，又让连横的主张落空，那么他的才能多就不如才能少，他有辩才就不如没有辩才。周鼎上铸刻着倕的图像却让他咬断自己的手指，先王以此来表明太大的智巧是不可取的。

应　言

题解

《应言》是《审应览》的第七篇，论述了应对所要注意的地方：一是要抓住要害和实质，二是要抓住对方言行方面的矛盾从而进行辩驳，使对方理屈词穷。作者列举了白圭与惠子辩、公孙龙劝说燕昭王、司马喜非难墨者师等事例，都围绕着这两点进行论述。文章劝告君主要善于分析形势，准确判断，这样才能辨察虚言浮辞。

白圭谓魏王曰[①]："市丘之鼎以烹鸡[②]，多洎之则淡而不可食[③]，少洎之则焦而不熟，然而视之蝺焉美[④]，无所可用。惠子之言，有似于此。"惠子闻之，曰："不然。使三军饥而居鼎旁，适为之甑[⑤]。则莫宜之此鼎矣。"白圭闻之，曰："无所可用者，意者徒加其甑邪？"白圭之论自悖，其少魏王大甚[⑥]。以惠子之言蝺焉美，无所可用，是魏王以言无所可用者为仲父也，是以言无所用者为美也。

注释

①魏王：即魏惠王。

②市丘之鼎：市丘所出之鼎，当为当时的大鼎。市丘，魏地名。

③洎 jì：往饮器中加水。这里引申为用肉煮成的汤汁。淡：汁多无味。

④蝺 qǔ焉美：高大美好的样子。

⑤甑 zèng：古代蒸食用的炊具，底部有气孔，置于鬲、釜等之上蒸煮食物。

⑥少：轻视，看不起。大：通“太”。

译文

白圭对魏惠王说：“用市丘出产的大鼎来煮鸡，多加水就会淡得没法吃，少加水就会烧焦了却不熟，然而这鼎看起来非常高大漂亮，却没有什么用处。惠子的话，与这个大鼎相似。”惠子听到这话以后，说：“不对。如果让饥饿的三军士兵停留在鼎的旁边，恰好找到了煮饭用的甑，那就没有比这个鼎更合适的了。”白圭听到这话以后，说：“没有什么用处的东西，想来只是白白地为它再加上个甑吗？”白圭的言论自然是错的，他太轻视魏王了。他称惠子的话说得漂亮，但没什么用处，这相当于说魏惠王把说话没什么用的人当成仲父了，把说话没什么用处的人当作完美的人了。

公孙龙说燕昭王以偃兵[①]，昭王曰：“甚善。寡人愿与客计之。”公孙龙曰：“窃意大王之弗为也。”王曰：“何故？”公孙龙曰：“日者大王欲破齐[②]，诸天下之士，其欲破齐者，大王尽养之；知齐之险阻要塞、君臣之际者[③]，大王尽养之；虽知而弗欲破者，大王犹若弗养[4]。其卒果破齐以为功。今大王曰‘我甚取偃兵’。诸侯之士在大王之本朝者，尽善用兵者也。臣是以知大王之弗为也。”王无以应。

注释

①公孙龙：战国时名家代表人物，善谈，以“白马非马”“离坚白”等辩说著称。燕昭王：战国时燕国君主，公元前 311 ～前 279 年在位。偃兵：息兵。

②日者：往日，先前。

③际：交际。

④犹若：还是。弗养：依陶鸿庆之说，“弗养”当作“养之”，今从之。

译文

公孙龙劝说燕昭王息兵，昭王说：“很好。我愿意跟宾客们商议这件事。”公孙龙说：“我私下里估计大王您不会息兵的。”昭王说：“为什么？”公孙龙说：“从前大王您想打败齐国，天下众多杰出的人士中，那些想打败齐国的人，大王您全都收养了他们；那些了解齐国的险阻要塞和君臣之间关系的人，大王您也全都收养了他们；那些即使了解这些情况却不想打败齐国的人，大王您仍然收养了他们。最后果然打败了齐国，并以此为功劳。如今大王您说‘我非常赞成息兵’，可是其他诸侯各国的人士在大王您朝廷里的，全都是善于用兵的人。我因此知道大王您是不会息兵的。”昭王无话回答。

司马喜难墨者师于中山王前以非攻[①]，曰："先生之所术非攻夫[②]？"墨者师曰："然。"曰："今王兴兵而攻燕，先生将非王乎？"墨者师对曰："然则相国是攻之乎[③]？"司马喜曰："然。"墨者师曰："今赵兴兵而攻中山，相国将是之乎？"司马喜无以应。

注释

①司马喜：亦作"司马熹"，战国时中山国相。墨者师：墨家学派的人，名师。中山王：即中山武公，战国时中山国君主，公元前 414 ～前 407 年在位。非攻：墨家学派的基本主张之一，旨在提倡兼爱，反对不义战争。

②所术：所奉行的主张。

③是：意动用法，以……为是，即赞成的意思。

译文

司马喜在中山王面前就"非攻"的主张诘难墨家学派名叫师的人，说："先生您所奉行的主张是反对攻伐吧？"师说："是的。"司马喜说："假如大王发兵攻打燕国，先生您将反对大王吗？"师回答说："既然这样，那么相国您的主张是赞成攻伐的吗？"司马喜说："是的。"师说："假如赵国发兵攻打中山国，相国您将赞成赵国吗？"司马喜无话回答。

路说谓周颇曰[①]："公不爱赵，天下必从。"周颇曰："固欲天下之从也。天下从则秦利也。"路说应之曰："然则公欲秦之利夫？"周颇曰："欲之。"路说曰："公欲之，则胡不为从矣[②]？"

注释

①路说、周颇：皆人名，其事不详。

②胡：何。

译文

路说对周颇说："您如果不喜欢赵国，天下人一定会跟随您。"周颇说："我本来就希望天下人跟随我啊。天下人跟随我，那么就对秦国有利。"路说回答说："既然这样，那么您希望秦国有利啦？"周颇说："希望这样。"路说说："您希望秦国有利，那么为什么让天下人跟随您呢？"

魏令孟卬割绛、汾、安邑之地以与秦王[①]。王喜，令起贾为孟卬求司徒于魏王[②]。魏王不说，应起贾曰："卬，寡人之臣也。寡人宁以臧为司徒[③]，无用卬。愿大王之更以他人诏之也。"起贾出，遇孟卬于廷，曰："公之事何如？"起贾曰："公甚贱于公之主。公之主曰'宁用臧为司徒，无用公'。"孟卬入见，谓魏王曰："秦客何言？"王曰："求以女为司徒[④]。"孟印曰："王应之谓何？" 王曰："宁以臧，无用印也。" 孟印太息曰："宜矣王之制于秦也[5]！王何疑秦之善臣也[6]？以绛、汾、安邑令负牛书与秦[7]，犹乃善牛也。印虽不肖，独不如牛乎？且王令三将军为臣先，曰'视印如身[8]'，是重臣也。令二轻臣也[9]，令臣责[10]，印虽贤，固能乎？" 居三日，魏王乃听起贾[11]。凡人主之与其大官也，为有益也。今割国之锱锤矣[12]，而因得大官，且何地以给之[13]？大官，人臣之所欲也。孟印令秦得其所欲[14]，秦亦令孟印得其所欲[15]，责以偿矣[16]，尚有何责？魏虽强，犹不能责无责[17]，又况于弱？魏王之令乎孟印为司徒[18]，以弃其责，则拙也。

注释

①孟印áng：人名，一作"孟卯""芒卯"，齐人，仕于魏。绛：古邑名，战国时魏地，在今山西省新绛县。汾：古邑名。安邑：古邑名，战国初为魏国都，在今山西省夏县西北。秦王：指秦昭王，公元前306～前251年在位。

②起贾：人名，其事不详，此记为秦王大臣，另有说为魏昭王大夫。司徒：古代官名，三公之一，掌管国家土地和人民。魏王：指魏昭王，公元前295～前277年在位。

③臧：奴仆，奴隶。

④女：通"汝"，你。

⑤宜矣王之制于秦也：即"王之制于秦也宜矣"的倒装句。

⑥善：意动用法，以……为善。

⑦负牛书：即“牛负书”。书，此指地图。古代割地给人，要将该地地图献上。

⑧身：指魏王自身。

⑨令二：依俞樾之说，当为“今王”二字之误。

⑩责：责求，索取。

⑪魏王乃听起贾：魏王听起贾言，用孟卬为司徒。

⑫国之锱锤：比喻国家的小块土地。锱锤皆为古代重量单位，六铢为一锱，八铢为一锤，二十四铢为一两。

⑬给jǐ：供给，供足。

⑭所欲：此指土地。

⑮所欲：此指司徒之职。

⑯责：通“债”，债务。

⑰责无责：向不欠债者索债。前一个“责”，用作动词，责求，索取；后一个“责”，通“债”。

⑱乎：于。

译文

魏王派孟卬把绛、汾、安邑等地割让给秦王。秦王很高兴，让起贾到魏王面前替孟卬请求司徒的官职。魏王不高兴，回答起贾说：“孟卬是我的臣子。我宁可用奴仆为司徒，也不用孟卬。希望大王换用其他的人来诏示我。”起贾出来，在庭院里遇见孟卬。孟卬说：“您说的事情怎么样？”起贾说：“您太受您的君主轻视了。您的君主说宁可用奴仆为司徒，也不用您。”孟卬入朝谒见，对魏王说：“秦国的客人说什么了？”魏王说：“请求用你为司徒。”孟卬说：“您怎样回答他的？”魏王说：“宁可任用奴仆，也不用孟卬。”孟卬叹息道：“您受秦国控制是应该的了！您为什么要怀疑秦国善待我呢？把绛、汾、安邑的地图让牛背着献给秦国，秦国尚且会好好地对待牛。我即使不好，连牛也不如吗？况且，您命令三位将军先去秦国为我致意，说‘看待孟卬如同看待我一样’，这是重视我啊。如今您轻视我，以后让我去秦索取秦国答应的事，我即使贤德，还能做到吗？”过了三天，魏王才听从了起贾的意见。凡是君主给臣子大的官职，因为他有益于国家。如今割让国家少量的土地，因而得到了大的官职，今后哪有那么多土地供他割让？大的官职，是臣子希望得到的。孟卬让秦国得到了它所想要的土地，秦国也让孟卬得到了他所想要的官职，债已经偿还了，还有什么可责求的呢？魏国即使强大，也不能向不欠债务的人索取债务，更何况它是弱国呢？魏王让孟卬为司徒，从而失去了向秦国责求债务的地位，这就很笨拙了。

秦王立帝[①]，宜阳令许绾诞魏王[②]，魏王将入秦。魏敬谓王曰[③]：“以河内孰与梁重[④]？”王曰：“梁重。”又曰：“梁孰与身重？”王曰：“身重。”又曰：“若使秦求河内，则王将与之乎？”王曰：“弗与也。”魏敬曰：“河内，三论之下也[⑤]；身，三论之上也。秦索其下而王弗听，索其上而王听之，臣窃不取也。”王曰："甚然。"乃辍行[⑥]。秦虽大胜于长平[⑦]，三年然后决，士民倦，粮食[⑧]。当此时也，两周全[⑨]，其北存[⑩]，魏举陶削卫[⑪]，地方六百，有之势是[⑫]，而入大蚤[⑬]，奚待于魏敬之说也？夫未可以入而入，其患有将可以入而不入[⑭]。入与不入之时，不可不熟论也[⑮]。

注释

①秦王立帝：指秦昭王立为西帝事。《史记·秦本纪》载："昭襄王十七年，王之宜阳。十九年，王为西帝，复去之。"

②宜阳：战国时韩邑，后为秦所有。许绾：秦臣。诞：欺诈，欺骗。魏王：指魏昭王。

③魏敬：魏臣。

④河内：古地区名，指魏国境内黄河以北地区。孰：谁。梁：大梁，魏国国都。魏惠王自安邑迁都于此，在今河南省开封市西北。

⑤三论：指上文所说的河内、梁、身三种轻重情况的比较。

⑥辍：停止。

⑦长平：指长平之战。秦昭王四十七年，秦将白起在长平之战中战胜赵军，坑杀其卒四十万；四十八年，秦许赵割地以和；四十九年正月罢兵。四十七年至四十九年，历时三年，故有"三年然后决"之句。

⑧粮食：依毕沅之说，下当脱一字，根据文义，此句当为粮食缺乏之意。

⑨两周全：指东周、西周仍未灭亡。

⑩其北存：指魏国大梁以北地区仍未丧失。

⑪举：攻占。陶：齐地。削：分割。

⑫有之势是：当为“有之是势”，有这样的形势。

⑬大蚤：太早。大，通“太”。蚤，通“早”。

⑭有：通“又”。

⑮熟论：仔细考虑。

译文

秦王立为帝，秦国宜阳令许绾骗魏王，魏王打算去秦国朝拜。魏敬对魏王说：“拿河内和大梁比，哪一个重要？”魏王说：“大梁重要。”魏敬又说：“大梁与您自身比，哪一个重要？”魏王说：“自身重要。”魏敬又说：“假如秦国索取河内，那么您将给它吗？”魏王说：“不给。”魏敬说：“河内，在三者之中占最下等；您自身在三者之中占最上等。秦国索要最下等的河内您不答应，索要最上等的您却答应了，我私下里是不赞成的。”魏王说，“非常对。”这才停止了行动。秦国虽然在长平打了大胜仗，但打了三年才决定胜负，它的兵士和人民很疲惫，粮食匮乏。正当那个时候，东、西周尚未灭亡，大梁以北的地区尚未失去，魏国攻下了陶，分割了卫国，土地方圆六百里，有这样的形势，却要去秦国朝拜，那太早了，为何要等魏敬劝说过后才不去呢？在不可去的时候却要去，这种祸患与将来可以去的时候却不去是一样的。去与不去的时机，不可不仔细考虑啊。

离俗览

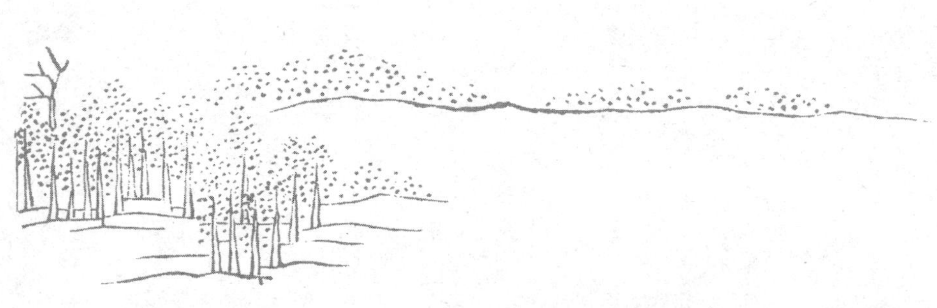

贵信

题解

《贵信》是《离俗览》的第七篇，论述了君主必须要诚信的道理。文章指出，“信之为功大矣”，只要君主能够做到“信而又信”，则人亲而百事满，“天地之物毕为用”，可“通于天”，能称王于天下。反之，如果丧失了诚信，就会产生巨大的危害，“君臣不信，则百姓诽谤，社稷不宁。处官不信，则少不畏长，贵贱相轻。赏罚不信，则民易犯法，不可使令。交友不信，则离散郁怨，不能相亲。百工不信，则器械苦伪，丹漆染色不贞”，从反面论证了诚信的重要性。文章最后所列举的管仲劝说齐桓公信守诚信之事，说明了诚信是齐桓公能够九合诸侯、一匡天下的重要原因，强调了诚信的重要作用。

凡人主必信。信而又信，谁人不亲？故《周书》曰：“允哉[①]！允哉！”以言非信则百事不满也[②]。故信之为功大矣。信立则虚言可以赏矣[③]。虚言可以赏，则六合之内皆为己府矣[④]。信之所及，尽制之矣。制之而不用，人之有也；制之而用之，己之有也。己有之，则天地之物毕为用矣[⑤]。人主有见此论者[⑥]，其王不久矣；人臣有知此论者，可以为王者佐矣。

注释

①允：诚信，真诚。

②满：成。

③赏：鉴别。

④六合：天地四方，整个宇宙的巨大空间。府：府库。

⑤毕：尽，都。

⑥见：知道。

译文

凡是君主一定要诚信，诚信而又诚信，什么人不来亲附呢？所以《周书》上说："诚信啊！诚信啊！"这说的就是不诚信，就什么事情都不能成功。所以，诚信所产生的功效大得很。诚信树立了，那么虚假的话就能鉴别了。虚假的话能鉴别，那么天下就都成为自己的了。诚信所达到的地方，就都能掌控了。掌控了却不加以利用，仍然是为他人所有；掌控了而又加以利用，那才为自己所有。为自己所有，那么天地间的事物就全都为自己所用了。君主如果有知道这个道理的，那他称王天下很快就能实现了；臣子如果有知道这个道理的，就可以成为帝王的辅佐了。

天行不信[①]，不能成岁；地行不信，草木不大。春之德风[②]，风不信，其华不盛，华不盛[③]，则果实不生。夏之德暑，暑不信，其土不肥，土不肥，则长遂不精[④]。秋之德雨，雨不信，其谷不坚[⑤]，谷不坚，则五种不成。冬之德寒，寒不信，其地不刚，地不刚，则冻闭不开[⑥]。天地之大，四时之化，而犹不能以不信成物，又况乎人事？君臣不信，则百姓诽谤[⑦]，社稷不宁。处官不信[⑧]，则少不畏长，贵贱相轻。赏罚不信，则民易犯法，不可使令。交友不信，则离散郁怨，不能相亲。百工不信，则器械苦伪[⑨]，丹漆染色不贞[⑩]。夫可与为始[⑪]，可与为终，可与尊通，可与卑穷者，其唯信乎！信而又信，重袭于身[⑫]，乃通于天。以此治人，则膏雨甘露降矣[⑬]，寒暑四时当矣。

注释

①天行不信：天的运行不遵循规律。指节气失调等。

②春之德风：春天的属性是风。德，事物的属性，这里有象征的意思。

③华：古“花”字。

④遂：成。

⑤坚：坚实，指谷粒成熟，坚实饱满。

⑥冻闭不开：指地冻得不能裂开。

⑦诽谤：批评指责。

⑧处官：居官，做官。

⑨苦：粗劣，不精细。伪：作假。

⑩丹：红颜料。漆：黑颜料。贞：纯正。

⑪可与为始：即“可与之为始”，意思是，可以跟它一块儿开始。下文中的三句结构与此相同。

⑫重袭：重叠。

⑬膏雨：肥沃大地的雨水。甘露：甜美的露水。

译文

天的运行不遵循规律，就不能形成岁时；地的运行不遵循规律，草木就不能生长。春天的属性是风，风不能按时到来，花就不能盛开，花不能盛开，那么果实就不能生长。夏天的属性是炎热，炎热不能按时到来，土地就不肥沃，土地不肥沃，那么植物的长势就不好。秋天的属性是雨，雨不能按时降下，谷粒就不坚实饱满，谷粒不坚实饱满，那么五谷就不能成熟。冬天的属性是寒冷，寒冷不能按时到来，地冻得就不坚固，地冻得不坚固，那么就不能冻开裂缝。天地如此之大，四时如此变化，尚且不能不遵循规律而滋长万物，更何况是人事呢？君臣不诚信，那么百姓就会批评指责，国家就不得安宁。当官不诚信，那么年轻的就不敬畏年长的，地位尊贵的和贫贱的就会互相轻视。赏罚不诚信，那么人民就会轻易地触犯法律，不可以役使。结交朋友不诚信，那么就会离散怨恨，不能互相亲近。各种工匠不诚信，那么制造的器物就会粗劣作假，红色和黑色等颜料就不纯正。可以跟它一块开始，可以跟它一块终止，可以跟它一块尊贵显达，可以跟它一块卑微穷困的，大概只有诚信吧！诚信而又诚信，重叠在身上，就会与天意相通。靠这个来治理人，那么肥沃大地的雨水和甜美的露水就会降下来，寒暑四季就会得当了。

齐桓公伐鲁，鲁人不敢轻战，去鲁国五十里而封之[①]。鲁请比关内侯以听[②]，桓公许之。曹翙谓鲁庄公曰[③]："君宁死而又死乎[④]，其宁生而又生乎[⑤]？"庄公曰："何谓也？"曹翙曰："听臣之言，国必广大，身必安乐，是生而又生也；不听臣之言，国必灭亡，身必危辱，是死而又死也。"庄公曰："请从。"于是明日将盟，庄公与曹翙皆怀剑至于坛上[⑥]。庄公左搏桓公[⑦]，右抽剑以自承[⑧]，曰："鲁国去境数百里。今去境五十里，亦无生矣[⑨]。钧其死也[⑩]，戮于君前[⑪]。"管仲、鲍叔进。曹翙按剑当两陛之间曰："且二君将改图[⑫]，毋或进者[⑬]。"庄公曰："封于汶则可[⑭]，不则请死。"管仲曰："以地卫君，非以君卫地。君其许之！"乃遂封于汶南，与之盟。归而欲勿予，管仲曰："不可。人特劫君而不盟[⑮]，君不知，不可谓智；临难而不能勿听，不可谓勇；许之而不予，不可谓信。不智不勇不信，有此三者，不可以立功名。予之，虽亡地，亦得信。以四百里之地见信于天下，君犹得也。"庄公，仇也；曹翙，贼也[⑯]。信于仇贼，又况于非仇贼者乎？夫九合之而合[⑰]，壹匡之而听[⑱]，从此生矣。管仲可谓能因物矣。以辱为荣，以穷为通，虽失乎前，可谓后得之矣。物固不可全也。

注释

①去：距离。国：都城。封：设置标志以为边界。

②鲁请比关内侯以听：鲁国请求像齐国的封邑大臣一样服从齐国。意思是做齐国的附庸国。比，比照。关内侯，列国建制，地位与附庸一样。

③曹翙huì：他书或作“曹刿”“曹沫”。鲁庄公十年（公元前684年），齐侵鲁，他主动献谋于庄公，要求随庄公出战。两军战于长勺（今山东莱芜东北），他作庄公陪乘，指挥作战。等到齐军三鼓，士气衰竭，他才下令反击，大败齐军，被任为将。后齐国屡侵鲁，鲁被迫割地求和。庄公十三年，齐、鲁会盟于柯（今山东东阿西南），他身怀利刃，劫持齐桓公，求还侵鲁之地。盟后，才释放齐桓公。即本段下文所记之事。鲁庄公：春秋时鲁国国君，姬姓，名同，鲁桓公之子，公元前693～前662年在位。

④死而又死：指身危国亡。

⑤生而又生：指身安国存。宁……宁……：表示选择的句式。

⑥坛：土坛，古代祭祀天地、帝王、祖先或者举行朝会、盟誓等的场所，多用土石建成。

⑦搏：抓住。

⑧自承：指把剑对着自己。

⑨鲁国去境数百里……亦无生矣：意思是说，鲁国国都本来离边境有数百里，现在只有五十里，也无法生存了。实际上是指齐国侵占了鲁国的大片土地。

⑩钧：通“均”，同样。

⑪戮于君前：死在您的面前。意思是要拼命。他书载此事，言曹刿劫桓公，与此不同。

⑫改图：改变意图，另作商量。

⑬毋或进者：谁也不要进去。

⑭汶：水名，在山东泰山一带，靠近齐国。

⑮特：仅仅，只是。

⑯贼：仇敌，外敌。

⑰九合：指齐桓公多次盟会诸侯。“九”是概数，言其次数之多。

⑱壹匡：指齐桓公一匡天下。听：听从。

译文

齐桓公攻打鲁国，鲁国人不敢轻率作战，离鲁国国都五十里而封土为界。鲁国请求比照附庸的国君来听从齐国，桓公答应了。曹翙对鲁庄公说：“您是愿意死而又死呢，还是愿意生而又生？”庄公说：“你说的是什么意思？”曹翙说：“您听从我的话，国土一定扩大，自身一定安乐，这就是生而又生；若不听从我的话，国家一定灭亡，自身一定危险并遭受耻辱，这就是死而又死。”庄公说：“我愿意听从你的话。”于是第二天将要会盟时，庄公和曹翙都怀揣着剑来到会盟的土坛上。庄公左手抓住齐桓公，右手抽出剑指向自己，说：“鲁国国都本来离边境几百里。如今离边境只有五十里，反正也无法生存了。国土被削减不能生存与跟你拼命同样是死，让我死在您面前。”管仲、鲍叔要上去，曹翙手按着剑挡在两阶之间说：“现在两位君主将另作商量，谁都不许上去。”庄公说：“在汶水封土为界就可以，不然的话就请求一死。”管仲对桓公说：“是用土地来保卫君主，不是用君主来保卫土地，您答应他吧。”于是终于在汶水之南封土为界，与鲁国订立了盟约。桓公回国以后不想把土地还给鲁国，管仲说："不可以。人家只是要劫持您，并不是要跟您订立盟约，可是您不知道，这不能叫作聪明；面对危难却不能不听任人家胁迫，这不能叫作勇敢；答应了人家却不还给人家土地，这不能叫作诚信。不聪明、不勇敢、不诚信，有了这三种行为的人，不可以建立功名。还给他土地，虽然失去了土地，却也取得了诚信的名声。用四百里土地在天下人面前显示出诚信，您还是有所得的。"庄公是仇人，曹翙是敌人。对仇人、敌人都讲诚信，更何况对不是仇人、敌人的人呢？桓公多次盟会诸侯而能成功，使天下一切都得到匡正并能听从自己，正是取信天下而获得的。管仲可以说是能因势利导了。他能把耻辱变成光荣，把困窘变成通达，虽说在前边有所失，不过在后面又有所得了。事情本来就不可能十全十美啊。

恃君览

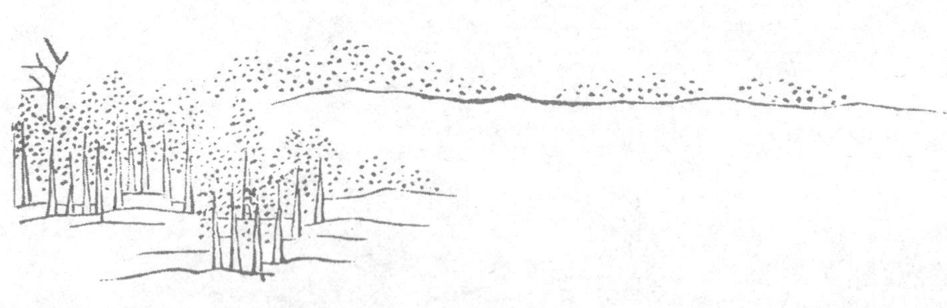

达　郁

题解

《达郁》是《恃君览》的第五篇，论述了君主应当重视贤臣的道理。所谓达郁，就是排除壅塞、使之畅达的意思。文章以人、水及草木为喻，说明人体精气郁结就会生病，水、草木郁结就会污浊生虫枯死，万物莫不如此，进而论及国家，指出“国亦有郁，主德不通，民欲不达，此国之郁也”，必须要排除这个郁结，否则，就会“百恶并起”“万灾丛生”。主张君主应该重用豪杰之士和忠臣，因为只有他们“敢直言而决郁塞”。

凡人三百六十节①，九窍、五藏、六府②。肌肤欲其比也③，血脉欲其通也，筋骨欲其固也④，心志欲其和也，精气欲其行也。若此则病无所居⑤，而恶无由生矣⑥。病之留、恶之生也，精气郁也。故水郁则为污，树郁则为蠹⑦，草郁则为蒉⑧。国亦有郁。主德不通，民欲不达，此国之郁也。国郁处久，则百恶并起，而万灾丛至矣⑨。上下之相忍也⑩，由此出矣。故圣王之贵豪士于忠臣也，为其敢直言而决郁塞也⑪。

注释

①三百六十节：古人认为人体骨节有三百六十节。节，骨节。

②九窍：指眼、耳、口、鼻七窍和前阴、后阴（肛门），总称九窍。五藏：即五脏，指心、肝、脾、肺、肾。六府：即六腑，指胆、胃、三焦、膀胱、大肠、小肠。

③比：细密，细腻。

④固：强壮。

⑤居：滞留。

⑥恶：恶疾。

⑦蠹 dù：蛀蚀树木的虫子。

⑧蒉：指草枯死。

⑨丛：并，一起。

⑩忍：残害。

⑪决：排除。郁塞：郁结和壅塞。

译文

凡是人都有三百六十个骨节，有九窍、五脏、六腑。肌肤应该让它细腻，血脉应该让它通畅，筋骨应该让它强壮，心志应该让它平和，精气应该让它运行。像这样，疾病就无处滞留，恶疾就无法产生了。疾病的滞留、恶疾的产生，是因为精气郁结。所以，水郁结就会变污浊，树郁结就会生蛀虫，草郁结就会枯死。国家也有郁结的情况。君主的道德不畅通，人民的愿望不通达，这就是国家的郁结。国家的郁结存在久了，那么各种邪恶都会一起产生，所有灾难就会一同到来。地位在上的和地位在下的互相残害的现象，就由此而产生了。所以圣贤的君王尊重豪杰之士和忠臣，这是因为他们敢于直言劝谏来排除郁结和壅塞。

周厉王虐民，国人皆谤[①]。召公以告，曰[②]："民不堪命矣！"王使卫巫监谤者，得则杀之。国莫敢言[③]，道路以目[④]。王喜，以告召公，曰："吾能弭谤矣[⑤]！"召公曰："是障之也[⑥]，非弭之也。防民之口，甚于防川。川壅而溃[⑦]，败人必多[⑧]。夫民犹是也。是故治川者决之使导，治民者宣之使言。是故天子听政，使公卿列士正谏，好学博闻献诗[⑨]，矇箴师诵[⑩]，庶人传语[⑪]，近臣尽规，亲戚补察，而后王斟酌焉。是以下无遗善，上无过举。今王塞下之口，而遂上之过[⑫]，恐为社稷忧。"王弗听也。三年，国人流王于彘[⑬]。此郁之败也。郁者，不阳也。周鼎著鼠[⑭]，令马履之[⑮]，为其不阳也。不阳者，亡国之俗也[⑯]。

注释

①谤：指责。

②召公：指召穆公，名虎，又称召公虎，为周厉王卿士。

③国：史籍多作"国人"，指国都内的人。

④道路以目：人民在道路上相遇，只是相互用眼睛看看。表示人民敢怒而不敢言。

⑤弭：消除。

⑥障：堵塞。

⑦壅：壅塞。溃：决口。

⑧败：伤害。

⑨诗：从民间采集的诗歌。古代有“采风”之制，好学博闻的人采集民间诗歌献给君王。

⑩矇箴师诵：指乐官进箴言，乐师吟诵讽谏之诗。矇，乐官。古代乐官由盲人担任，故称“矇”。箴，箴言，一种寓有劝诫意义的文辞。师，乐师。诵，诵读。

⑪庶人传语：平民没有机会见到君王，因而把对政治的意见间接传给君王。庶人，即平民。

⑫遂：促成。

⑬彘：地名，在今山西省霍州市东北。

⑭著鼠：刻着鼠。鼠夜行，按照古人阴阳五行说，鼠属阴。

⑮马：属阳。之：指不阳的鼠。

⑯俗：特征。

译文

周厉王残害百姓，国人都指责他。召公把这些情况禀告给周厉王，说：“人民不能忍受您的政令了！”厉王派卫国的巫者监视敢于指责他的人，抓到以后就杀掉。国都内的人不敢再讲话，彼此在路上遇见也只是用眼看看而已。厉王很高兴，把这种情况告诉召公，说：“我能消除人们的怨言了。”召公说：“这是堵住了人们的指责，不是消除人们的怨言啊。堵塞人们的嘴，其危害比堵塞河流还严重。河流被堵塞，一旦决口，伤害的人必定很多。人民也是这样。因此，治理水的人应该排除阻塞，让它畅通，治理人民的人应该开导他们，让人民畅所欲言。所以，天子听政时，让公卿列士直言劝谏，让好学博闻的人献上讽谏的诗歌，让乐官进箴言，让乐师吟诵讽谏的诗，让平民把意见传达上来，让身边的近臣把规劝的话全讲出来，让同宗的大臣弥补天子的过失、监督天子的政事，然后由天子斟酌取舍，并加以实行。因此，下边没有遗漏的善言，上边没有错误的举动。现在您堵住了下边人的嘴，从而促成君王的过失，恐怕要成为国家的忧患。”厉王不听他的劝告。三年过后，国人把厉王放逐到彘地。这就是郁结所造成的祸害。郁结，就是丧失阳气。周鼎上刻着鼠形的图案，让马踩着它，就是因为它不属阳。丧失阳气，这是亡国的特征。

管仲觞桓公[①]。日暮矣，桓公乐之而征烛[②]。管仲曰:“臣卜其昼，未卜其夜。君可以出矣。”公不说，曰:“仲父年老矣，寡人与仲父为乐将几之？请夜之。”管仲曰:“君过矣。夫厚于味者薄于德，沈于乐者反于忧；壮而怠则失时，老而解则无名[③]。臣乃今将为君勉之，若何其沈于酒也？”管仲可谓能立行矣。凡行之堕也于乐，今乐而益饬[④]；行之坏也于贵，今主欲留而不许。伸志行理，贵乐弗为变，以事其主。此桓公之所以霸也。

注释

①觞：宴请。

②征烛：要求点上烛火。
③解：通“懈”，懈怠。
④饬：严正，修正。

译文

管仲宴请齐桓公。天已经黑了，桓公喝得非常高兴，要求点上烛火接着喝。管仲说：“白天喝酒，我占卜过，晚上喝酒，我没有占卜过。您可以走了。”桓公不高兴，说：“仲父您年纪老了，我跟您一起饮酒作乐还能有多久呢？希望夜里继续喝。”管仲说：“您错了。看重美味的人德行就微薄，沉湎于享乐的人反倒要忧伤；壮年懈怠就会失去时机，老年懈怠就会丧失功名。我从现在开始将勉励您，怎么可以沉湎于饮酒之中呢？”管仲可以说是能树立品行了。凡是品行堕落在于过分享乐，现在他虽然在宴乐，态度却更加严正；品行的败坏在于过分尊贵，现在君主想留下，他却不答应。他申明自己的意志，按照原则行事，不因尊贵和享乐而加以改变，以此来侍奉自己的君主。这就是齐桓公之所以能称霸的原因。

列精子高听行乎齐湣王[①]。善衣东布衣[②]，白缟冠[③]，颡推之履[④]，特会朝雨袪步堂下[⑤]，谓其侍者曰：“我何若？”侍者曰：“公姣且丽[⑥]。”列精子高因步而窥于井，粲然恶丈夫之状也[⑦]。喟然叹曰[⑧]：“侍者为吾听行于齐王也，夫何阿哉！又况于所听行乎[⑨]？万乘之主，人之阿之亦甚矣，而无所镜[⑩]，其残亡无日矣。孰当可而镜？其唯士乎！人皆知说镜之明己也，而恶士之明己也。镜之明己也功细，士之明己也功大。得其细，失其大，不知类耳。”

注释

①列精子高：战国时的贤人。听行：指其言被听从实行，犹言“言听计从”。齐湣王：战国时齐国君主。姓田，名地，齐宣王之子，公元前300～284年在位。

②善衣东布衣：依许维遹之说，当作“著东布衣”。东布，当作“柬布”，也就是练布，即未染色的熟绢。

③白缟：未染色的绢。冠：帽子。

④颡sǎng推之履：指高头鞋。

⑤特：特意，故意。会朝：指黎明时。雨：依陈昌齐之说，当为“而”字之误。袪步：撩起衣服走路。

⑥娇：容貌美丽，体态健美。

⑦粲然：显明的样子。

⑧喟然：叹气的样子。

⑨所听行：所听所行之人，听从意见加以实行的人。此指齐王。

⑩无所镜：无法照见自己。镜，用作动词，照。比喻齐王不能察觉自己的过失。

译文

齐湣王对列精子高言听计从。列精子高喜欢穿熟绢做的衣服，戴着白绢做的帽子，穿着高头鞋子，故意在黎明时撩起衣服在朝堂下走来走去，对自己的侍者说：

“我的样子怎么样？”侍者说：“您既美好又漂亮。”列精子高于是走到井边去照照看，分明是一个丑陋的男子形象。他慨叹着说：“侍从因为齐王对我言听计从，就这样曲意奉承我啊！更何况对我言听计从的拥有万辆兵车的齐王呢？人们对他的曲意奉承，也就更严重了，可他却无法照见自己的缺点，这样下去，国破身亡也就没有多久了。谁可以当这样的镜子来帮他照见自己的缺点呢？大概只有贤士吧！人们都喜欢用镜子来照出自己的形象，却厌恶贤士指明自己的缺点。镜子照出自己的形象，功劳很小，贤士指明自己的缺点，功绩很大。只得到功劳小的镜子，却丢掉功劳大的贤士，这是不知道类比啊。”

赵简子曰：“厥也爱我①，铎也不爱我②。厥之谏我也，必于无人之所；铎之谏我也，喜质我于人中③，必使我丑。”尹铎对曰：“厥也爱君之丑也，而不爱君之过也；铎也爱君之过也，而不爱君之丑也。臣尝闻相人于师④，敦颜而土色者忍丑⑤。不质君于人中，恐君之不变也。”此简子之贤也。人主贤则人臣之言刻⑥。简子不贤，铎也卒不居赵地，有况乎在简子之侧哉⑦！

注释

①厥：人名，即赵厥，赵简子家臣。

②铎：人名，即尹铎，赵简子家臣。

③质：质正。

④相人：旧时的一种迷信行为，指观察人的相貌就可以判断其人的贵贱安危等。

⑤敦颜：面色敦厚。土色：黄色。“敦颜土色”指赵简子的脸色。忍：忍受。

⑥刻：尖酸刻薄。

⑦有：通“又”。

译文

赵简子说：“赵厥照顾我，尹铎不照顾我。赵厥劝谏我的时候，一定是在没有人的地方；尹铎劝谏我的时候，喜欢当着别人的面纠正我，一定让我出丑。”尹铎回答说，“赵厥顾惜您出丑，却不顾惜您的过失；我顾惜您的过失，却不顾惜您出丑。我曾经从老师那里听到过如何观察人的相貌，相貌敦厚且面色是黄色的能够承受住出丑。不在别人面前纠正您，是担心您不能改正啊。”这就是简子的贤明之处。君主贤明，那么臣子的劝谏之言就尖刻。如果赵简子不贤明，那么尹铎最终连住在赵地都不可能，更何况待在赵简子的身边呢？

开春论

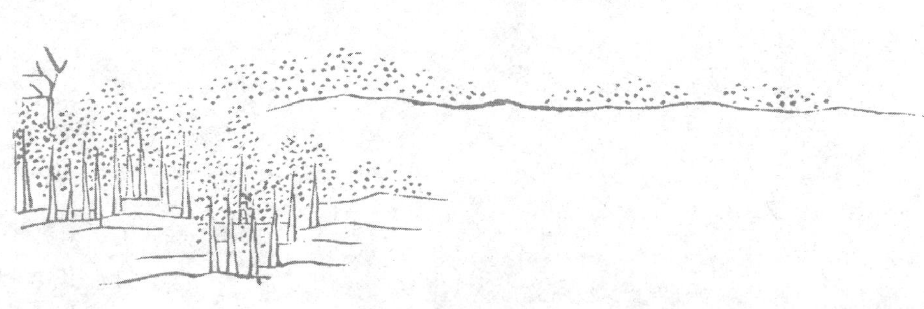

察 贤

题解

《察贤》是《开春论》的第二篇。察贤，就是发现、察举贤人。文章详细论述了君主察贤的重要性，君主欲立功名必须得贤，得贤则“国治身逸”“委衣裘”而天下治。文中将宓子贱“任人”与巫马期“任力”治理单父县进行对比，认为任人而治是最高境界，任力而治“虽治犹未治”，前者优于后者。文中明确反映了礼贤下士、任贤举能、垂拱而治的理想政治。

今有良医于此，治十人而起九人[①]。所以求之万也[②]。故贤者之致功名也[③]，比乎良医，而君人者不知疾求[④]，岂不过哉！今夫塞者[⑤]，勇力、时日、卜筮、祷祠无事焉[⑥]，善者必胜。立功名亦然，要在得贤[⑦]。魏文侯师卜子夏，友田子方，礼段干木，国治身逸。天下之贤主，岂必苦形愁虑哉[⑧]！执其要而已矣。雪霜雨露时[⑨]，则万物育矣，人民修矣[⑩]，疾病妖厉去矣[⑪]。故曰尧之容若委衣裘[⑫]，以言少事也。

注释

①起：使动用法，使……起，指治愈。

②求：找，上门求医。万：泛指，言人多。

③致：使……到来。

④君人：即国君。疾：急切。

⑤塞：通“簺sài”，古代一种棋类游戏，也用以赌博，又称“格五”。

⑥无事：用不着。

⑦要：关键。

⑧苦形愁虑：劳身费心。

⑨时：及时，按时。

⑩修：善，好。

⑪妖：怪异。厉：灾害，灾祸。

⑫容：仪表。若：乃。委衣裘：犹言“垂衣裳”，古人喻无为而治。委，下垂。

译文

如果有这样一位良医，给十个人治病而治愈了九个，那么找他治病的人必定成千上万。所以，贤人能为君主求致功名，就好比良医能给人治好病那样，可是君主却不知道赶快寻找，这难道不是过错吗？如今那些玩棋戏的人，用不着凭借勇力、时机、占卜、祭祷，精于棋艺的人一定获胜。建立功名也是这样，关键在于得到贤人。魏文侯以卜子夏为师，以田子方为友，礼遇段干木，于是国家得到治理，自身得到安逸。天下贤明的君主，难道一定要劳身费心吗？掌握治国要领就行了。雪霜雨露合乎时节，那么万物就能生长，人民就会舒适，疾病怪异灾祸就会消除了。所以人们说到尧的仪表时，就说他穿着宽大下垂的衣服，这是说他很少有政事啊。

宓子贱治单父[①]，弹鸣琴，身不下堂而单父治。巫马期以星出[②]，以星入[③]，日夜不居[④]，以身亲之，而单父亦治。巫马期问其故于宓子，宓子曰："我之谓任人，子之谓任力；任力者故劳[⑤]，任人者故逸。"宓子则君子矣。逸四肢，全耳目，平心气，而百官以治[⑥]，义矣[⑦]，任其数而已矣[⑧]。巫马期则不然，弊生事精[⑨]，劳手足，烦教诏，虽治犹未至也[⑩]。

注释

①宓fú子贱：春秋末鲁国人，孔子弟子。姓宓，名不齐，字子贱。单父：春秋时鲁邑，在今山东单县南。

②巫马期：春秋末鲁国人，孔子弟子。姓巫马，名施，字子期。他书亦作"巫马旗"。

③以星出、以星入：犹言披星戴月，早出晚归。

④居：休息，停息。

⑤故：本来，当然。

⑥百官：各个办事机关。治：治理得好。

⑦义：宜，合宜，应该。

⑧数：术，方法，手段。

⑨弊：损害。生：同"性"，天性。事：通"使"，使用，耗费。精：指人的精气。

⑩未至：未达最高境界。

译文

宓子贱治理单父县，整日只弹弹琴，自身不下堂而单父县就治理得很好。巫马期披星戴月，早出晚归，日夜不休息，亲自处理各种政事，单父县也治理得很好。巫马期向宓子贱请教其中的缘故。宓子贱说："我的做法叫使用人才，你的做法叫使用力气。使用力气的人自然劳苦，使用人才的人当然安逸。"宓子贱算得上是君子了。使四肢安逸，耳目保全，心气平和，而百官的事务都治理得很好，这是应该的，他不过是使用了正确的方法罢了。巫马期就不是这样，他损害生命，耗费精力，劳累手脚，频发教令，即使也治理得很好，但并未达到最高境界。

审　为

题解

《审为》是《开春论》的第四篇。审为，包括“所为”和“所以为”两个方面，“所为”是为什么要做，是目的，“所以为”是怎样做，是手段。审为，就是要弄清楚目的是什么以及如何通过手段来实现目的。文章开始即提出了“身者，所为也”的观点，人的生命是一切行为的目的，外物都应该为保生服务，因此要“重生”“轻利”“不以养伤身”“不以利累形”，要懂得自我克制，如若不能，就放纵私欲，以免“重伤”。文章列举了太王亶父、韩昭厘侯、中山公子牟的三个故事，以具体的事例论证了目的和手段之间的关系，说明了手段应该为目的服务，不能颠倒轻重位置。

身者，所为也①；天下者，所以为也②。审所以为③，而轻重得矣④。今有人于此，断首以易冠，杀身以易衣，世必惑之⑤。是何也？冠，所以饰首也，衣，所以饰身也，杀所饰，要所以饰⑥，则不知所为矣。世之走利有似于此⑦。危身伤生，刈颈断头以徇利⑧，则亦不知所为也。

注释

①所为 wèi：指所服务的对象，即行为动作的目的。

②所以为：指所用来为的，即所用以达到目的的凭借、手段。

③审所以为：此处实际上包含了“所以为”和“所为”两个方面，意思是弄清目的和手段。

④得：得当，合适，恰当。

⑤惑之：认为他糊涂。

⑥饰：打扮，装扮。要yāo：求。

⑦走利：趋利，逐利。

⑧循：通“殉”，为了某一目的而死。

译文

自身的生命是目的，天下是用来服务生命的手段。弄清目的和手段，二者的轻重位置就知道了。假如有这样一个人，为了换帽子而砍掉脑袋，为了换衣服而残杀身躯，世人一定认为他糊涂。这是为什么呢？帽子是用来打扮头部的，衣服是用来打扮身躯的，残杀所要打扮的头颅和身躯，而去求得用来打扮的帽子和衣服，这就是不懂得自己所作所为的目的了。世人趋利跟这种情形相似。他们危害自己的身体，损伤生命，割断脖子、砍掉头颅来追逐财利，这也是不懂得自己所为的目的啊。

太王亶父居邠[①]，狄人攻之。事以皮帛而不受，事以珠玉而不肯，狄人之所求者，地也。太王亶父曰：“与人之兄居而杀其弟，与人之父处而杀其子，吾不忍为也。皆勉处矣[②]！为吾臣与狄人臣，奚以异？且吾闻之，不以所以养害所养[③]。”杖策而去[④]。民相连而从之，遂成国于岐山之下[⑤]。太王亶父可谓能尊生矣。能尊生，虽贵富，不以养伤身；虽贫贱，不以利累形。今受其先人之爵禄[⑥]，则必重失之[⑦]。生之所自来者久矣，而轻失之[⑧]，岂不惑哉！

注释

①太王亶父dǎnfǔ：即古公亶父，文王祖父。自邠迁居岐山之下，领导周人大力开发周原，规划土地，营建城郭居邑，设置官吏，周部族势力日渐强盛，奠定了东进灭商的基础。武王灭商后追尊为太王。邠bīn：地名，亦作“豳”，在今陕西省旬邑县。

②勉处：努力住下去，好好住下去。

③所以养：指土地。所养：指人民。

④杖：动词，拄着。策：拐杖。

⑤岐山：在今陕西省岐山县东北。

⑥今：表假设。

⑦重：用作动词，把……看得很重，舍不得。

⑧轻：用作动词，把……看得很轻，不在乎。

译文

太王亶父居住在邠地，北方狄人来攻打他。太王亶父把皮毛布帛献给他们，他们不肯接受，把珍珠美玉献给他们，他们不肯应允。狄人所要的是土地。太王亶父说：“和别人的哥哥住在一起，却使他的弟弟被杀，和别人的父亲住在一起，却使他的儿子被杀，我不忍心这样做啊。

你们都好好住在这里吧，做我的臣民和做狄人的臣民有什么不同呢？而且我听说，不应该用养育人民的土地来危害所养育的人民。”于是拄着拐杖离开了邠。百姓们成群结队地跟着他，于是在岐山下又建起了国家。太王亶父可算是能够看重生命的了。能够看重生命，即使富贵，也不因为供养丰足而伤害身体；即使贫贱，也不因为利益而拖累身体。假如人们接受了先人的官爵俸禄，就一定非常看重它，舍不得失去。生命的由来已经很长久了，人们却把失去生命看得很轻，这难道不是糊涂吗？

韩魏相与争侵地[①]。子华子见昭厘侯[②]，昭厘侯有忧色。子华子曰：“今使天下书铭于君之前[③]，书之曰：‘左手攫之则右手废[④]，右手攫之则左手废，然而攫之必有天下。’君将攫之乎？亡其不与[⑤]？”昭厘侯曰：“寡人不攫也。”子华子曰：“甚善。自是观之，两臂重于天下也。身又重于两臂。韩之轻于天下远；今之所争者，其轻于韩又远。君固愁身伤生以忧之[⑥]，戚不得也。”昭厘侯曰：“善。教寡人者众矣，未尝得闻此言也。”子华子可谓知轻重矣。知轻重，故论不过。

注释

①争侵地：争夺侵占来的土地。

②子华子：春秋战国时期道家人物，传说为魏国人。昭厘侯：即韩昭厘侯，战国时韩国第六任国君，

又称韩昭侯或韩厘侯。

③铭：铭刻于器物之上用以记功、记事或自警的文字。

④攫jué：抓取。废：砍掉。

⑤亡wú其：选择连词，还，或者。不fǒu：否，此指不抓。

⑥固：通“顾”，反而。

译文

韩国和魏国互相争夺侵占来的土地。子华子拜见韩昭厘侯，昭厘侯面有忧色。子华子说：“假如现在使天下人在您面前刻下铭文，这样写道：‘左手抓取这篇铭文就砍掉右手，右手抓取这篇铭文就砍掉左手，但是抓取了就一定能占有天下。’您是抓取呢还是不抓取呢？”昭厘侯说：“我不抓取。”子华子说：“非常好。由此看来，两只手臂比天下重要。而身体又比两只手臂重要。韩国比天下小得多，现在韩魏两国所争夺的土地，又比韩国小得多。您反而劳神伤身为得不到这些土地而忧愁，这恐怕是不得当的。”昭厘侯说：“好，教诲我的人有很多，但从未听说过你讲的这些话。”子华子可以说是知晓轻重了。知晓轻重，所以议论就不犯错误。

中山公子牟谓詹子曰[①]：“身在江海之上[②]，心居乎魏阙之下[③]，奈何？”詹子曰：“重生。重生则轻利。”中山公子牟曰：“虽知之，犹不能自胜也[④]。”詹子曰：“不能自胜则纵之[⑤]，神无恶乎[⑥]！不能自胜而强不纵者[⑦]，此之谓重伤[⑧]。重伤之人无寿类矣[⑨]。”

注释

①中山公子牟：即魏公子牟，战国时魏国贵族，封于中山，名牟，故称中山公子牟。詹子：即詹何，战国时隐士，一说为魏国人。

②身在江海之上：指隐居于江湖上的人。

③心居乎魏阙之下：心却时刻想着朝廷的爵禄，指向往荣华富贵。魏阙，古代宫门两侧高出的楼观，其下两旁为宣布法令的地方，因此用以代称朝廷。

④自胜：自我克制。

⑤纵之：意谓放纵形骸，不拘于修身。

⑥神：精神。恶：害。

⑦强qiǎng：勉强。

⑧重chóng伤：双重的伤害。此指养生而言，不能自胜，神已伤；又强抑不纵，神伤而又伤。

⑨寿类：长寿的人。

译文

中山公子牟对詹何说："我虽身居江湖之上，心却时刻想着朝廷，怎么办？"詹何说："重视生命。重视生命就会轻视名利。"中山公子牟说："虽然知道这个道理，还是不能克制自己。"詹何说："不能克制自己就放纵它，这样，精神就不会受到伤害，不能克制自己又强迫自己不放纵，这叫作双重的伤害。受到双重伤害的人是不会长寿的。"

慎行论

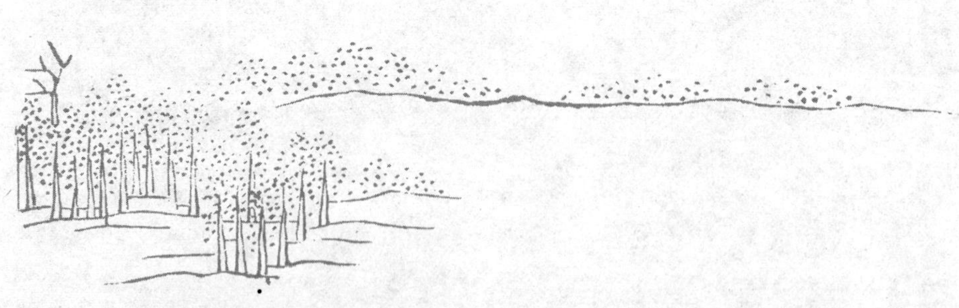

无 义

题解

《无义》是《慎行论》的第二篇。无义，就是不讲信义。文章开篇即提出了“义者，百事之始也，万利之本也”的观点，并加以详细论述；批判了那些不讲信义的小人，证明了“趋利故不可必”。文章列举公孙鞅、郑平、续经、公孙竭等人背信弃义的事例，说明见利忘义，以损害他人的方式而利己的行为，虽一时得逞，但得到的利益是暂时的，这种行为终将为人们所不齿，而被人们所抛弃。

先王之于论也极之矣①。故义者，百事之始也，万利之本也，中智之所不及也②。不及则不知，不知趋利③。趋利固不可必也④。公孙鞅、郑平、续经、公孙竭是已⑤。以义动则无旷事矣⑥，人臣与人臣谋为奸，犹或与之⑦，又况乎人主与其臣谋为义，其孰不与者⑧？非独其臣也，天下皆且与之⑨。

注释

①论：道理，事理。极：详尽，透彻。

②中智：平庸的才智。不及：不到。

③不知趋利：依毕沅之说，当为“不知则趋利”，脱“则”字。

④必：绝对相信，一定依赖。

⑤公孙鞅：即商鞅，战国时政治家、改革家。出身卫国公族，原名卫鞅，又称公孙鞅。曾为魏相公叔痤家臣，颇受重用，但因魏惠王不用而游秦，得秦孝公信任，为所用，大力实行变法，使秦国迅速强盛。因功封于商（今陕西商洛市东南），故称商鞅。孝公死后，商鞅遭车裂而死。郑平：即郑安平，战国时秦国将领，后降赵。续经：赵人，其事仅见于下文所记。公孙竭：秦臣，其事仅见于下文所记。已：同“矣”。

⑥旷：荒废。

⑦与yù：赞同。

⑧孰：谁。

⑨且：将。

译文

先王对于事理论述得非常透彻。所以，义是各种事情的开始，是一切利益的根本，这是才智平庸的人所认识不到的。认识不到就不明事理，不明事理就追逐私利。追逐私利本来就不一定靠得住。公孙鞅、郑平、续经、公孙竭等人就是这样。根据道义去行动就不会有荒废的事情。臣子与臣子谋划做坏事，尚且有人赞同，又何况君主和他的臣子谋划做符合道义的事，有谁不赞同呢？不仅仅是他的臣子们赞同，天下的人都将会赞同的。

公孙鞅之于秦，非父兄也[①]，非有故也[②]，以能用也[③]。欲堙之责[④]，非攻无以[⑤]。于是为秦将而攻魏[⑥]。魏使公子卬将而当之[⑦]。公孙鞅之居魏也，固善公子卬[⑧]。使人谓公子卬曰："凡所为游而欲贵者，以公子之故也。今秦令鞅将，魏令公子当之，岂且忍相与战哉？公子言之公子之主[⑨]，鞅请亦言之主[⑩]，而皆罢军。"于是将归矣，使人谓公子曰："归未有时相见，愿与公子坐而相去别也[⑪]。"公子曰："诺。"魏吏争之曰："不可。"公子不听，遂相与坐。公孙鞅因伏卒与车骑以取公子卬[⑫]。秦孝公薨[⑬]，惠王立[⑭]，以此疑公孙鞅之行，欲加罪焉。公孙鞅以其私属与母归魏[⑮]，襄疵不受[⑯]，曰："以君之反公子卬也[⑰]，吾无道知君[⑱]。"故士自行不可不审也。

注释

①父兄：指同宗族。公孙鞅不是秦王宗室，所以说"非父兄也"。

②故：旧交。公孙鞅为魏人，于秦为客，所以说"非有故也"。

③以：凭借。能：才能。用：被任用。

④堙yīn之责：对秦尽到责任。堙，塞。堙责，塞责，尽责。高诱注："鞅欲报塞相秦之责，非攻伐无以塞责。"公孙鞅在秦国为相，秦国人因为他本是魏国人而不信任他，他为了表示自己的忠心，非攻打魏国不可。

⑤以：由，用，此指所用的方法。
⑥将：领兵。
⑦公子卬áng：战国时魏人，魏惠王时为将。当：抵御。
⑧善：与……友好。
⑨公子之主：指魏王。
⑩主：指秦王。
⑪去别：离别。
⑫取：俘虏。
⑬秦孝公：战国时秦国国君，嬴姓，名渠梁，公元前361～前338年在位。任用商鞅进行变法，使秦国实力迅速增强。
⑭惠王：秦孝公之子，嬴姓，名驷，公元前337～前311年在位。
⑮以：率领。私属：家众。
⑯襄疵：魏人，魏惠王时曾为邺令。他书或作“穰疵”。秦惠王即位后，想要加罪于商鞅，商鞅惧而出逃，欲返回魏国，襄疵拒绝其入境，商鞅只好又回到秦国，被秦惠王车裂而死。
⑰反：通“返”。
⑱无道：没有途径，没有办法。

译文

公孙鞅对于秦王来说，既不是秦王宗亲，也不是故友旧交，只是凭借才能而被任用的。因此，他想要对秦国尽职，除了进攻别的国家，就没有其他办法了。于是公孙鞅就为秦国领兵攻打魏国。魏国派公子卬率兵抵御秦兵。公孙鞅在魏国的时候，本来就与公子卬很友好。于是就派人对公子卬说："我之所以出游并希望显贵，都是公子您的缘故。现在秦国命令我率兵进攻，魏国命令公子您带兵抵御，难道我们忍心互相交战吗？请公子向您的君主报告，我也向我的君主报告，双方都罢兵吧。"在双方都准备回师的时候，公孙鞅又派人对公子卬说："回去以后再难有相见之时，希望与公子聚一聚再离别。"公子卬说："好吧。"魏国的军吏劝谏说："不可以去聚会。"公子卬不听，于是两人相聚叙旧。公孙鞅乘机埋伏下士卒和车骑俘虏了公子卬。秦孝公死后，惠王即位，因为这件事而怀疑公孙鞅的品行，想要加罪于公孙鞅。公孙鞅率领自己的家众与母亲返回魏国，魏国大臣襄疵不接纳他，说："因为您对公子卬背信弃义，我无法了解您。"所以，士人对自己的行为不可不审慎啊。

郑平于秦王[①]，臣也；其于应侯[②]，交也。欺交反主[③]，为利故也。方其为秦将也，天下所贵之无不以者[④]，重也。重以得之，轻必失之。去秦将，入赵魏，天下所贱之无不以也，所可羞无不以也。行方可贱可羞，而无秦将之重，不穷奚待[⑤]？

注释

①秦王：指秦昭王，秦惠王之子，公元前 306 ~前 251 年在位。

②应侯：即范雎，战国时秦国大臣，字叔，魏国人。早年家贫，入中大夫须贾门下为宾客。因随须贾出使齐国时被怀疑通齐卖魏，而在归国后被魏相魏齐几乎鞭笞致死。后在郑安平(即文中的“郑平”)的帮助下逃出并隐藏起来，更名张禄。郑又将他推荐给秦昭王派来的使者王稽，遂入秦，游说秦昭王，得为秦相，封于应，因此称为应侯。

③欺交反主：指郑平兵败降赵。范雎为秦相后，保举郑平为秦将。范雎曾派他出兵攻打赵国，被围，叛而归赵，故曰“欺交反主”。

④以：为，做。

⑤穷：穷困潦倒。

译文

郑平对于秦王来说是臣子，对于应侯来说是故交。他欺骗朋友，背叛君主，是追求私利的缘故。当他为秦将的时候，天下人所认为尊贵显耀的事情没有一件不能做，这是因为他位高权重。靠位高权重而得到的东西，一旦权去身轻，就必然要丧失。郑平离开秦将之位，进入赵国和魏国后，天下人认为轻贱的事情没有一件不做，天下人认为羞耻的事情没有一件不做。行为可贱可耻，却又没有秦将的位高权重，不穷困潦倒还等什么？

赵急求李欬[①]。李言、续经与之俱如卫[②]，抵公孙与[3]。公孙与见而与入[4]。续经因告卫吏使捕之。续经以仕赵五大夫[5]。人莫与同朝，子孙不可以交友。

注释

①求：搜捕。李欬 kài：人名，事不详。

②李言：人名，事不详。

③抵：归依，投靠。公孙与：人名，当是卫人，事不详。

④与：同意。入：接纳。

⑤五大夫：爵位名。

译文

赵国紧急搜捕李欬，李言、续经跟他一起去卫国，投靠公孙与。公孙与会见并同意接纳他们。续经乘机向卫国官吏告发了这件事，让他们逮捕了李欬。续经凭这件事在赵国做了五大夫，却没有谁愿意跟他同朝做官，连他的子孙也交不到朋友。

公孙竭与阴君之事[1]，而反告之樗里相国[2]，以仕秦五大夫[3]。功非不大也，然而不得入三都[4]，又况乎无此其功而有行乎[5]？

注释

①与：参与。阴君之事：不详，依上下文，当为不利于秦国的事。阴君，当是人名，事不详。

②樗 chū 里相国：即樗里疾，战国时秦惠王异母弟，

嬴姓，名疾，又称樗里子，秦武王、秦昭王时为相。因家住渭南樗里，遂为氏。

③以：凭借此事，指告发“阴君之事”。

④三都：高诱注：“三都，赵、卫、魏也。”

⑤无此其功而有行：依毕沅之说，当为“无此功而有其行”。“功”当指有利于国家，“行”则指私人交往上的背信弃义。

译文

公孙竭参与阴君之事，却又反过来向秦相樗里疾告发，凭借这个在秦国做了五大夫。他的功劳不能说不大，但是却不允许他进入赵、卫、魏三国国都，又何况那些没有告密这种功劳，却有背信弃义行为的人呢？

壹行

题解

《壹行》是《慎行论》的第四篇。壹行，就是指言行诚信专一。作者论述了言行诚信专一对于国家和个人的重要性，认为不论国家还是个人，都应该言行一致，自始至终坚持一定的准则，这样才可以信赖，才可以成就大功业。文章集中批评了那些言行不诚信、不专一的行为，认为“天下之所以恶，莫恶于不可知也”，“不可知”是最令人厌恶的事情。行“不可知之道”，危害巨大，“王者行之，废；强大行之，危；小弱行之，灭”。作者在强调言行一致的同时，也肯定了“威”和“利”对称王天下的重要作用。

先王所恶，无恶于不可知[①]。不可知，则君臣、父子、兄弟、朋友、夫妻之际败矣[②]。十际皆败[③]，乱莫大焉。凡人伦，以十际为安者也，释十际则与麋鹿虎狼无以异，多勇者则为制耳矣。不可知，则知无安君[④]、无乐亲矣，无荣兄、无亲友、无尊夫矣。

注释

①无恶于：没有比……更令人厌恶的。不可知：指言行无信，变化无常，不可测度。

②际：界限，指人们之间的关系准则和应遵守的礼

法与道德规范。败：坏。

③十际：指上面所举的五种人伦关系。五种关系皆有各自相互对待的行为准则，故称“十际”。

④知：依陈昌齐之说，当为衍文。

译文

先王所厌恶的，没有比言行不专一更令人厌恶的。言行不专一，那么君臣、父子、兄弟、朋友、夫妻之间的界限就会被破坏。十者的界限都受到破坏，混乱没有比这更大的了。凡是人与人之间的伦理关系，是靠这十者的界限保持稳定的。舍弃这十种界限，那人就和麋鹿、虎狼没什么区别了，有勇力的人就会辖制别人了。言行不专一，就没有人安定国君、没有人取悦父母了，也就没有人尊重兄长、没有人亲近朋友、没有人尊敬丈夫了。

强大未必王也，而王必强大。王者之所藉以成也何[①]？藉其威与其利。非强大则其威不威[②]，其利不利[③]。其威不威则不足以禁也，其利不利则不足以劝也[④]，故贤主必使其威利无敌。故以禁则必止，以劝则必为。威利敌[⑤]，而忧苦民、行可知者王，威利无敌，而以行不知者亡。小弱而不可知，则强大疑之矣。人之情不能爱其所疑，小弱而大不爱，则无以存。故不可知之道，王者行之，废[⑥]；强大行之，危；小弱行之，灭。

注释

①藉 jiè：借，凭借。

②其威不威：他的威势不能使天下人畏惧服从。

③其利不利：他的利益不能使天下人获利。

④劝：劝勉，鼓励。

⑤敌：匹敌，相当。

⑥废：坏，衰落。

译文

国家强大不一定能够称王天下，但称王天下一定要国家强大。称王天下的人所借以成功的是什么呢？凭借他的威势和给人的利益。国家不强大，那么他的威势就不能使人敬畏，他的利益就不能使人获利。他的威势不能使人敬畏，那就不能够禁止人们作恶；他给的利益不能使人获利，那就不能够鼓励人们行善。所以贤明的君主一定要使自己的威势和给人的利益都是无可匹敌的。以此来禁止作恶，就一定能够禁止；以此来鼓动为善，就一定能够做到。威势和利益彼此相匹配，而且能为百姓忧虑辛劳、言行诚信专一的人就会称王天下；威势和利益无可匹敌，而言行又不专一的人就会灭亡。国家弱小而又言行不专一，那么强大的国家就会有所猜疑。人之常情，不会爱自己所猜疑的人，国家弱小而又不被大国喜爱，那就没有办法生存了。所以，言行不专一，让人不可察知的做法，称王天下的人实行它就会衰落，强大的国家实行它就会危险，弱小的国家实行它就会灭亡。

今行者见大树，必解衣悬冠倚剑而寝其下。大树非人之情亲知交也[①]，而安之若此者，信也[②]。陵上巨木，人以为期[③]，易知故也。又况于士乎？士义可知故也[④]，则期为必矣。又况强大之国？强大之国诚可知[⑤]，则其王不难矣。

注释

①情亲：有亲情关系的亲人。

②信：信赖。大树给人以荫蔽，因此可以信赖。

③期：期会，约会。

④故也：依陈昌齐之说，当为衍文。

⑤诚：诚然，确实。

译文

行路的人看见大树，一定会解开衣服、挂上帽子，把宝剑靠在树边，躺在树下休息。大树并不是人们的亲朋好友，但是人们却对它如此放心，是因为它可以信赖。高山上的大树，人们常用来作为约会之处，是因为容易看到它。树木尚且如此，又何况士人呢！士人的道义诚信专一，那么他被人们所期待是必然的。士人尚且如此，又何况强大的国家呢！强大的国家确实诚信专一，那么它称王天下就不难了。

人之所乘船者，为其能浮而不能沈也[①]。世之所以贤君子者[②]，为其能行义而不能行邪辟也。孔子卜，得贲[③]。孔子曰："不吉[④]。"子贡曰："夫贲亦好矣[⑤]，何谓不吉乎？"孔子曰："夫白而白[⑥]，黑而黑，夫贲又何好乎？"故贤者所恶于物，无恶于无处[⑦]。

注释

①沈：古"沉"字。

②贤：敬重，以……为贤。

③贲bì：卦名，六十四卦中的贲卦。

④不吉：不吉利。贲卦是文饰的意思，其色斑驳不纯，此处言贲卦"不吉"，是指其不纯粹，不专一。

⑤夫贲亦好矣：《周易》载贲卦的卦辞说"小利有攸往"，向来认为是个吉卦，所以子贡说"夫贲亦好矣"。

⑥而：则。

⑦处chǔ：审度，辨察。

译文

人们之所以乘船，是因为船能浮在水面上而不会下沉；世间之所以以君子为贤，是因为他们能实行信义而不会去做邪恶的事。孔子占卜，得到贲卦。孔子说："不吉利。"子贡说："贲卦也很好啊，为什么说不吉利呢？"孔子说："要白就是白，要黑就是黑。贲卦纹饰过多，斑驳不纯，又怎么算是好呢？"所以，贤者所厌恶的事物，没有比不可辨察审度更加厌恶的了。

夫天下之所以恶，莫恶于不可知也。夫不可知，盗不与期，贼不与谋。盗贼大奸也，而犹所得匹偶[①]，又况于欲成大功乎？夫欲成大功，令天下皆轻劝而助之[②]，必之士可知[③]。

注释

①所得：依毕沅之说，当作“得所”。匹偶：伙伴。

②轻：疾。劝：劝勉，鼓励。

③必之：一定。

译文

天下所厌恶的，莫过于言行不专一。言行不专一，强盗都不与他相约为伴，窃贼也不与他谋议。强盗、窃贼是非常奸恶的人，尚且要找合适的伙伴，更何况那些想要成就大功业的人呢？想要成就大功业，让天下人都竞相努力来帮助自己，一定要让这些士人做到言行专一才行。

贵直论

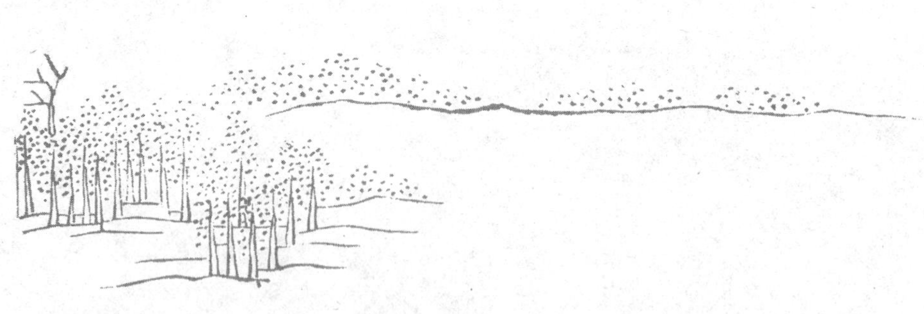

贵 直

题解

《贵直》是《贵直论》的第一篇。贵直，就是以直言劝谏为贵。文章主要论述了直言劝谏的重要性，强调君主要尊重敢于直谏之士，要采纳他们的意见，所谓忠言逆耳，君主是否能够虚心纳谏是关系功业成败和国家存亡的关键。本篇所列举的狐援与齐湣王、行人烛过与赵简子的事例有力地证明了这一点，说明君主对敢于直言之士态度不同，所造成的结果也就不同。

贤主所贵莫如士。所以贵士，为其直言也。言直则枉者见矣①。人主之患，欲闻枉而恶直言②。是障其源而欲其水也，水奚自至③？是贱其所欲而贵其所恶也④，所欲奚自来？

注释

①枉：邪曲。见xiàn：显露。

②恶：厌恶。

③奚：何，哪里。

④所欲：指“闻枉”。所恶：指“恶其言”，厌恶正直之言。

译文

贤明的君主所崇尚的莫过于士人。之所以崇尚士人，是因为他们能直言不讳。直言不讳的话，邪曲就显露出来了。君主的弊病，是想分辨出邪曲却又厌恶正直之言。这就如同堵塞水源而又想得到水，水从哪里来呢？这就等于轻视自己所要得到的，而崇尚自己所厌恶的，所要得到的东西又从何而来呢？

能意见齐宣王①。宣王曰："寡人闻子好直，有之乎？"对曰："意恶能直②？意闻好直之士，家不处乱国，身不见污君③。身今得见王④，而家宅乎齐，意恶能直？"宣王怒曰："野士也！"将罪之。能意曰："臣少而好事⑤，长而行之，王胡不能与野士乎⑥，将以彰其所好耶⑦？"王乃舍之⑧。能意者⑨，使谨乎论于主之侧，亦必不阿主。不阿⑩，主之所得岂少哉？此贤主之所求，而不肖主之所恶也。

注释

①能意：战国时齐人，姓能，名意，事不详。

②恶 wū：疑问副词，相当于"乌"，哪里。

③污君：德行污秽的君主。

④身今得见王：依王念孙之说，当为"今身得见王"。

⑤好事：此指喜好直言劝谏之事。

⑥胡：为何。与：采取，听取。

⑦彰：彰显，表明。

⑧舍：赦免，不加罪。

⑨能意者：依王念孙之说，当作“若能意者”。

⑩不阿：依孙人和之说，当作“不阿主”。

译文

能意拜见齐宣王。宣王说：“我听说你喜好直言不讳，有这回事吗？”能意回答说：“我哪里能做到直言不讳呢？我听说喜好直言不讳的士人，家不居住在政治混乱的国家，自己不见德行污秽的君主。现在我能来拜见您，而家又住在齐国，我怎么能正直劝谏呢？”宣王生气地说：“真是一个鄙野的人啊！”于是打算治他的罪。能意说：“我少年的时候就喜好直言，长大以后还保持这种做法，您为什么不能听取粗野之人的言论，来表明自己的爱好呢？”宣王于是就赦免了他。像能意这样的人，使他能够在君王的身边谨慎地论说自己的意见，也一定不会阿谀奉承君主。不阿谀奉承君主，君主能够得到的东西难道会少吗？这正是贤明的君主所追求的，却又是不肖的君王所厌恶的。

狐援说齐湣王曰[①]：“殷之鼎陈于周之廷[②]，其社盖于周之屏[③]，其干戚之音在人之游[④]。亡国之音不得至于庙，亡国之社不得见于天，亡国之器陈于廷，所以为戒。王必勉之！其无使齐之大吕陈之廷[⑤]，无使太公之社盖之屏[⑥]，无使齐音充人之游。”齐王不受。

狐援出而哭国三日⑦，其辞曰："先出也，衣絺纻⑧；后出也，满囹圄⑨。吾今见民之洋洋然东走而不知所处⑩。"齐王问吏曰："哭国之法若何？"吏曰："斮⑪。"王曰："行法！"吏陈斧质于东闾⑫，不欲杀之，而欲去之。狐援闻而蹶往过之⑬。吏曰："哭国之法斮，先生之老欤？昏欤？"狐援曰："曷为昏哉？"于是乃言曰："有人自南方来，鲋入而鲵居⑭，使人之朝为草而国为墟⑮。殷有比干，吴有子胥，齐有狐援。已不用若言⑯，又斮之东闾，每斮者以吾参夫二子者乎⑰！"狐援非乐斮也，国已乱矣，上已悖矣，哀社稷与民人，故出若言。出若言非平论也⑱，将以救败也，固嫌于危⑲。此触子之所以去之也，达子之所以死之也⑳。

注释

①狐援：战国时齐臣。亦作"狐爰""狐咺"。

②鼎：古代一种礼器，是立国的象征，也是代表国家的重器。相传周灭商后，把商的九鼎迁于洛邑。古人认为这类器物不能用于祭祀新朝的宗庙，只能陈设于庭中。

③社：祭祀土神之处，也是国家政权的象征。盖：遮盖，覆盖。屏：屏蔽，屏障，此指遮盖在神社上的棚屋之类。

④干戚之音：武舞的音乐，此处指代殷商的宫廷音乐。古代舞蹈分为文舞和武舞两种，文舞执羽旄，武舞执干戚。干戚是古代的两种兵器，干是盾牌，

戚是大斧。游：游乐。

⑤大吕：齐之大钟。陈：列。

⑥太公：即田和，战国时田氏齐国的开国始祖。原为齐康公相，后逐康公，取代姜姓而自立为齐侯，此后田氏齐王都尊他为“太公”。

⑦哭国：为国事痛哭。

⑧衣絺纻chī zhù：意思是生活可以得到温饱。絺，用葛草纤维织成的细布。纻，用苎麻织成的粗布。

⑨囹圄：监狱。

⑩今：即将。洋洋然：犹“茫茫然”，心神不定，无所归的样子。

⑪斮zhuó：斩，砍。

⑫斧质：即斧锧，行斩刑时所用的刑具。东间：齐国都的东门。

⑬蹶：跌倒。此处指走路时跌跌撞撞。过：见。

⑭鲋fù入：像鲫鱼一样进来。鲫鱼体小，用以形容恭谨谦卑。鲋fù，鲫鱼。鲵ní居：像鲸鲵一样居住在齐国。鲸鲵体大，吞食小鱼，用以形容凶残贪婪。鲵，鲸鲵。

⑮为草：变为草莽。墟：废墟，丘墟。

⑯若：代词，其，这。

⑰每：犹“当”，将。参sān夫二子：使我与（比干、子胥）二子并列为三。参，古用作“三”，犹今之大写“叁”。

⑱平论：普通的议论。

⑲固：固然，必然。嫌：近。危：危言耸听，言语惊人。

⑳触子、达子：皆齐湣王之臣。

译文

狐援劝说齐湣王："殷商的大鼎陈列在周的朝廷上，它祭祀的神社被覆盖上了周的庐棚，它的宫廷音乐被人们用在游乐之中。灭亡的国家的音乐不准进入宗庙，灭亡的国家的神社不准重见天日；灭亡的国家的礼器陈列在朝廷之上，这些是用来警诫后人的。大王一定要自我勉励啊！千万不要让齐国的大吕陈列在别国的朝廷之上，不要让太公建起的神社被人盖上庐棚，不要让齐国的音乐充斥在别国百姓的游乐之中。"齐王不接受狐援的劝谏。狐援离开朝廷后，为国家即将遭遇的灾难哭了三天，边哭边说："先离开齐国的人，尚可穿着葛布麻衣；后离开齐国的人，将要遭难被关满监狱。我即将要看到齐国百姓都仓皇地向东边逃去，却不知道在哪里安居。"齐王问狱吏说："国家太平无事却为国家哭丧的，依照法令应治什么罪？"狱吏回答说："应当斩首。"齐王说："那就依照法令执行。"狱吏把斧锧陈放在东门，不愿真的杀死狐援，而是希望他逃走，狐援听到这个消息之后，反而跌跌撞撞地去见那位狱吏。狱吏说："国家无事而为国家哭丧，按照法令应当斩首。先生您是老糊涂了，还是头脑发昏了呢？"狐援说："怎么是头脑发昏呢？"于是他就对狱吏进一步解释说："有人从南方来到这里，来时像鲫鱼那样恭谨谦卑，居住到这以后就像鲸鲵那样凶狠残暴，使别人的朝廷变为草莽，国家变为废墟。殷朝有比干，吴国有伍子胥，齐国有我狐援。大王既然不采纳我的话，而且要在东门将我斩首，这是要把我跟比干和伍子胥两个人放在一起并列为第三人吧！”狐援并不是乐意被斩首，国家已经混乱不堪了，君王已经悖逆昏庸了，他哀怜国家和人民，所以才说了这样的话。这些话并不是普通的议论，是想要用这些话来挽救国家的危亡，所以他讲的话才近于危言耸听。齐湣王不采纳忠言却戮杀忠直之士，这正是触子之所以离开国家而逃跑的原因，也正是达子之所以战败为国而死的原因。

赵简子攻卫，附郭[①]，自将兵。及战，且远立，又居于犀蔽屏橹之下[②]。鼓之而士不起[③]。简子投桴而叹曰[④]：“呜呼！士之速弊一若此乎[⑤]！”行人烛过免胄横戈而进曰[⑥]：“亦有君不能耳[⑦]，士何弊之有？”简子艴然作色曰[⑧]：“寡人之无使，而身自将是众也，子亲谓寡人之无能，有说则可[⑨]，无说则死！”对曰：“昔吾先君献公即位五年[⑩]，兼国十九[⑪]，用此士也。惠公即位二年[⑫]，淫色暴慢，身好玉女，秦人袭我，逊去绛七十[⑬]，用此士也。文公即位二年，厎之以勇[⑭]，故三年而士尽果敢；城濮之战[⑮]，五败荆人，围卫取曹，拔石社[⑯]，定天子之位[⑰]，成尊名于天下，用此士也。亦有君不能耳，士何弊之有？”简子乃去犀蔽屏橹，而立于矢石之所及，一鼓而士毕乘之[⑱]。简子曰：“与吾得革车千乘也[⑲]，不如闻行人烛过之一言。”行人烛过可谓能谏其君矣。战斗之上[⑳]，桴鼓方用，赏不加厚，罚不加重，一言而士皆乐为其上死。

注释

①附：逼近。郭：外城。

②犀蔽屏橹：依毕沅之说，当作“屏蔽犀橹”。指用犀牛皮挡住车厢以作屏障，并躲在犀牛皮做的盾牌之后。下：相当于“后”。

③鼓之：击鼓进攻。

④桴 fú：鼓槌。

⑤弊：恶，坏。

⑥行人：官职名，负责外交事务。免胄：摘下头盔。横戈：横拿兵戈。“免胄横戈”是手执兵器、甲胄在身的将领对君主的礼节。

⑦亦：只不过。

⑧艴 fú 然：盛怒的样子。作色：因发怒脸上变色。

⑨说：解释。

⑩献公：晋献公，春秋时晋国国君。

⑪兼：兼并。

⑫惠公：晋惠公，晋献公之子。

⑬逊：逃遁。去：离，距离。绛：地名，即晋国国都新绛，在今山西省曲沃县西南。

⑭厎 zhǐ：砥砺。

⑮城濮之战：公元前 632 年晋楚两国在城濮进行的一次战争。公元前 633 年，楚成王率陈、蔡、郑、许几国联军进攻宋国，宋向晋求救。次年，晋进攻楚的盟国曹、卫，楚军北上与晋军战于城濮（今山东鄄城西南），结果晋以少胜多，大获全胜。战后，

晋文公成为霸主。

⑯石社：地名，其地不详，当在曹国。

⑰定天子之位：指晋文公平定周襄王之弟叔带作乱之事。晋文公元年（公元前636年），周襄王之弟叔带率狄人伐周，襄王出奔郑。次年，晋文公出兵诛叔带，复纳襄王。

⑱乘：登，此指登上敌城。

⑲与：与其。革车：兵车。千乘：千辆兵车。

⑳上：相当于"时"。

译文

赵简子进攻卫国，逼近外城。他亲自统帅军队。可是到了交战的时候，他却站在离战场很远的地方，又躲在犀牛皮做成的屏障和盾牌后面。他击鼓进军，士卒却动也不动。赵简子丢下鼓槌叹息说："唉！士卒们变坏竟然快到这种地步！"行人烛过摘下头盔、横拿着兵戈走上前来对他说："也是因为您无能啊，士卒有什么不好呢？"赵简子勃然大怒，脸色都变了，说："我没有委派他人下来，而是亲自统帅这些士卒，你却说我无能，你说出理由便罢，说不出理由的话就处死你！"烛过回答说："从前我们的先君献公即位五年，就兼并了十九个国家，用的就是这些士卒。惠公即位两年，纵情声色，残暴傲慢，喜好美女，秦人来袭击我们，我军溃逃到离都城绛只有七十里的地方，用的也是这些士卒。文公即位两年，用勇武来砥砺磨炼士卒，所以三年后，士卒们全都果敢勇猛；城濮之战，五次打败楚国的军队，围困卫国，夺取曹国，攻占石社，稳定了周天子的王位，使自己的名声显赫于天下，用的还是这些士卒。所以说也是因为您无能，士卒有什么不好呢？”赵简子于是离开了犀革做的屏障和盾牌，站在对方弓箭垒石可以射到的地方，只击一次鼓，士卒就全部都登上了敌城。赵简子说：“与其让我得到兵车千辆，还不如听到行人烛过的一番话。”行人烛过可以说是能够劝谏他的国君了。在战斗之时，击鼓进军之际，奖赏不用增加，惩罚不用加重，一番话就可以令士卒都乐于为他们的君主拼死效力。

知 化

题解

《知化》是《贵直论》的第三篇。所谓知化，就是要预知事物发展变化的必然趋势，从而及早有针对性地采取措施。本文主旨在于强调君主应该以“知化”为贵，“危困之道，身死国亡，在于不先知化也”。糊涂的君主，“患未至，则不可告也；患既至，虽知之无及矣”。文章以吴王夫差为例，来论述自己的观点，夫差不能“知化”，好大喜功，目光短浅，只贪眼前利益，且顽固不化，不能虚心纳谏，最终导致身死国灭的悲惨下场。

夫以勇事人者，以死也。未死而言死，不论[①]。以虽知之[②]，与勿知同[③]。凡智之贵也，贵知化也[④]。人主之惑者则不然。化未至则不知；化已至，虽知之，与勿知一贯也[⑤]。事有可以过者[⑥]，有不可以过者。而身死国亡[⑦]，则胡可以过[⑧]？此贤主之所重，惑主之所轻也。所轻[⑨]，国恶得不危[⑩]？身恶得不困？危困之道，身死国亡，在于不先知化也。吴王夫差是也。子胥非不先知化也，谏而不听，故吴为丘墟，祸及阖庐[⑪]。

注释

①论：察，知。

②以：这里相当于“此”。

③与勿知同：勇士死了以后，虽然别人了解他了，但为时已晚，再也不能用其勇，所以说“与勿知同”。

④化：变化，指事物发展变化的必然趋势。

⑤一贯：一样。

⑥过：犯错误，失误。

⑦而：犹“若”，假如。

⑧胡：何，怎么。

⑨轻：轻视，忽视。

⑩恶 wū：怎么能。

⑪阖庐：即阖闾，春秋时吴国国君，夫差之父。夫差不听伍子胥之言而致国破身死，吴国绝祀，阖庐不得享受祭祀，所以说“祸及阖庐”。

译文

以勇力侍奉别人的人，也就是用死来侍奉别人。这样的勇士还没有死的时候谈论用死侍奉别人，人们是不会了解的。等到勇士真的死了以后，虽然人们已经了解他了，但为时已晚，了解和不了解是一样的。大凡智慧的可贵，贵在可以预知事物发展变化的趋势。那些糊涂的君主就不是这样，变化没有到来时茫然无知，变化已经到来后，虽然知道了却为时已晚，和不知道是一样的。事情有些是可以犯错的，有些是不可以犯错的。例如会导致身死国亡的大事，怎么可以犯错呢？这是贤明的君主所重视的，糊涂的君主所轻视的。轻视这一点，国家怎么能不危险？自身怎么能不困厄？行于危险困厄的道上，招致身死国亡，这正是由于不能预知事物发展变化的趋势啊。吴王夫差就是这样。伍子胥并不是没有预知这个发展变化的趋势，而是他劝谏夫差，夫差却不采纳，所以吴国变为废墟，殃及先君阖庐。

吴王夫差将伐齐，子胥曰："不可。夫齐之与吴也，习俗不同，言语不通，我得其地不能处[①]，得其民不得使[②]。夫吴之与越也，接土邻境，壤交通属[③]，习俗同，言语通，我得其地能处之，得其民能使之，越于我亦然。夫吴越之势不两立。越之于吴也，譬若心腹之疾也，虽无作[④]，其伤深而在内也。夫齐之于吴也，疥癣之病也，不苦其已也[⑤]，且其无伤也。今释越而伐齐，譬之犹惧虎而刺猏[⑥]，虽胜之，其后患未央[⑦]。"太宰嚭曰："不可。君王之令所以不行于上国者[⑧]，齐、晋也。君王若伐齐而胜之，徙其兵以临晋，晋必听命矣。是君王一举而服两国也，君王之令必行于上国。"夫差以为然，不听子胥之言，而用太宰嚭之谋。子胥曰："天将亡吴矣，则使君王战而胜；天将不亡吴矣，则使君王战而不胜。"夫差不听。子胥两袪高蹶而出于廷[⑨]，曰："嗟乎！吴朝必生荆棘矣！"夫差兴师伐齐，战于艾陵[⑩]，大败齐师，反而诛子胥[⑪]。子胥将死，曰："与[⑫]！吾安得一目以视越人之入吴也？"乃自杀。夫差乃取其身而流之江[13]，抉其目[14]，著之东门[15]，曰："女胡视越人之入我也[16]？"居数年，越报吴，残其国，绝其世[17]，灭其社稷，夷其宗庙[18]。夫差身为禽[19]。夫差将而死，曰："死者如有知也，吾何面以见子胥于地下？"乃为幎以冒面死[20]。夫患未至，则不可告也；患既至，虽知之无及矣。故夫差之知惭于子胥也，不若勿知。

注释

①处：居住，犹言占据。

②不得使：依孙人和之说，"得"当作"能"。意为不能役使。

③通：依陶鸿庆之说，当作"道"。属zhǔ：连接，连缀。

④无作：没有发作。

⑤已：治愈。

⑥惧虎：担心虎患。豣jiān：同"豜"，三岁的猪。

⑦央：尽。

⑧上国：指中原地区各国。相对于吴越诸国而言，地势较高，因此称"上国"。

⑨两袪qū高蹶：指两手提着衣服，大踏步行走。袪，举，此指提起衣服。高蹶，高蹈，把脚抬高走路。

⑩艾陵：春秋齐地，在今山东省莱芜县东（依沈钦韩《春秋地名补注》之说），艾陵之战详见《左传·哀公十一年》。

⑪反：通"返"，回来。

⑫与：义未详。陈奇猷以为借为"吁"，叹词。今从之。

⑬身：指尸体。

⑭抉 jué：挖。

⑮著：附，挂。

⑯女：通“汝”，你。胡：怎么能。

⑰世：世系，世代相承的系统。

⑱夷：平。

⑲禽：通“擒”，擒住，捉住。

⑳幎 mì：幎目，指用以覆盖死者面部的方巾。冒：覆盖。

译文

吴王夫差将要攻伐齐国，伍子胥说：“不行。齐国和吴国，风俗习惯不同，言语不相通，即使我们得到齐国的土地也不能居住，得到齐国的百姓也不能役使。吴国和越国，土地相连毗邻，田地交错，道路相连，风俗习惯相同，言语相通。我们得到越国的土地能够居住，得到越国的百姓能够役使。越国对于我国也是这样。吴、越两国从情势上看是不能并存的。越国对于吴国，如同心腹之疾，即使现在没有发作，但它造成的伤害深重而且处于体内。而齐国对于吴国，只是疥癣一样的小问题，不愁治愈不好，况且治不好也没什么妨害。现在舍弃越国而去攻打齐国，这就像担心虎患却去猎杀野猪一样，即使获胜了，也是后患无穷。”太宰嚭说：“不可听信伍子胥的话。大王您的命令之所以不能在中原各国推行，正是因为齐、晋两国。大王如果攻打齐国并战胜它，然后移兵直压晋国国境，晋国一定会俯首听命。这是大王一举可以降服两个国家啊！这样，大王的号令一定可以在中原各国推行。”夫差认为太宰嚭说得对，不听从子胥的话，而采用了太宰嚭的计谋。伍子胥说：“上天如果想要灭亡吴国，那么就让大王打胜仗；上天如果不想灭亡吴国，就让大王打不了胜仗。”夫差不听。伍子胥双手提起衣服，大踏步地从朝廷中走了出去，说：“唉！吴国的宫廷一定要荆棘丛生了！”夫差兴兵伐齐，在艾陵和齐军交战，把齐军打得大败。回来以后就杀了伍子胥。伍子胥临死的时候说：“唉，我怎么才能留下一只眼睛看到越军入侵吴国呢？”说完就自杀了。夫差把他的尸体投到江中冲走，把他的眼睛挖出来挂在国都的东门，说：“你怎么能看到越军侵入我吴国呢？”过了几年，越人报复吴国，攻破了吴国的国都，灭绝了吴国的世系，毁灭了吴国的社稷，夷平了吴国的宗庙，夫差本人也被擒住。夫差临死的时候说：“死人如果有知的话，我有什么脸面在地下见子胥呢？”于是用方巾盖在脸上自杀了。对于糊涂的君主，祸患还没有到来时，就无法使他明白；祸患到来以后，他们即使明白了也来不及了。所以，夫差临死时才知道愧对伍子胥，这种知道还不如不知道。

不苟论

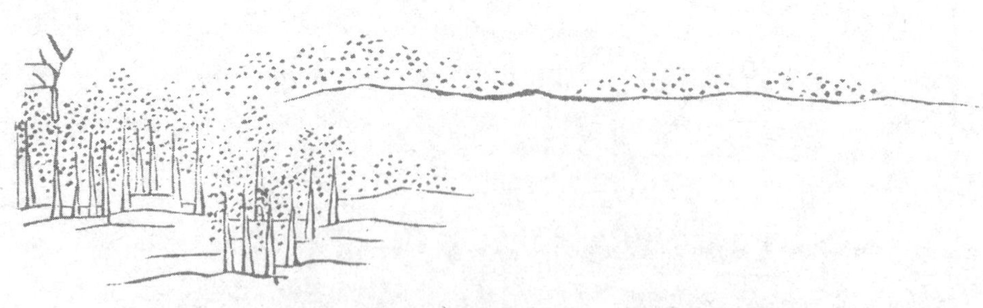

自　知

题解

《自知》是《不苟论》的第三篇。自知，就是要了解自己的过失。文章首先指出了“自知”的重要性，尤其是对于国君，“存亡安危，勿求于外，务在自知”。其次，文章提出了自知的方法，即“则必直士”，认为直士就如同准绳、规矩那样，可以矫正君主的过失。最后说明直士在劝谏的时候必须要讲究方法，文章以任座和翟黄为例，从正反两个方面论证了“上顺乎主心以显贤者”是向君主进谏时所要讲求的方法。

欲知平直，则必准绳①；欲知方圆，则必规矩；人主欲自知，则必直士。故天子立辅弼②，设师保③，所以举过也。夫人故不能自知④，人主犹其⑤。存亡安危，勿求于外，务在自知。

注释

①准绳：水准和墨线，测量、确定水平和直线的工具。

②辅弼：辅佐君主的大臣。古籍有天子大臣“左辅右弼”之说。弼，辅佐。

③师保：古代辅佐教导帝王的官，有师有保，统称师保。

④故：本来。

⑤犹其：依毕沅之说，当作“独甚”。

译文

想要知道平直，就一定要依靠水准和墨线；想要知道方圆，就一定要依靠圆规和矩尺；君主想要了解自己的过失，就一定要依靠正直之士。所以天子设立辅弼，设置师保，是用来指出天子的过错的。人本来就不能了解自己，天子尤为严重。国家的存亡安危，不用到外部去寻求，关键在于了解自己的过失。

尧有欲谏之鼓[①]，舜有诽谤之木[②]，汤有司过之士[③]，武王有戒慎之鞀[④]，犹恐不能自知。今贤非尧舜汤武也，而有掩蔽之道，奚繇自知哉！

注释

①欲谏之鼓：供想进谏的人敲击的鼓。

②诽谤之木：供书写批评意见所立的木柱。诽谤，此处指批评指责。

③司过之士：依王念孙之说，当作“司直之士”，指主管纠察、匡正群臣错误的官吏。司，主管。直，匡正。

④戒慎之鞀táo：供想要劝诫君主使之谨慎的人摇的鼓。鞀，长柄的摇鼓。

译文

尧有供想要进谏的人敲击的鼓，舜有供书写批评意见的木柱，汤有主管纠正过失的官吏，武王有供想要告诫君主的人用的摇鼓。他们这样做仍担心不能了解自己的过失。而现在的君主，贤能比不上尧、舜、汤、武，却采取了遮掩自己过失的做法，又怎么能了解自己的过失呢？

荆成、齐庄不自知而杀[①]，吴王、智伯不自知而亡[②]，宋、中山不自知而灭[③]，晋惠公、赵括不自知而虏[④]，钻荼、庞涓、太子申不自知而死[⑤]，败莫大于不自知。

注释

①荆成：即楚成王。楚成王不听令尹子的劝谏，立商臣为太子，后又想废黜商臣而改立王子职，结果被商臣率兵包围，逼其自杀。齐庄：即齐庄公。齐庄公因与其臣崔杼之妻私通，而被崔杼所杀。

②吴王：即吴王夫差。夫差伐越后昏庸自大，伍子胥多次劝谏不听，终为越所灭。智伯：即智伯瑶。他刚愎自用，与韩、魏围赵襄子于晋阳，后赵与韩、魏暗中联合，灭了智伯。

③宋：指宋康王，名偃，宋国国君，宋辟公之子，宋剔成君之弟，自称为王，狂乱暴虐，后被齐国所灭。中山：指中山国君，荒淫无道，为魏文侯

所灭。

④晋惠公：姬姓，名夷吾，春秋时期晋国国君，晋文公之弟。因背弃与秦穆公的盟约，在韩原之战中被秦俘虏。赵括：战国时赵国将领，名将赵奢之子，性高傲，尚空谈，赵孝成王时代廉颇为将，与秦战于长平，被秦国将领白起所破，全军覆没。“纸上谈兵”之典故即从赵括而来。据《史记·廉颇蔺相如列传》，赵括战败被杀，与这里被俘的记述不同。

⑤钻荼、庞涓：皆为魏惠王将领。太子申：魏惠王太子。太子申与庞涓东伐齐，战于马陵，大败，太子申被俘，庞涓被杀。

译文

楚成王、齐庄公因为不了解自己的过失而被杀，吴王夫差、智伯瑶因为不了解自己的过失而灭亡，宋康王、中山王因为不了解自己的过失而灭国，晋惠公、赵括因为不了解自己的过失而被俘，钻荼、庞涓、太子申因为不了解自己的过失而兵败身死。失败没有比不了解自己的过失更糟的了。

范氏之亡也[①]，百姓有得钟者。欲负而走，则钟大不可负。以椎毁之[②]，钟况然有音[③]。恐人闻之而夺己也，遽掩其耳[④]。恶人闻之可也，恶己自闻之，悖矣。为人主而恶闻其过，非犹此也？恶人闻其过尚犹可[⑤]。

注释

①范氏：即范吉射，春秋末年晋六卿之一。范氏最后一代宗主，范鞅之子。公元前 490 年，被赵简子所败，出亡齐国。公元前 458 年，智伯与韩、赵、魏共分范氏地，范氏灭亡。亡：逃亡。

②椎 chuí：木槌。

③况然：形容钟声很响。况，撞钟的声音。

④遽：急忙。

⑤恶人闻其过尚犹可：此句语意未完，其下当补“恶己自闻其过悖矣”与之相对立。

译文

范氏出亡的时候，有个百姓得到了他的一口钟。就想背着这口钟逃走，可是钟太大，没法背，他就用木槌把钟敲碎了，木槌一敲，钟况然作响。他怕别人听见钟声来同自己抢夺这口钟，就急忙捂住了耳朵。不愿让别人听到钟声是可以的，不愿自己听到钟声那就是糊涂了。做国君的不愿听到自己的过失，不正像这样吗？不愿别人听到自己的过失倒还可以，不愿自己听到自己的过失就太糊涂了。

魏文侯燕饮[①]，皆令诸大夫论己。或言君之智也[②]。至于任座[③]，任座曰：“君，不肖君也。得中山不以封君之弟，而以封君之子[4]，是以知君之不肖也。”文侯不说，知于颜色[5]。任座趋而出。次及翟黄[6]，翟黄曰：“君，贤君也。臣闻其主贤者，其臣之言直。今者任座之言直，是以知君之贤也。”文侯喜曰：“可反欤[7]？”翟黄对曰：“奚为不可？臣闻忠臣毕其忠[8]，而不敢远其死[9]。座殆尚在于门[10]。”翟黄往视之，任座在于门，以君令召之。任座入，文侯下阶而迎之，终座以为上客[11]。文侯微翟黄[12]，则几失忠臣矣。上顺乎主心以显贤者，其唯翟黄乎？

注释

①燕：通“宴”。

②或言君之智也：依毕沅之说，此处疑有脱文。《太平御览》六二二引作“或言君仁，或言君义，或言君智”。

③任座：即公叔痤，公叔氏，名痤，魏文侯臣。

④君之子：指太子击，即魏武侯。魏文侯初灭中山，曾以为太子封邑。

⑤知：表现，显露。

⑥翟黄：又作翟璜，战国时魏国相，辅佐魏文侯，下邽（今陕西渭南）人。以直言敢谏著称，位至上卿。曾向文侯举荐吴起、西门豹、乐羊、李克等人。

⑦反：同“返”，使动用法，使……返回。

⑧毕：尽。

⑨远：离开。

⑩殆：必。在于门：在大门口。
⑪终座：直到任座死。
⑫微：如果没有。

译文

魏文侯宴饮，让大夫们都来评论自己。有人说君主很仁爱，有人说君主很有道义，有人说君主很英明。轮到任座，任座说："您是个不贤明的君主。得到中山后，不把它封给您的弟弟，却把它封给了您的儿子，因此知道您是不贤明的君主。"文侯听了很不高兴，不悦之色表现在脸上。任座快步走了出去。按次序轮到翟黄，翟黄说："您是个贤明的君主。我听说君主贤明，他的臣子就言语直率。现在任座言语直率，因此我知道国君您贤明。"文侯听后很高兴，说："还能让任座回来吗？"翟黄回答说："怎么不能？我听说忠臣竭尽自己的忠心，不敢躲避其死罪。任座必定还在大门口。"翟黄出去一看，任座果然还在宫门口。翟黄就用国君的命令召他进去。任座进来的时候，文侯走下台阶来迎接他，此后终生都把任座待为上宾。文侯如果没有翟黄，就差点儿失掉了忠臣。对上能够顺应君主的心意来尊显贤者的人，大概说的就是翟黄吧！

博　志

题解

《博志》是《不苟论》的第五篇。博志，按照文义当作“摶志”，意思是专心致志。“摶”为“抟”的异写，通“专”。作者指出，无论做什么事，都应该专心致志，“去其害之者”，排除妨碍、干扰的因素，“精而熟之”，才能获得成功，使技艺达到炉火纯青、出神入化的境界。

先王有大务[①]，去其害之者，故所欲以必得，所恶以必除[②]，此功名之所以立也[③]。俗主则不然，有大务而不能去其害之者，此所以无能成也。夫去害务与不能去害务，此贤不肖之所以分也[④]。使獐疾走[⑤]，马弗及至[⑥]，已而得者[⑦]，其时顾也[⑧]。骥一日千里，车轻也；以重载则不能数里，任重也[⑨]。贤者之举事也，不闻无功，然而名不大立、利不及世者[⑩]，愚不肖为之任也[⑪]。

注释

①大务：重大事务。务，事。

②以：犹“则”，就。

③立：成。

④分：别，不同。

⑤使：假使。獐：即今之獐子。疾走：快跑。

⑥及：赶上。

⑦已而：不一会儿，不多久。得：被捕获。

⑧顾：回头张望。回头是多疑所致，回头看，速度就会放慢，因而被捉。此处是用獐来作比喻。

⑨任：载，担负。

⑩利不及世：利益不能传给后世。

⑪愚不肖为之任：意思是说，贤者本来可以像骐骥一日千里那样建立大功名，但是由于不能“去害务”，被愚不肖所拖累，所以不能建立大功名，就像骐骥因为重载而不能数里一样。为之任，成为负担、拖累。

译文

先王要做大的事务，就要除去那些妨害它的因素，这样他想要得到的就一定能得到，他所厌恶的就一定能除掉，这就是功名之所以能够建立的原因。平庸的君主就不是这样，想做大事却不能去除妨害它的因素，这就是他不能成就功业的原因。能不能除去妨害事务的因素，这就是贤者和不肖者之所以不同的原因。假使獐子飞快地奔跑，马是追不上它的。但是不一会儿就会被捕获，这是因为它时时回头张望。良马能够日行千里，是因为拉的车负载轻，让它拉负载很重的车，一天也走不了多少里，因为负担太重了。贤明的人做事，没有听说没有成效的，但是名声不能显赫，利益不能传给后世，是因为有愚昧不肖的人成为他们的拖累。

冬与夏不能两刑[①]，草与稼不能两成，新谷熟而陈谷亏[②]，凡有角者无上齿[③]，果实繁者木必庳[④]，用智褊者无遂功[⑤]，天之数也[⑥]。故天子不处全[⑦]，不处极，不处盈。全则必缺，极则必反，盈则必亏。先王知物之不可两大[⑧]，故择务，当而处之[⑨]。

注释

①两刑：同时形成，同时出现。刑，通“形”，成。

②亏：亏缺，匮乏。

③有角者无上齿：有些长角的反刍动物如牛、羊等多上颚缺门齿及犬齿。

④庳 bēi：低矮。果树结果多，树枝必然被坠下垂，故而长得低矮。

⑤用智：指思想。褊 biǎn：狭窄。遂功：成功。

⑥数：法则，规律。

⑦处：处理，做。

⑧两大：两方面同时得以发展壮大。

⑨当 dàng：适宜。

译文

冬夏两季不能同时出现，野草与庄稼不能一起长大，新的谷粮成熟了，旧的谷粮必已亏缺，凡是长角的动物都没有上齿，果实繁多的树木必然长得低矮，思想偏狭的人做事就不会成功，这些都是自然的法则。所以天子做事不会做得很完美，不会做得很极端，不会做得很圆满。太完美就一定会有缺损，太极端就一定会走向反面，太圆满就一定会转向亏失。先王知道事物不可能两方面同时发展壮大，所以对于事务要加以选择，适宜的才去做。

孔、墨、宁越[①]，皆布衣之士也，虑于天下，以为无若先王之术者，故日夜学之。有便于学者，无不为也；有不便于学者，无肯为也。盖闻孔丘、墨翟，昼日讽诵习业[②]，夜亲见文王、周公旦而问焉[③]。用志如此其精也[④]，何事而不达[⑤]？何为而不成？故曰："精而熟之，鬼将告之[⑥]。"非鬼告之也，精而熟之也。今有宝剑良马于此，玩之不厌，视之无倦；宝行良道[⑦]，一而弗复[⑧]。欲身之安也，名之章也[⑨]，不亦难乎！

注释

①宁越：战国时期赵国人。曾为周威公之师。

②讽、诵：都是背诵的意思。

③夜亲见：指梦见。

④用志：用心。精：专心致志。

⑤达：成功，实现。

⑥精而熟之，鬼将告之：这两句应该是当时的谚语。鬼，指神灵、神明。

⑦宝行：宝贵的行为。良道：好的学说。宝行良道，这里是相对于上文所说的"宝剑良马"而言。

⑧一：做一次。复：再次。

⑨章：通“彰”，彰显，显扬。

译文

孔子、墨子、宁越，都是身份普通的读书人。他们考虑天下的治理，认为没有比先王治理天下的办法更好的了，所以就夜以继日地学习。有利于学习的，没有不去做的；不利于学习的，就不肯去做。听说孔丘、墨翟白天背诵经典、研习学问，夜里做梦就亲眼见到了周文王和周公，并且当面向他们请教。他们用心如此精深专一，什么事情不能成功？还有什么办不到？所以说：“精深专一而又深入熟习，鬼神都会告诉他知识。”并不是真的有鬼神告诉他，而是因为他精深专一而又深入学习啊！假如有宝剑良马在这里，把玩起来不厌其烦，观赏起来不知疲倦。而对于宝贵的行为和好的学说，却接触一次后就不再钻研实行。这样做，还想要使自身平安，名声显扬，不也是很困难吗？

宁越，中牟之鄙人也[①]。苦耕稼之劳，谓其友曰：“何为而可以免此苦也？”其友曰：“莫如学。学三十岁则可以达矣[②]。”宁越曰：“请以十五岁。人将休，吾将不敢休；人将卧，吾将不敢卧。”十五岁而周威公师之[③]。矢之速也，而不过二里止也；步之迟也，而百舍不止也[④]。今以宁越之材而久不止，其为诸侯师，岂不宜哉？

注释

①中牟：战国时赵地，在今河南省汤阴县西。

②达：通达，显达。

③周威公：战国时西周国的第二任国君。姓姬，名灶，西周桓公之子，号西周威公。

④百舍：指几百里，形容距离远。舍，古代度量单位，三十里为一舍。

译文

宁越是中牟的乡野之民，苦于耕作的劳苦，对他的朋友说："怎样才能免除这种劳苦呢？"他的朋友说："不如去学习。学习三十年就可以显达了。"宁越说："让我用十五年的时间来实现。别人休息，我不敢休息；别人睡觉，我不敢睡觉。"学了十五年后，周威公就拜他为师了。箭的速度很快，但射程不过二里就停下来了。步行很慢，但是走到几百里之外仍不停止。如果凭宁越的才干，又长久不停地努力，他成为诸侯的老师，难道不应该吗？

养由基、尹儒[①]，皆文艺之人也[②]。荆廷尝有神白猿，荆之善射者莫之能中，荆王请养由基射之。养由基矫弓操矢而往[③]，未之射而括中之矣[④]，发之则猿应矢而下[⑤]，则养由基有先中中之者矣[⑥]。尹儒学御，三年而不得焉，苦痛之[⑦]，夜梦受秋驾于其师[⑧]。

明日往朝其师。望而谓之曰[9]："吾非爱道也[10]，恐子之未可与也。今日将教子以秋驾。"尹儒反走，北面再拜曰："今昔臣梦受之[11]。"先为其师言所梦，所梦固秋驾已[12]。上二士者，可谓能学矣，可谓无害之矣[13]，此其所以观后世已[14]。

注释

①养由基：春秋时楚国大将，以善射著称，号称"神箭""养一箭"。尹儒：一作"尹需"，善驾车。

②文艺：指高超的技艺。文，善。艺，技艺。因二人技术高超，故称"文艺"。

③矫：举。

④未之射而括中之矣：意思是，箭还没有射出去，实际上就已经把白猿射中了。这句话是指善射者在射箭之前的意念和瞄准心态及把握，即所谓的信心。括，箭末端扣弦处，此指箭。

⑤发：把箭射出去。

⑥有先中中之者矣：意思是说，具有在射中目标之前就从精神上把它射中的技艺，言其用心精深，技艺精熟。

⑦痛：忧伤。

⑧秋驾：一种高超的驾驭马车的技术。一说是巧妙地利用套在马大腿后的革带，而使驾驭马车更为自如的技术；另一说是指飞车技术。

⑨望而谓之曰：前面省略了主语"其师"。

⑩道：技艺。

⑪今昔：指昨夜。昔，通“夕”。

⑫已：同“矣”。

⑬无害之：没有什么东西能妨碍他们。

⑭观：显示。

译文

养由基和尹儒都是具有高超技艺的人。楚国朝廷中曾有一只很有灵性的白猿，楚国善射的人没有能射中它的，楚王就请养由基来射它。养由基拿着弓箭前往，还没射而实际上就射中了，箭一射出，白猿就应声落下，由此可以看出，养由基具有在射中目标以前就能从精神上把它射中的技艺。尹儒学习驾车学了三年还没有所得，为此非常苦恼。夜里做梦，梦见向老师学习秋驾的技艺。第二天去拜见老师。老师从远处望见他，就对他说：“我从前并不是吝惜这种技艺而不教你，而是怕你还不能接受。今天我将教你秋驾之术。”尹儒转身后退几步，向北再拜说：“这种技艺我昨天夜里已经在梦中学会了。”他先向老师述说了自己梦中的情境，梦到的正是秋驾这种技艺。以上这两位士人，可以说是能学习的了，可以说没有什么东西能妨害他们了，这正是他们之所以扬名后世的原因啊。

似顺论

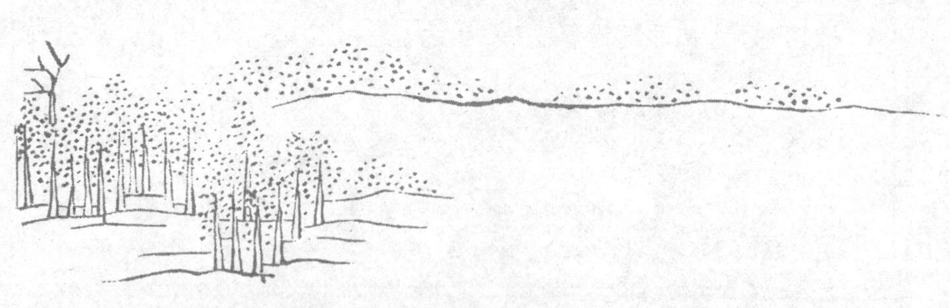

有度

题解

《有度》是《似顺论》的第三篇。主要论述了法度对于君主的重要性，主张君主办事一定要“有度”，要坚守“一”这一道的根本，只有这样，才能够通晓性命之情。那么，如何才能通晓性命之情？作者以道家无为的思想为出发点，认为其关键在于去掉扰乱人心的“四六者”，只有如此，才能够做到虚静清明，达到“无为而无不为”的境地。

贤主有度而听[①]，故不过[②]。有度而以听，则不可欺矣，不可惶矣[③]，不可恐矣[④]，不可喜矣[⑤]。以凡人之知[⑥]，不昏乎其所已知[⑦]，而昏乎其所未知，则人之易欺矣，可惶矣，可恐矣，可喜矣，知之不审也[⑧]。

注释

①度：法度，准则。

②不过：不犯错误。

③惶：惶惑。

④恐：惊恐。

⑤喜：取悦。

⑥以：依杨树达之说，当为衍。知：通“智”，智慧。

⑦昏：糊涂。

⑧不审：不清楚。

译文

贤明的君主遵循一定的准则来倾听别人的意见，所以就不会犯错误。遵循一定的法度来倾听别人的话，就不会受到欺骗，不会迷惑惶惶，不会惊恐不安，不可以取悦。普通人的智慧，不会对自己已经知道的东西感到糊涂，但是会对自己不知道的东西感到糊涂。所以人们容易受到别人的欺骗，会迷惑惶惶，会惊恐不安，会被取悦，正是因为他们了解得不清楚所造成的。

客有问季子曰①："奚以知舜之能也②？"季子曰："尧固已治天下矣③，舜言治天下而合己之符④，是以知其能也。""若虽知之⑤，奚道知其不为私⑥？"季子曰："诸能治天下者，固必通乎性命之情者⑦，当无私矣。夏不衣裘，非爱裘也⑧，暖有余也。冬不用篓。非爱篓⑨也，清有余也⑩。圣人之不为私也，非爱费也⑪，节乎己也⑫。节己，虽贪污之心犹若止⑬，又况乎圣人？"

注释

①季子：即户季子，相传是尧时的诸侯。

②奚以：即以何，根据什么，凭借什么。奚，何，什么。"奚"字之上当有"尧"字，为本句主语。也：同"邪"，

即耶。

③固：本来。

④符：道，想法。

⑤若：你。

⑥道：由。

⑦通：通晓，了解。情：本性。

⑧爱：吝惜，舍不得。

⑨箑shà：扇子。

⑩清：凉，寒。

⑪费：费用，指资财，财货。

⑫节：克制。

⑬贪污：贪婪，贪念浊欲。犹若：犹然，尚且。

译文

有个客人问季子说："尧是根据什么知道舜有才能呢？"季子说："尧本来就已经治理好天下了，舜讲述治理天下的想法符合尧自己心中治理天下的法则，他因此知道舜的才能。"客人又问："你虽然知道他有才能，但怎能知道他不会徇私谋利呢？"季子回答说："那些能够治理天下的人，本来就一定是通晓生命本性的人，应当是没有私心的。夏天不穿皮裘，不是因为吝惜毛裘衣服，而是因为温暖有余。冬天不用扇子，不是因为吝惜扇子，而是因为寒凉有余。圣人不为自己谋取私利，不是吝惜财货，而是因为要克制自己。能克制自己，即使有贪念浊欲之心的人尚且可以制止自己，又何况圣人呢？"

许由非强也[①]，有所乎通也[②]。有所通则贪污之利外矣[③]。孔墨之弟子徒属充满天下，皆以仁义之术教导于天下，然而无所行[④]。教者术犹不能行[⑤]，又况乎所教[⑥]？是何也？仁义之术外也[⑦]。夫以外胜内[⑧]，匹夫徒步不能行[⑨]，又况乎人主？唯通乎性命之情，而仁义之术自行矣。

注释

①强：勉强。指许由让天下之举并非出于勉强而做出来的。

②有所乎通：指通晓“性命之情”。

③外：抛弃，排除。

④无所行：指孔墨之道没有被采纳实行，没有什么地方得以推行。

⑤教者：指孔、墨。

⑥所教：指孔、墨的弟子徒属。

⑦仁义之术外也：这是道家的观念，意思是指儒家、墨家所倡导的仁义之术只是一种外在的修饰，并没有深入到内在的生命修养的层次。外，外在的，非本性所具有的。

⑧以外胜内：以外在修饰胜内在欲望。实际上是指以外在的行为要求克制人性本来所具有的欲望。内，内在的，指私欲。

⑨徒步：与“匹夫”同义，指平民。

译文

许由辞让天下，并不是勉强做出来的，而是因为他能够通晓生命的本性。能够通晓生命的本性，就会将贪婪污浊之利抛弃在外。孔子、墨子的弟子徒属遍布天下，他们都是用仁义的方法来教导天下的人，然而他们的主张没有得到推行。教导他们的孔子、墨子的主张都不能够推行，又何况受到他们教导的弟子呢？这是为什么呢？因为仁义之术只是一种外在的修饰。用外在的修饰来战胜内在的欲望，平民百姓尚且不能够做到，又何况君王呢？只有通晓生命的本性，仁义之术才能够得以推行。

先王不能尽知，执一而万物治①。使人不能执一者，物感之也②。故曰：通意之悖③，解心之缪④，去德之累⑤，通道之塞⑥。贵富显严名利六者⑦，悖意者也。容动色理气意六者⑧，缪心者也。恶欲喜怒哀乐六者，累德者也。智能去就取舍六者⑨，塞道者也。此四六者不荡乎胸中则正⑩。正则静，静则清明⑪，清明则虚⑫，虚则无为而无不为也。

注释

①一：道，根本之道，此指清虚无为的“性命之情”。

②物：外物。感：动，扰。此有干扰、影响之意。

③悖：惑乱。

④缪：缠绕。

⑤累：拖累，牵累。

⑥塞：壅塞，阻塞。

⑦严：威。

⑧容：容貌。动：举止。色：表情，神情。理：辞理，言辞条理。气：意气。意：情意。

⑨智：智慧。能：才能。去：离开。就：走向，接近。取：选择，择取。舍：舍弃。

⑩此四六者：这四类东西。由于每类皆列举六种，因此称“此四六者”。荡：动荡，亦有扰动、影响之意。正：思想纯正。

⑪清明：清净明澈。

⑫虚：虚无。

译文

先王不可能无所不知，但他们坚守根本之道就可以治理好天下万事万物了。使人不能够坚守根本之道的原因，是外物的干扰。所以说要疏通思想上的惑乱，解除心中的纠缠，去掉德行上的拖累，打通大道上的阻塞。高贵、富有、显荣、威严、名誉、利益，这六种东西是惑乱意志的。容貌、举止、神情、辞理、意气、情意，这六种东西是扰乱心神的。憎恶、欲望、欢喜、愤怒、哀伤、欢乐，这六种东西是拖累德行的。智慧、才能、背离、亲近、择取、舍弃，这六种东西是堵塞道法的。这四类的六种东西不在胸中扰动，人的思想就纯正了。思想纯正就会平静，平静就会清净明澈，清净明澈就会心中虚空，虚空就是无为，做到虚空就会无为而实际上又无所不为了。

图书在版编目（CIP）数据

吕氏春秋译注 /（战国）吕不韦著；纪丹阳译注．—北京：北京联合出版公司，2015.7（2023.8重印）

ISBN 978-7-5502-3924-1

Ⅰ.①吕… Ⅱ.①吕… ②纪… Ⅲ.①杂家②《吕氏春秋》－译文③《吕氏春秋》－注释 Ⅳ.①B229.2

中国版本图书馆CIP数据核字（2015）第143693号

吕氏春秋译注

作　　者：（战国）吕不韦
译　　注：纪丹阳
出 品 人：赵红仕
选题策划：梁明德　邵鹏军
责任编辑：王　巍
特约编辑：刘文硕
封面设计：格林文化
版式设计：格林文化

北京联合出版公司出版
（北京市西城区德外大街83号楼9层　100088）
天津丰富彩艺印刷有限公司　新华书店经销
字数148千字　960毫米×640毫米　1/16　印张26.75
2015年9月第1版　2023年8月第3次印刷
ISBN 978-7-5502-3924-1
定价：62.00元